海外慈濟史 —— 馬來西亞

馬來西亞慈濟史
馬六甲分會

Taiwan Buddhist Tzu Chi Foundation Malaysia
（Melaka）

慈濟基金會 編纂處 —— 編著

馬來西亞簡介

地理位置

馬來西亞位於東南亞，分為西、東兩個部分。西半部的馬來半島常稱為西馬，北接泰國，南部隔著柔佛海峽與新加坡連接；東馬則位於世界第三大島婆羅洲的北部，南鄰印尼。

歷史背景

1941 年以前曾為葡萄牙、荷蘭及英國殖民地，之後經歷四年的日本佔領時期，於 1963 年獨立建國。

面積

馬來西亞土地面積 329,847 平方公里，主要由東馬及西馬組成，中間隔著南海。

人口、種族

截至 2020 年，全國人口總計約三千二百萬人。其中馬來人佔 56%，華人佔 23%，原住民佔 11%，印度人佔 7%，其他人種 3%。

語言

馬來西亞的官方語言為馬來語，但英語的使用也極為普遍。此外各族群也分別使用華語、淡米爾語、原住民語等等。

經濟

馬來西亞緊鄰馬六甲海峽航線，是國際貿易樞紐。產業以製造業為主，此外農業興盛，是世界最大棕櫚油生產國之一。近來，旅遊業也已成為馬來西亞的重要產業。

政治

馬來西亞為君主立憲制及聯邦議會民主制國家。十三個州中的九個馬來州屬各由一名世襲的馬來統治者為元首，而其他四個非馬來州屬州元首由最高元首任命。國家最高行政機構為內閣，由總理領導；各州由州務大臣（馬來州屬）或首席部長（非馬來州屬）管理行政，由各州元首從州議員中任命。

宗教

伊斯蘭教遜尼派為馬來西亞國教，但憲法也保障宗教自由。因此伊斯蘭教為第一大宗教，其他則有佛教、基督教、印度教和其他民間信仰等等。

馬六甲慈濟志業體

淡邊聯絡處

🏫 淡邊大愛幼兒園

芙蓉聯絡處

🕉 芙蓉靜思書軒

馬六甲分會

🏛 馬六甲靜思堂　　　🏠 馬六甲義診中心

🏫 馬六甲大愛幼兒園　♻ 峇株安南環保教育站

🕉 馬六甲靜思書軒

1間
義診中心

2間
靜思堂

2所
大愛幼兒園

6間
環保教育站

2間
靜思書軒

14個
據點

居鑾聯絡處

烏魯地南聯絡處

麻坡支會

哥打丁宜聯絡處

🏛 麻坡靜思堂

目錄

人文志業

環保志業

轄下據點緣起

馬六甲慈濟樹

編輯緒言

　　歷史就像一條長河，流過時間、空間、人間。鑑別興替更迭，淘盡千古人物，彷彿世間種種，最後都必成空。但有用心感受、深刻投入，則筆之於文史，鐫刻於金石，藏諸于名山的篇章，又一次次的煥發典範的風華。

　　證嚴上人：「今天的工作是明天的歷史，時間無情，人有情，要讓感人的事蹟流傳下來。從事文史工作，要為時代做見證，為人類寫歷史，為慈濟立經藏。」

　　1966 年，佛教慈濟克難功德會創立，開始從事濟度人間的志業。五十五年來，慈濟人從臺灣出發，飄洋過海，開枝展葉；愛的種子、善的足跡遍布全球，真真實實譜寫出一部慈濟大藏經。菩薩所緣，緣苦眾生；慈濟的歷史，是世界苦難的縮影，苦難的盡頭，慈濟人一直都「在」，作眾生的救處、護處、大依止處。

感恩付出的人，用生命寫歷史；感恩受助的人，示身相以教育。感恩人文真善美志工，用樸實的身影，藉圖文影音留下紀錄，讓我們得以在編纂的過程，有足跡可追溯，有脈絡可梳理。

一、編輯體例

海外慈濟史是一套叢書，期待彙整各個國家地區的慈濟人身影，如何篳路藍縷的傳承靜思法脈、布善種子；弘揚慈濟宗門、扎根本土，既融入當地文化宗教，又保有慈濟人文的特色，用大愛包容世界地球村，彰顯佛法慈悲等觀的精神要義。

故此，書系編纂皆以慈濟四大志業、八大法印為綱領，再依事件本末繫年敘寫，以窺見每一個志業的發展始末。

以年繫事　以事繫人

歷史若不留下文字、圖像的足跡，後人就無資料可佐證；惟多年的資料累積，也有許多重複性的內容，經由篩選、分類，加上脈絡的梳理，才能使敘述更完善。

上人叮嚀：「莫忘那一年、莫忘那一念、莫忘那群人。」「莫忘」是對過往人事物的感恩再現，也是對自我生命的負責表現；時間的年輪裡，有法脈有宗門；不斷地惕勵著我們的「初發心」；也不斷地警醒著我們「德不孤，必有鄰」，必定要謙卑。

海外慈濟史如一棵樹的長成，雖是許多大小「因」和「緣」的組成，但編纂時，每個篇章均「以年繫事，以事繫人」。即以紀事本末體的方式編寫，冀窺得事件的全貌，希望看見人間的苦難美善。提燈照路的人，哪怕只有幾行敘寫，也展現出篳路藍縷的信心、毅力、勇氣。

因此，將慈濟大藏經、已出版書籍與文史資料庫歷年紀錄加以統整，加上當地文史同仁與志工的考證，有幾分證據，說幾分話；如實呈現梗概、數據。

以人傳法　以法立宗

上人開示：「天下的米一個人吃不完，天下的事一個人做不盡，一個人也無法成就天下所有的事。」每件事

的推動，都有一群人的努力；慈濟人在海外，一步一腳印，每個足跡都緊扣著法脈的源頭。哪怕在最遙遠的國度，語言不通、宗教信仰不同，也要啟發人性最真的那一念善，翻轉心向，離苦得樂。真正做到「以人傳法，以法立宗」，印證法源，回歸靜思。

上人開示：「慈善、醫療、教育、人文四大志業，雖各有運作系統，但都起源於功德會，共同的法源在靜思。要讓志業生根，就要通達法脈根源；靜思法脈要由靜思弟子代代相傳，傳法不是傳給特定的人而已，只要人人接受靜思法脈，有明確的精神脈絡，人人都可以傳法。慈濟之所以要正式立宗，就是要讓現在與未來的慈濟人，有清楚的精神脈絡可以依循。」我們在每一篇章的文末，都摘錄上人對該項志業的開示，見證海外力行菩薩道，是如何緊跟腳步，若合符節。

另編纂處爬梳過往資料，將上人歷年來對馬來西亞慈濟人的叮嚀語；鏊列於本書的最後章節，以見證靜思法髓不分海內外，始終如一的貫串在慈濟宗門，成為全球

慈濟人共同指引的方向。也希望提醒代代慈濟人，傳承法脈、弘揚宗門不可偏差。

二、編纂過程

感恩馬六甲分會文史小組，與編纂處合力彙整、撰寫。

2013 年 11 月 22 日至 26 日，在中南馬舉辦「馬來西亞慈濟史教育訓練」工作坊，歷經一年的史料蒐集、歸類、建檔、檢視、考證等步驟。

2014 年 8 月 22 日至 24 日，再度舉辦「馬來西亞慈濟史教育訓練」工作坊，以探其究竟、擇其要意、刪其重複、起承轉合、綴字成文，一直到圖文並茂、合而為史，六大步驟為方法，開始撰寫。

經過二次工作坊，兩次校對，終於在 2022 年 03 月付梓印刷。早期的筆耕志工少，大藏經多有缺漏；我們先求有，再求精，過程中謹守能補則補，邊作邊補；有多少資料，寫多少文章；有多少證據，寫多少數據；有多少個案，就留多少故事的原則；盡量保有文筆的純樸筆觸，做到如實貼近當地的語言、文化。

三、感恩

感恩上人開闢一方福田，引領慈濟人行菩薩道。感恩人文志業王端正執行長指導史藏編纂方向。感恩經典雜誌王志宏總監與美編團隊，為海外慈濟史系列作整體規劃與設計。

感恩馬六甲分會執行長羅綉甄師姊領隊，全力支援馬六甲慈濟史的編纂，從第一階段的工作坊開始，執行團隊即全程參與。感恩馬六甲慈濟人用心用愛鋪路，三十年如一日，教富濟貧、濟貧教富，讓大愛永續馬來西亞。

編纂處總編輯 洪靜原
二〇二一年十月寫於靜思精舍

14

緣起甲州 圓緣慈濟

慈濟馬六甲分會執行長 羅慈瑞

　　時光荏苒，回眸來時路，二十餘年行於慈濟菩薩道上，點點滴滴歷歷在目，恍如昨日。1995 年的一場靜思語教學講座牽起了我與慈濟的因緣，上人的靜思語「嘴巴脾氣不好，心地再好也不算好人」深深地影響了我接下來的教書生涯，從「嚴師」變成「人師」。在進行靜思語教學時，自身在靜思語的薰陶下，也漸漸改變脾氣和習氣。隔年，我開始投入慈濟志工行列，把小愛化為大愛，過程中體悟人生沒有所有權，只有使用權的道理。

　　一路走來，我有幸見證了馬六甲分會的發展，從慈善、醫療、教育、人文，四大志業的開展，一步八腳印；看到人間菩薩湧現，人人發揮愛的能量，濟貧教富，教富濟貧。苦難人因為慈濟而得救，富有的人因為幫助別人

體悟知福、惜福、再造福的
道理，提升自己人生的價值。

這一切都要感恩上人創辦
慈濟世界，濟雨師兄和慈露
師姊把慈濟的種子帶到這裡，
開道鋪路，後來更無私地把
工廠土地捐出來，設立靜思
堂，讓我們在馬六甲有一個
心靈之家，發揮度人救人的良能。

| 執行長任期：2019 年上任迄今

2010 年，慈恬師姊承擔執行長一職，感恩她帶領著團
隊積極地人間菩薩招生，更成立大愛媽媽團隊，進入校
園說故事，讓上人慈悲喜捨的精神發揚光大，大愛媽媽
也陸續受證成為上人的靜思弟子。前人種樹，後人乘涼，
感恩三位菩薩的付出，奠定了志業發展基礎。因緣殊勝，
我於 2019 年被推薦接任執行長，成立了會務推動團隊，

並到據點關懷帶動，延續前人的努力，帶領慈濟馬六甲分會朝永續發展邁進，希望慈濟大愛的精神得以源遠流長，傳揚出去。

慈濟志業得以順利推展，感恩馬六甲暨南馬據點的志工，單純一念心，默默無所求地付出，步步踏實愛的足跡，也被一一記錄下來，留下寶貴的歷史。在近三十年後，文史結集團隊得以匯整集結，梳理脈絡、撰寫出版，將馬六甲慈濟人、慈濟事，點滴如實收錄在這本《馬來西亞慈濟史──馬六甲分會》裡。

這兩年因為新冠疫情，國家落實行動管制令，慈濟志業的推展也面臨考驗。然而，志工心繫世間苦，不畏疫情，在做好防護的前提下，關懷社區，展開慈善紓困；同時不忘支持前線，捐贈醫療配備等予382間受惠機構，結下好緣。境轉心不轉，志工堅守初心，也為慈濟志業

掀開新的篇章。另一方面，志工有更多機會靜下心來參與線上聞法，為心靈注入法髓滋養，鞏固法脈宗門的精神理念。

適逢慈濟 55 周年，亦時值《馬來西亞慈濟史——馬六甲分會》順利付梓之好因緣，期待能藉此為後人樹立可供依循的修行法則和規範。感恩過去，砥礪未來，期許馬六甲人間菩薩大招生，菩薩道上勇猛前進，緣在慈濟，圓滿人生。

慈濟馬六甲分會執行長　羅慈瑞
二〇二一年六月寫於馬六甲靜思堂

愛灑苦難 雨露均霑

慈濟馬六甲分會前負責人　劉濟雨 簡慈露

　　1992 年我跟簡慈露師姊將慈濟大愛種子飄洋過海，自臺灣帶來馬六甲。那時候都是利用周日的時間，去市區的暗角，或窮鄉僻壤的郊外，進行濟貧家訪及老人院的服務工作。除了帶動自己工廠的員工之外，也號召一些有心的佛友們一同投入，這就是馬六甲最早期的慈善濟貧工作。

　　光陰荏苒，回首當年如今已是過了二十九個年頭。往事如影歷歷，未到馬來西亞之前，慈露在臺灣即饒富愛心，一直有助人的心願，即便見到寺廟旁或路邊的乞丐都會隨喜捐錢協助。1990 年慈露在一次返臺時，前往美容院，看到一份《慈濟》月刊，感覺慈濟所作與自己心中行善之理念相同，隨即至慈濟臺北分會捐了兩張病床，彼時證嚴上人正在為花蓮的慈濟醫院建院募款，這一次的捐病床也為未來的慈濟因緣種下了不解之緣。同年因緣際會，我們在馬來西吉隆坡雙雙皈依淨土宗的果能法

師，也因此因緣進而認識德高望重的伯圓長老，因長老的推薦而參與慈濟，將慈濟慈善工作引入馬六甲州及吉隆坡，開啟了慈濟大愛種子生根於馬來西亞的里程碑。

劉濟雨（左）、簡慈露（右）

初期的訪視濟貧或處理個案都是調用工廠的同仁，而打掃老人院或照顧戶的發放物質，也有賴於工廠的貨車及客車，以及相關的資源。直到 1994 年有一些發心的佛友陸續加入志工行列，才開始逐漸擴大志業推動的項目，例如：兒童親子班、教師聯誼會、現場發放日以及招募志工與會員的幸福人生茶會……等等。而以靜思語為教學媒介的「馬六甲慈濟教師聯誼會」，更於 1995 年 9 月正式成立，是慈濟在海外的第一個教師聯誼會。

1997 年 5 月，坐落於製衣廠旁邊的馬六甲慈濟靜思堂正式啟用，志工及會員人數大幅成長，濟貧教富的菩薩

道志業，深獲民風淳樸的馬六甲鄉親們所認同。此時，慈濟大專青年聯誼會及慈少陸續成立，年輕的慈濟新血輪紛紛加入，對志業推動起了承先啟後的作用，也為行政團隊提供了潛力無窮的優質人才。

2001 年我們將事業結束，將 5,000 坪的工廠廠地及廠房捐出，做為馬六甲慈濟園區。自此志業推動在天時、地利、人和之下更為蓬勃發展，造福更多孤老貧病的苦難人家。2002 年 5 月由原本是製衣廠辦公室空間改建的義診中心正式啟用，是全馬第一個慈濟義診中心，馬六甲醫療志業從此邁入新的里程碑。

2005 年 8 月由廠房重新規劃改建的社教中心正式啟用，這是慈濟海外第一個由慈濟大學認證的社教中心。加上大愛幼兒園、靜思書軒及國際會議廳的改建也一氣呵成，至此整個園區讓志業推動有一個前進的根據地，同時也讓馬六甲的慈濟人有了一個心靈的家，更肩負著「弘揚慈濟宗門，傳承靜思法脈」的如來家風。

回首當年篳路藍縷、以啟山林，從工廠帶動起的早期慈濟志工，到如今代代相傳、人才輩出，這是大愛無國界的法脈傳承。

　　值此馬六甲慈濟史出版之際，期許馬六甲的慈誠委員及志工團隊，能承先啟後，繼續菩薩大招生、繼續勤轉大法輪，讓菩提道與人間路緊密銜接。更祈願每一位志工都能一邊行入慈濟宗門，一邊深入靜思法脈，這樣才能讓有為與無為、權實一體的大乘真實法，紮紮實實地落實在馬來西亞這塊福地上。

　　深深期許馬六甲的法親家人及志工團隊，人人莫忘初衷，時時發心如初，菩薩道上彼此提攜、永不停退。也祝福法親菩薩們眾志成城、道心堅固，為馬六甲的慈濟志業再創淵遠流長的永恆利基。

慈濟馬六甲分會前負責人　劉濟雨

雪隆分會執行長　簡慈露

二〇二一年七月十日寫於花蓮靜思精舍

法無多路 貴在勤行

慈濟馬六甲分會前執行長　林慈恬

　　小時候看到三個哥哥，一位因眼疾全盲，兩位因意外各失去一隻眼睛，心中就非常感慨，也很疑惑，到底是什麼因緣致使三位兄長受此果報？後在就職期間，獲得學佛的同事解惑，心靈才逐漸從束縛中解放，並因此結下了殊勝的佛緣，時常到廟裡禮拜。

　　1992年期間，臺灣慈濟志工蒞臨馬六甲香林寺舉辦茶會，她們真誠的分享、無私的付出、「人苦我痛」的大愛精神，讓與會的我深受感動。自此，便與一群志同道合的佛友，匯集善款寄至臺灣本會。

　　在上橋製衣廠服務期間，受老闆娘簡淑霞（慈露）的感召，共同在廠內成立「善之家」，號召員工隨喜捐款，救助貧病苦難。爾後，簡淑霞師姊回臺接觸了解慈濟，

深受證嚴上人「無緣大慈，同體大悲」之精神感召，決定回馬六甲後推動慈濟志業。在簡師姊的邀約下，我欣然答應，一起結束了「善之家」組織，把剩餘善款納入慈濟功德海。

執行長任期：2010-2019

　　慈濟建立初期，沒有個案，故不知該如何著手推動慈善志業？為了尋找個案，我只好與幾位志工於下班後或周末時走遍長街陋巷，探訪獨居老人、流浪漢，給予必要的幫助與關懷。1992 年 11 月有了機構關懷「馬接峇魯敬老院」後，就時常帶領志工前往協助打掃環境、為行動不便老人家浴佛等等。這一段時間的付出與見苦知福，讓我更深深的體會證嚴上人所說的「經者，道也；道者，路也。」讀經、誦經、瞭解經義之後，必須「依教奉行」，走入人群，廣度有情，淨化人間，救濟苦難。1995 年 4 月 22 日，服務及精神獲得肯定，我受證成為馬六甲的第一位慈濟委員。

受證後，陸續協助成立了快樂兒童精進班、大愛媽媽、大愛幼兒園等等。之後，為了教育的理想，辭去了上橋製衣廠的會計工作，自己開設托兒所。這期間，因業務繁忙，減少了參與慈濟的活動而感到內疚；但護持之心依舊，我把每月托兒所總收入的百分之十捐給慈濟。

　　在慈濟門外忙、盲、茫了幾年，內心日漸空虛，也深感愧對上人。2000 年間有緣隨師，再度找回初心，遂於 2002 年結束托兒所經營，從「心」出發，與法親菩薩們積極參與各項活動，並在劉濟雨兼任新加坡執行長期間，協助關懷馬六甲會務。2010 年接受上人委託，擔任執行長，在戰戰兢兢，眾志和合之下，圓滿推動各項慈濟志業，並在 2019 年與羅慈瑞師姊順利交棒。

能得人身、入慈濟、聞佛法，乃是我累生累世結來的緣。皈依上人，在其座下薰法、入法、行法，走在菩提大直道上，悠悠已過 30 年，深刻體會「靜思法脈勤行道，慈濟宗門人間路」的精神。

佛法無多路，貴在腳底行。值此《馬來西亞慈濟史——馬六甲分會》出版之際，願與法親們共勉之。

慈濟馬六甲分會前執行長　林慈恬
二〇二一年六月寫於馬六甲靜思堂

馬六甲分會緣起

1980 年代，馬六甲州政府集中發展工商業，給予投資者援助和輔導，並積極展開向外招商。1988 年，臺商劉銘達（濟雨）和太太簡淑霞（慈露）遂將成衣事業轉移到馬來西亞，在馬六甲開設上橋製衣廠。夫妻倆後來全力投入慈濟志業，開啟了慈濟在馬六甲深耕的因緣。

一、慈濟種子萌芽

學佛的簡淑霞一念單純，想做好事，1990 年 10 月在製衣廠內成立「善之家」組織，募集員工的愛心，每月將善款透過報社捐給需要的人。

1991 年 12 月末，簡淑霞返臺，在美容院偶然翻閱《慈濟道侶》，文中民眾籌建慈濟醫院的奉獻精神，與她自小想幫助貧苦人的理念非常契合。1992 年 1 月 3 日，她前往慈濟臺北分會加入會員，並捐贈兩張病床協助建院。

1992 年 8 月，劉銘達和簡淑霞拜訪吉隆坡湖濱精舍的伯圓長老，長老分享 7 月臺灣慈濟來馬來西亞舉辦「佛法溫暖人間」講

座，讚歎證嚴上人創辦慈濟的精神，也鼓勵夫妻倆在馬來西亞做慈濟，並給了他們志工蘇秀華的聯繫方式。

簡淑霞非常歡喜，隨即聯繫蘇秀華，輾轉又聯繫上怡保志工劉美圓、檳城志工葉淑美（慈靖）等人。他們都已在當地進行慈濟志業，簡淑霞與她們交流請教，漸漸在馬六甲推動慈濟。

1992 年簡慈露（佛臺前）在馬接翁武佛堂介紹慈濟，積極尋找有志一同的佛友來行善。

（照片：馬六甲分會文史組）

慈善足跡

初期，簡淑霞在馬來西亞的人脈較少，招募志工不易；她決定從自己的製衣廠員工介紹慈濟。製衣廠會計林玉招（慈恬）等員工曾參與馬六甲「佛法溫暖人間」的講座，對慈濟稍有認識，毅然響應簡淑霞的呼籲，成為首批月捐會員；並同意停辦原本成立的善之家，把結餘的善款 572 令吉轉作慈濟善款，在馬六甲展開慈濟慈善志業。

簡淑霞請員工協助發掘個案，就此有了馬六甲的第一個個案

——鄭金龍，與第一所機構關懷——馬接峇魯敬老院。上橋員工常常在下班後或週末，隨簡淑霞關懷個案，提供衣物和生活用品給流浪漢，也為海上浮屍、無人認領的醫院亡者處理後事等。

由於個案漸增，需要更多善款，大家就運用午休做代工，包括穿燈芯、黏貼紙等，賺取手工費，籌措濟貧基金；員工也在農曆初一、十五結緣素食，讓大家一同茹素存善念，並省下餐費捐做善款。

初次尋根

1992 年 10 月 29 日，在檳城志工葉淑美的鼓勵下，簡淑霞赴花蓮靜思精舍親見上人。看到慈濟人追隨上人的誠心，從此篤定護持，投入濟貧教富的慈濟志業。回馬六甲後，她殷切說服劉銘達一起投入善

1993 年 11 月，馬六甲慈濟志工首次回臺尋根，至花蓮慈濟醫院擔任志工。（照片：馬六甲分會文史組）

行，但劉銘達並未就此被說服。劉銘達在簡淑霞多方鼓勵下，終於在 1993 年 11 月帶領十六位馬六甲志工返回靜思精舍尋根。首次見到上人，劉銘達被上人的慈悲所感動，回馬六甲後，即與簡淑霞積極推動慈濟會務。

1994 年 2 月 9 日，夫妻倆受證成為慈濟委員，法號為「濟雨」和「慈露」。劉濟雨在上橋辦公室騰出一個空間，作為慈濟辦事處。初期，除居家訪貧外，陸續開展兒童班、慈善發放，及醫院志工隊等。

二、穩扎善根

慈善志業推行短短一年，訪貧志工增至六組，每組四

早期，馬六甲志工於上橋製衣廠的會議室及樣品間召開個案檢討會，尋求解決方案。

（照片：馬六甲分會文史組）

劉濟雨將自己經營的上橋製衣廠，作為第一次現場發放場地。

（照片：馬六甲分會文史組）

至五人；馬六甲長期照顧戶也達五十六位，關懷戶約八十戶。志工每個星期天走訪照顧戶，關懷馬接峇魯敬老院；另一組南下到麻坡，甚至遠赴九十公里外的昔加末，和當地志工一起訪視。另有一組每月一次北上85公里外的芙蓉，和當地志工會合做家訪。

跨州訪貧往返需要一天的時間，但他們甘之如飴，從付出中得到歡喜。許多志工不是專業的社工，大多憑藉經驗，如遇問題則致電臺灣本會請教，邊做邊調整。

個案訪貧、活動檢討，是早期馬六甲據點最重要的兩項工作，為此每週有一晚會召開個案檢討會，討論個案的困境、解決方案、評估濟助方式。密集的會議，使大家習慣運用共識，討論大小活動、凝聚理念；無形中促進志工的溝通與交流。

正信得善解

1994 年，政府官員接到投訴，說製衣廠後方常有集會，因此前來瞭解實情。所幸，志工平時都會為活動拍照、

早期馬六甲志工積極推動慈濟會務，關懷照顧戶。

（照片：馬六甲分會文史組）

製作海報和文宣看板等，遂拿出發放、訪視的照片一一說明，讓官員瞭解，慈濟沒有從事任何不合法的活動。官員很認同，還說：「馬來西亞沒有人做這些事，而您們卻做了，我很感動。」官員帶回幾張照片，向上司說明交代，又說：「未來再有人投訴，我可以拿照片給他們看，證明慈濟在做好事。」

1995年3月，馬六甲慈濟正式成立聯絡處，劉濟雨和簡慈露受上人委託，負責馬六甲和吉隆坡會務的推展。當時，馬六甲會員有逾千人，但委員僅三人、慈誠二人，志工五十多人；人少事多，所有的活動幾乎全體出動，人人身兼數職、盡力承擔。

志工為照顧戶修補漏水的屋頂。

（照片：馬六甲分會文史組）

馬六甲慈濟舉辦茶會，簡慈露（左一）邀約檳城志工葉淑美（右一）分享慈濟訪貧工作。

（照片：馬六甲分會文史組）

對外善接引

馬六甲慈濟草創時期，多由簡慈露從臺灣帶回慈濟最新訊息，如由志工現身說法的「渡」與「悟」系列錄音帶，以及《慈濟道侶》半月刊等，在志工、會員和親友間流傳分享；此外也每月一次在上橋製衣廠會客廳舉行「慈濟茶會」，介紹慈濟，也分享訪視個案。

1995年，為了更廣泛地推廣慈濟，馬六甲志工走出上橋製衣

1995年3月7日，臺灣本會靜思精舍德恩師父（中左）、德愉師父（中右）及八位資深志工受邀首次蒞臨關懷馬六甲慈善會務。（照片：馬六甲分會文史組）

廠、走入社區廣招愛心人士。簡慈露積極邀約臺灣志工到馬來西亞分享，同時把握靜思精舍師父及臺灣志工多次蒞臨馬國關心會務的因緣，積極舉辦茶會、幸福人生講座，分享美善訊息，吸引有心向善的民眾前來參與。

1996 年 2 月 26 日，馬六甲靜思堂舉行動土典禮。

（照片：馬六甲分會文史組提供）

1995 年至 1998 年間，馬六甲志工受邀到學校、團體生活營及佛學會，跨州北上芙蓉、南下麻坡、峇株巴轄、新山，甚至跨海遠渡東馬分享，撒播慈濟種子。

劉濟雨將志工的付出拍攝、製作為文宣看板，於 1998 年至 2003 年，每年在馬六甲會所，或商業廣場舉辦周年慶成果展暨義賣會。藉著活動，一個接引一個，漸漸帶動千餘人投入志業。

對內善凝聚

由於會務蓬勃發展，場地不敷使用，頻繁的活動也影響了製衣廠的運作，讓劉濟雨迫切感到急需一個合適的道場舉辦活動，接引民眾。在一次的慈濟茶會上，他當眾發願：「將來慈濟若需

要，我願意捐出工廠旁邊的空地蓋靜思堂！」

1993年尋根後，劉濟雨心中就醞釀著蓋靜思堂的心願。於是1995年，他返臺請示上人，希望在上橋製衣廠旁的土地上蓋靜思堂，這分大願獲上人慈允。當時，馬六甲志工不到百人，有人不解：「這麼快就要蓋靜思堂？」他力排眾議，積極請人繪圖測量、規劃工程。

1996年2月26日，馬來西亞第一座靜思堂動土。1997年5

1997年5月21日，馬六甲靜思堂落成，靜思精舍德宣師父（左五）、德愷師父（左四）共同剪綵。（照片：馬六甲分會文史組）

月 21 日，靜思堂正式落成啟用，馬六甲聯絡處同時升格為支會。

靜思堂是凝聚志工向心力的薈萃地，也是對內共修、對外接引的清淨道場。志工有了自己的家，慈濟大小活動得以一一開展，如周年慶成果展暨義賣會、攝影展、志工培訓、講座、營隊、歲末祝福等。

靜思堂的守護者

靜思堂建竣後，活動如火如荼進行，經常有個人或團體前來參訪，因此維護道場的整潔與莊嚴不容忽視。幾位從職場退休的志工，黃淑華（慈琚）、周寶珍（慈陵）、池珍雲（慈璞）等人適時出現；天天輪班接待訪客，清掃環境，張羅一切大小事務。其中王玉蘭（慈均）、戴滿（慈策）、黃淑華和陳麻賴（慈協）更是會所的常駐志工。

1988 年移居馬來西亞的戴滿，和丈夫是馬六甲第一位臺商慈濟會員，也是第一位靜思堂諮詢櫃檯志工。戴滿擔任向來訪者介紹慈濟的工作，並且幫忙開立善款收據。

志工陳麻賴和黃淑華見靜思堂環境缺乏人手定期打理，陳麻賴拿起掃把、拖把，從門前清掃至廁所；黃淑華扮演總務角色，協助張羅、補齊有缺的大小事務。見證這群志工的積極，劉濟雨非常感動，認為很多人看到她們的付出，也會想加入慈濟。

馬六甲志業園區

1998 年 6 月，在證嚴上人的肯定下，由本會宗教處黃思賢主任專程前往布達，馬六甲支會升格為馬六甲分會，負責統籌中南東馬各據點的會務推展。1999 年 5 月，本會行政公文簽呈正式將支會升格為馬六甲分會。

2001 年劉濟雨和簡慈露謹記上人對海外志工「取之當地、用之當地」的叮嚀，決心成為全職志工，結束經營多年的製衣廠。同時將面積 3.66 英畝的馬六甲廠房用地，無條件捐予慈濟，作為馬六甲分會志業園區。

園區內除了附有佛堂、行政室、期刊、影視等多功能的空間外，陸續將工廠食堂改建為大愛幼兒園；2002 年上橋製衣廠四千平方公尺的辦公室改為義診中心；2003 年至 2004 年，廠房逐步改建為

年長志工宛如靜思堂的守護者，定時維護道場的莊嚴。(照片：楊秀麗)

國際會議廳、社會教育推廣中心和靜思書軒。從此慈善、醫療、教育、人文四大志業環環相扣，在馬六甲慈濟園區逐步成長。

2003 年 12 月 6 日，首相阿布都拉巴達威頒發表揚獎狀予馬六甲分會，表揚慈濟對社會的貢獻。

（照片：張福林）

社區道場

2001 年馬六甲落實社區分組，就近帶動鄰里；2005 年，馬六甲調整為「合心、合氣、互愛、協力」的四合一新制運作，社區志工劃分更密集，藉由舉辦社區茶會、環保回收等活動，挨家挨戶拜訪，邀約人們走出家門做好事。

於此同時，志工將慈善、醫療、教育及環保志業的綜合模式落實社區。志工就近協助慈善訪貧、急難關懷；並舉辦社區健檢醫療講座、親子班或大愛媽媽成長班，及社區環保點、環保站。

志工落實社區化後，馬六甲各據點陸續成立共修處，就地展開社區活動；共修處地點多由善心人士以象徵式收費租予慈濟，或由志工發心承擔每月租金，讓志工及會眾能就近參與慈濟活動、茶會及讀書會共修。

三、回饋與肯定

馬六甲分會多年來,積極推動各志業,受到州政府的認同,長期與慈濟保持良好關係。

馬六甲州行政議員拿督威拉顏文龍參加慈善發放活動後,十分肯定慈濟,他說:「『慈濟』是一個生動的教材,志工所做的一切善舉完全是以行動來證明,他們不是光說不練或只求曝光又無實際行動的團體。」並鼓勵大家加入慈濟行善的行列。1997年5月21日,馬六甲靜思堂落成,他力邀州首席部長蒞臨,促使首長認同慈濟在當地推動慈善活動。由於受到州政府認同,2012年6月11日,政府批准並協助將志業園區土地轉換成慈善用途,成為全國首例。

2000年起,馬六甲首席部長拿督威拉莫哈末阿里(Datuk Wira Mohd. Ali bin Mohd. Rustam)(簡稱首長)多次到訪慈濟,肯定慈濟用行動發揚助人精神,感恩慈濟幫助州政府照顧許多貧窮人家,並鼓勵其他福利團體仿效慈濟做法。每次會議談到慈善工作,首長一再提及慈濟是州政府推動慈善工作的學習榜樣,更指示伊斯蘭宗教司司長及官員前往參訪學習。

2018年5月浴佛典禮,新任州首長阿德里(YAB Tuan Haji Adly bin Zahari)首次到訪慈濟觀禮。首長希望能持續與慈濟保持緊密

合作關係，配合政府計劃，提升州內民眾的環保意識，成為國內楷模。次年 4 月 2 日，他與隨行官員在劉濟雨陪同下，前往臺灣花蓮拜訪上人，探討志工組織、急難賑災、氣候變遷、資源回收、難民等議題。州政府的媒體記者（Melaka Kini）來到慈濟園區拍攝，以官方媒體介紹慈濟馬六甲分會。

四、人物故事

劉濟雨──單純的力量

　　1988 年，劉濟雨在東南亞投資熱潮中，與太太簡慈露從臺北來到馬六甲設立上橋製衣工廠。在兩人努力之下，製衣廠生意漸上軌道，劉濟雨在空暇時間常去打高爾夫球，應酬周旋，或將時間投入於攝影的興趣；他認為自己努力經營事業，好不容易賺了錢，該好好享受人生。

　　反觀當時已認識慈濟的簡慈露忙於慈善訪貧工作，想邀他加入，他卻俏皮拒絕：「我沒擋你做志工，你就要很感恩了；叫我犧牲週末去做這些事，我不要！」然而，擅長攝影的劉濟雨，看到太太帶回家製作檔案的照片、聽她描述所見所聞，卻總覺得那些照片無法如實呈現，決定自己投入拍攝，為照片寫圖說，再用厚紙卡製成文宣看板，在工廠或對外活動時作展示，間接引發惻

隱之心。

簡慈露進一步鼓勵劉濟雨到花蓮尋根，促成他 1993 年領隊到臺灣參訪靜思精舍。眼看慈濟榮董整齊列隊，端飯給大家，他自忖何德何能，能夠接受大企業家的服務。感於企業家也能放下身段，他回到馬來西亞後，亦不敢懈怠。

他興起在工廠旁空地興建靜思堂的念頭，而當他拿著修改完成的建築設計圖呈給上人時，上人問他：「劉居士，你知道為何能蓋會所嗎？」他耿直答道：「師父，若依我來看，現在不蓋的話，空間會不夠，一年後會務推動就會碰到瓶頸。」上人卻回答他：「不是這樣，是因為你單純。」

劉濟雨一旦清楚自己的目標方向後，就有排除萬難的魄力，勇往直前。他清楚慈

2001 年，劉濟雨及簡慈露成為全職志工，同時將其馬六甲廠房的用地捐予慈濟，作為馬六甲分會志業園區。（照片：馬六甲分會文史組）

濟專款專用的原則，只要土地尚未過戶，就不能用十方大德的錢在自己名下的土地建靜思堂。因此他獨力承擔起工程費，且從工程規劃到監督，凡事親力親為，即使面對眾人的不解，依然堅持到底。

工程進行期間，工廠曾因訂單太多無法按時出貨，資金調度碰到困難；沒向銀行貸款的他，除了要按期以現金支付靜思堂的工程費，還要償還住家公寓期款、供應商貨款和員工的薪金。窮於金錢調度的他在佛前發了願：「如果順利度過這一次的金融危機，我願把賺來的錢捐給慈濟作國際賑災。」

1997年亞洲金融風暴，馬幣對美金兌匯率的異動，不利於進口生意，卻有利於外銷商，經營成衣出口的他不虧反賺，解決經濟上的困擾，靜思堂得以順利建竣。

歷經此一心靈動盪，劉濟雨頓悟：錢夠用就好，萌生結束工廠的想法；加上2001年美國九一一事件後生意大受影響，劉濟雨的生活重心逐漸從事業轉移至慈濟志業，卻引發他另一分思考：「事業只剩一分時，我還有九分煩惱；慈濟已經做到了九分，卻沒有煩惱，很奇怪！」

他省思：「是因為事業有所求──有『事』就有『業』，求一分就會帶來無盡的煩惱！而志業無所求，所以儘管身體再疲憊，但內心卻充滿歡喜。」2001年年底他毅然捐出廠地給慈濟，原

地興建志業體，落實以志業為家的志願。

劉濟雨和簡慈露卸下事業重擔後，受上人請託：簡慈露將重心放在吉隆坡，劉濟雨兼顧志業推展已較穩定的馬六甲外，也關心新加坡慈濟志業的推動。

2010年，劉濟雨卸下馬六甲分會執行長職務；2012年卸下新加坡分會執行長職務，返回臺灣。2018年12月為慈濟慈善志業發展，劉濟雨承擔起本會副執行長一職，以豐富經驗協助關懷東南亞國家之會務推動及援助專案。劉濟雨行善足跡遍及斯里蘭卡、越南、菲律賓、尼泊爾、柬埔寨等國，負起傳承志業的使命，回顧這段歷程，他說：「我不覺得有何挫折或困難，只是把握每一個因緣，做該做的事；一路走來，只有隨順因緣而已！」

林玉招——秉持一念大愛善心

1961年出生於馬六甲的林玉招，上有四個哥哥，三個哥哥中有的一眼失明，有的雙眼失明；究竟是什麼因緣，她一直找不到答案。有一天，同事跟她分享佛理，從此她就常到寺廟禮拜，心靈漸漸有了依靠。

1992年，慈濟在馬六甲尚未有據點，當初幾位臺灣慈濟志工曾在馬六甲香林寺舉辦慈濟茶會，令初接觸佛法的她心生歡喜。自此便與一班佛友匯集善款，寄至臺灣本會。林玉招曾在上橋製

衣廠任職會計，簡慈露邀約她加入慈濟時，她不禁高興地說：「我已等了好久。」

兩人開始召集工廠員工做濟貧的工作。在為馬接峇魯敬老院服務時，院內環境其髒無比，但她不以為意，帶動大家協助清掃，院內逐漸恢復整潔。

林玉招覺得教育是一項教化人心的工作，因此自辦托

林玉招（左）是馬六甲第一位慈濟委員，並於 2010 年接任執行長。

（照片：馬六甲分會文史組）

兒所，落實愛的教育。婚後八年初為人母，家業、事業、志業常讓她分身乏術，她開始自動「請假」。但每月仍撥出托兒所總收入的百分之十捐給慈濟。當她受邀而不能出席慈濟活動時，總是慚愧地說：「慈濟沒有你，也會做得很好；不做慈濟，損失的是自己。」回來慈濟的心愈來愈迫切。

1999 年 12 月的慈誠委員培訓營，她努力地踏出第一步，參加營隊。這一次，她找回了初心，2002 年她結束托兒所的經營，全心投注於推動成立大愛幼兒園。以前認為賺多一點錢給慈濟就好；現在卻覺得自己來做慈濟，影響的人更多。

林玉招於 1995 年 4 月 22 日受證，是馬六甲本土第一位慈濟委員，法號慈恬；2010 年，林玉招受上人委託，接任馬六甲分會執行長。

　　林玉招回顧十多年的慈濟路，欣慰而今終於有這樣的陣容，讓慈濟會務的運作順暢無阻。她感同身受做的事繁雜且瑣碎，但能在慈濟工作卻是很有福報。林玉招勉勵大家用心在各自的崗位上，「踢到鐵板」時除了「自我膚慰」，若有信願行，力量將會泉湧。

願心 願力 願行

　　自 1992 年起，馬六甲分會由劉濟雨、簡慈露夫婦，以自家工廠的空間作為道場，開始推展慈濟志業。上人回憶起 1992 年，馬六甲慈濟人為馬接峇魯敬老院長者清理身上污物，甚至將被單、衣物帶回工廠細心清洗，為他們換上乾淨衣物，這樣的貼心付出，即使已經事過多年，仍讓見聞者印象深刻；那分真誠的愛心，讓人認同其善舉而願意加入，啟動善行。

　　三十年來，當地志工深耕慈濟志業不輟，濟貧教富，膚慰苦難眾生；並帶動中南東馬會務，讓大愛的種子遍灑馬來西亞。上人開示：「慈濟在當地受到肯定與尊重，讓我們需更加用心。誠正信實向來是慈濟做人、做事的原則，慈濟志業完全是『人』做

出來的，因此要人和才能成事；參與志業工作者一定要有開闊的心胸，彼此知足、善解、包容與感恩，才能事事圓滿。」

2017 年，馬六甲志工於靜思堂前合照，慶祝慈濟五十一周年。

（照片：馬六甲分會文史組）

馬六甲分會 1992年－2021年
——發展與沿革

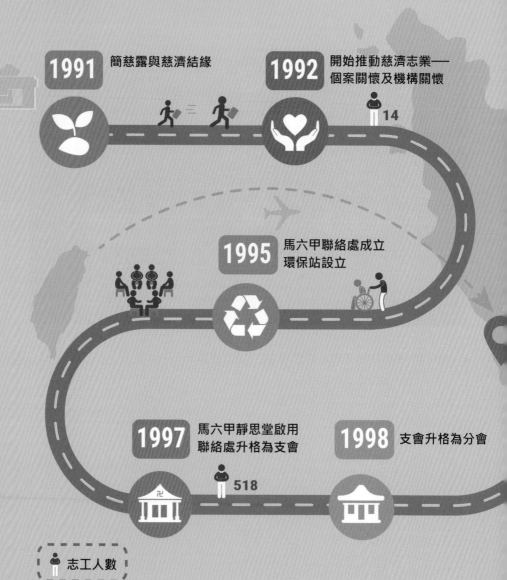

1991 簡慈露與慈濟結緣

1992 開始推動慈濟志業——
個案關懷及機構關懷
14

1995 馬六甲聯絡處成立
環保站設立

1997 馬六甲靜思堂啟用
聯絡處升格為支會
518

1998 支會升格為分會

志工人數

2001 大愛幼兒園啟用 人醫會成立

2002 義診中心啟用 1,538

2003 社教中心啟用

2004 靜思書軒啟用 1,742

2021

2019年志工3,321位
委員、慈誠969位
（含已故、離國、他國受證）

慈善事業篇

1966

證嚴上人一念悲心，於臺灣花蓮創立「佛教克難慈濟功德會」

1992

劉濟雨、簡慈露等慈濟人於馬六甲啟動慈善志業

1993

臺灣本會援助尼泊爾水災，馬六甲慈濟響應募心募愛

1995

馬六甲聯絡處成立

篳路藍縷 撒播善種
慈善緣起

簡淑霞（慈露）認識慈濟後，被證嚴上人大愛的精神所感動，決意投入慈濟志業；將原先「善之家」結餘善款，轉作慈濟善款，並開始尋找需要幫助的貧苦個案，展開馬六甲慈濟慈善志業。

1992 年 10 月，上橋製衣廠員工向簡慈露提報，榴槤洞葛新邦牙令（Simpang Gading, Durian Tunggal）有一位眼盲老人鄭金龍。林玉招（慈恬）等八位志工前去探訪，發現鄭金龍居住在一個簡陋髒亂的火炭貯藏間，裡面蚊蟲肆虐。這所謂的「家」，沒有水電，也沒有家具，只以一扇廢棄木門為床鋪。

鄭金龍的家中生活環境惡劣，志工決議要幫助這位老人，於是鄭金龍成為馬六甲慈濟的第一位關懷個案。

一、首例慈善個案——鄭金龍

鄭金龍生於 1936 年，自幼眼盲，由阿姨收養；他原姓「馮」，為了報答阿姨養育之恩，而改姓「鄭」。早期，馬來西亞部分鄉間少有自來水，鄭金龍替人挑井水為生；一擔水馬幣五仙，每天

挑約二十擔，收入僅馬幣一令吉左右。

鄭金龍的三餐皆由鄭家照料，但自他不願再叨擾鄭家後，到處借宿，他一度睡在別人家的屋簷下，最後定居在鄭家毗鄰的貯藏間。他因為長期挑水，以致雙手雙腳長滿水泡，又痛又癢，需長期擦藥；破爛的棉被和衣褲，還有一臺舊收音機，是他僅有的財產。

1992 年 11 月 15 日，志工前去關懷照顧戶鄭金龍，並贈送一臺收音機。（照片：劉濟雨）

愛的小屋

1992 年 11 月 15 日，志工探訪鄭金龍，送上一臺新收音機，志工問：「你還缺什麼生活用品嗎？」鄭金龍所求不多，只說：「我常常聞到你們身上的香味，只想要兩塊香皂。」志工初期訪視時，觀察到鄰居對鄭金龍態度不佳，不只拿走志工援助鄭金龍的新收音機、新拖鞋，還把香皂換成洗衣皂。因此每次居家關懷，志工都抽空與鄰居互動，讓他們逐漸改變對鄭金龍的態度，與志

工一同關懷他。

　　鄭金龍居住環境惡劣，長久下來有害健康，簡慈露和志工決定在貯藏間旁的空地，幫他新建一間小屋。取得土地所有人，鄭金龍的表哥同意後，志工與建商林亞興前去勘地。林亞興看到志工無所求為鄭金龍蓋屋，深受感動，決定免費施工，只酌收材料費，還捐出一扇門和窗戶。

　　「愛的小屋」於 1993 年 3 月 2 日開始動工，4 日竣工，空間約 5.4 坪，以水泥鋪地，由木板與空心磚建造。鄰居看志工為沒

1993 年 3 月，「愛的小屋」施工，讓鄭金龍能有安心居住的房子，與原本破損髒亂的小屋（右）形成強烈的對比。（照片：劉濟雨）

有血緣關係的鄭金龍蓋屋，深受感動，也投入蓋屋行列。小屋蓋好後，未等志工送床來，鄰居就集資買了一張單人床送給鄭金龍。新建的小屋不再有蚊蟲環繞，環境不再潮濕，鄭金龍感恩的告訴志工：「我很喜歡新房子，現在就算下大雨，也能睡得很甜。」

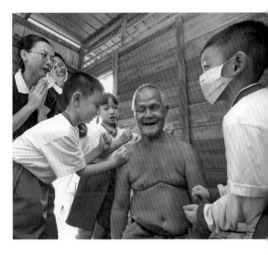

2007 年 11 月 8 日，馬六甲大愛幼兒園小朋友來到鄭金龍家送愛。

（照片：何星煌）

2004 年，鄭金龍希望在屋旁能有一間廁所，志工召集人手，募集建材於 11 月完工，方便他晚上安心如廁。2005 年 6 月，志工在家訪時發現木屋牆板有白蟻痕跡，緊急撥款購買白蟻油防治。2009 年，屋頂側邊破洞漏水，志工協助更換破漏的屋瓦和橫樑。

志工每月定期關懷鄭金龍的生活起居，除了帶食物及生活用品給他，也幫他刮鬍子、打掃屋子和清洗廁所等。當他身體不舒服時，志工也會陪伴就醫、資助醫療費。

鄭金龍阿公曾經體貼地叮嚀志工：「謝謝你們這麼久以來的

照顧，我很感恩；你們不用時常來看我，我會照顧自己。請你們把探望我的時間，用來照顧那些不能走、不能動的人會更好。」

視其猶親

每月慈濟發放日活動，志工也會接送鄭金龍到場參與；雖然眼盲，但他擅長音樂，會在活動中為大家吹奏最拿手的口琴。

鄭金龍眼盲心不盲，記憶力絕佳，能夠清晰回憶：「我的收音機是慈濟人在 1992 年 11 月 15 日送的。1993 年 3 月 5 日，我搬進慈濟人幫我蓋的『愛的小屋』。慈濟辦的第一次現場發放是在 1994 年 4 月 10 日，當時，我有參加。」十多年來，一批又一批志工接力關懷，鄭金龍雖然眼睛看不見，但憑聲音和肢體的接觸，就能認出是哪位志工。

李淑清（慈訊）關懷鄭金龍多年，長時間的相處，無須言語，單看鄭金龍的舉手投足，就能大略猜出他的身體狀況。「他平常說話很大聲，精神奕奕；今天頭低低的，無精打彩，所以我想他應該是身體不適。」果然，鄭金龍當天頭暈。

志工與鄭金龍的關係宛如一家人，將他視作自己的長輩看待，親切地稱呼他為「阿公」。鄭金龍欣慰認識慈濟，讓晚年生活，過得充實、快樂，他也成為慈濟的會員。

最後的陪伴

2016 年 3 月，鄭金龍頻繁進出醫院。志工為他準備輪椅、紙尿片等物品，並安裝病床，也請醫師居家往診；外甥鄭世源一度將他接回家照顧。4 月 12 日，鄭金龍昏迷，緊急送醫。醫生發現，他過去常因眼盲而意外跌傷，腦部積血，凝成血塊，壓迫腦神經，造成昏迷。

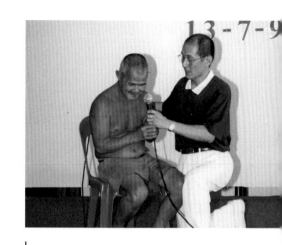

鄭金龍參加照顧戶現場發放，以三大民族語言及三種方言向大家打招呼。

（照片：馬六甲分會文史組提供）

前馬六甲分會執行長劉銘達（濟雨）是早期關懷鄭金龍的志工之一，他當時已定居臺灣，赴新加坡出席活動時，透過志工轉達，獲悉鄭金龍想與他再聚，因此特地更換回程機票，於 4 月 18 日趕往探訪鄭金龍。

鄭金龍出生日期不詳，自訂 5 月 1 日勞動節為自己的生日。村民原已計劃為他慶祝八十歲生日，但眼見他的病情每況愈下，大家決定趁劉濟雨來的當天，和二十位志工與親友在馬六甲中央醫院為他慶生。大家準備了鄭金龍最愛的咖啡、生日蛋糕和麵

線，為他唱「祝福您無量壽福」及「生日快樂」歌。

近兩個月來，外甥鄭世源因照顧鄭金龍，與慈濟有更多的接觸。看見志工對鄭金龍的貼心，慶生結束後，他拉著劉濟雨的手，紅著眼眶，哽咽道謝。

鄭金龍於 4 月 21 日安詳往生，後事委託慈濟，但鄭世源及村民們念及幼年曾受他照顧的恩情，決定由他們處理。23 日，志工為鄭金龍辦了一場緬懷會，邀請村民參與，藉照片回顧及影音新聞，呈現與鄭金龍長達二十三年的慈濟情。

2012 年 12 月 21 日，馬六甲「大愛之夜」，鄭金龍亮相為大愛劇場節目《雨露》做見證。(照片：陳念清)

侄子馮世興看完影片和照片回顧後，心有愧疚：「我知道慈濟在幫助他，但怎樣照顧卻不知道。看完很慚愧，自己人都沒有照顧他，還好有慈濟。」

「如果慈濟沒有照顧他，他不會這麼開心！」鄭世源感動於慈濟把消瘦、寂寞的盲眼老人，照顧成壯碩開朗，敢在大家面前唱歌，吹口琴表演的自信長者。

上人聽聞了鄭金龍的事蹟後，感恩的說：「雖然他什麼都沒有，但有滿滿的心靈財富；那種歡喜自在的富有，才是真正可愛的人生。馬六甲慈濟人用愛的力量，造就人間的幸福。」

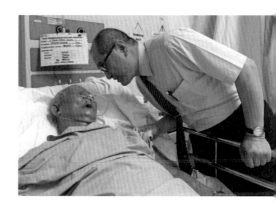

劉濟雨前往醫院探望病重的鄭金龍，圓滿他想要再聚的心願。

（照片：楊秀麗）

志工吳雅蓮（右）與鄭金龍的外甥鄭世源（中）互動，他見證志工與舅舅猶如親人般的緣分，深受感動。

（照片：陳延北）

二、慈善推展

　　自鄭金龍個案開始，馬六甲志工啟動了當地的慈善工作，接續在 1992 年 10 月展開了首例機構關懷——馬接峇魯敬老院。志工定期前往敬老院，引起村民注意而提報：「還有其他敬老院需要幫助。」也有接受幫助的照顧戶，向志工反映：「附近某人也需要關懷，可否過去看看？」鄰里互相關懷的情誼，成為個案提報的原動力。

早期，上橋製衣廠下班後，簡慈露（右二）與林玉招（右三）等人直接前往訪視。
（照片：馬六甲分會文史組提供）

1992 年 10 月至 12 月期間，馬六甲慈濟志工探訪了三家敬老院，接觸近二十個個案。除了每週定期的訪視，志工也多次機動性動員：幫助獨居長者入住敬老院，探訪家中失火的受災戶，關懷登報籌募醫藥費的母子，協助林魯（Lendu）敬老院修補屋頂等。志工也積極到中央醫院找尋需要幫助的個案，購買

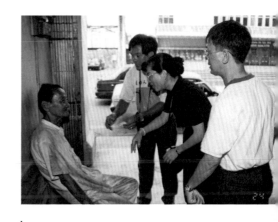

簡慈露（右二）與志工一起關懷路邊的流浪漢。

（照片：馬六甲分會文史組提供）

必需品探訪沒親人在身邊的病友。而後慈善足跡也逐漸延伸至急難救助、獎助貧困學子等等，將大愛散播到馬六甲各個角落。

因地制宜　展開關懷

慈濟志工不斷開拓濟貧個案，並應照顧戶需要，展開不同的援助方案。例如早期個案處在郊外及敬老院居多，志工每週前去協助居家清潔，為他們沖涼，補助生活物資，緩解他們無法外出購物的難題，或協助申請福利金。志工更耐心關懷，聆聽他們的心聲，紓解他們長年無談話對象的苦悶。遇見傷患者，志工請教

醫護人員用藥程序，自己再動手為患者洗傷口；或載送他們到中央醫院就醫，並按時叮嚀他們吃藥。

志工參考臺灣居家訪視、冬令發放等工作後，覺得本地也有許多足不出戶的老人家，於是克服困難，1994年4月試辦慈善發放活動，讓照顧戶歡聚在一起。他們賦歸後，日日倒數，透露對發放日的歡喜與期待，促成馬六甲慈濟定下每月一次的發放日，也讓各界團體參訪、觀摩及瞭解慈濟。

馬六甲分會舉辦「訪視研習」，以話劇演出志工訪視個案的用心，瞭解家訪時的注意事項。（照片：莫如堅）

個案檢討會議　尋求共識

「個案提報的原因多是因為窮和病，我們不只是照顧對方的溫飽而已，而是整體的關心，瞭解、看見對方的需要。」簡慈露透露。馬六甲慈濟的慈善工作甫開始一個月，即展開「個案檢討會議」，方便掌握和管理個案資料，討論新個案開案與否、補助項目、訪視工作中的問題；對志工輔助個案的用心付出也給予支持與肯定。

簡慈露推動慈濟，邊做邊學，初期常常致電請教怡保志工劉美圓，劉美圓進一步推薦請教檳城志工葉淑美（慈靖），最後和本會聯繫後，才更瞭解慈濟的濟助原則。為了確保方向不偏差，簡慈露先邀約葉淑美到馬六甲訪查個案，過後邀請靜思精舍師父和資深志工親自前來指導。精舍師父為志工每週認真訪視而讚歎：「你們的慈善工作做得很好。」

為了更客觀瞭解個案背景及狀況，除了和案主接觸外，志工也學習觀察周遭環境，並與鄰里、村長、親友及善心人士互動，多方收集資料後再作出評估，提呈到會議。

隨著慈濟志業逐步擴展，個案增加，志工將居家訪視、機構關懷服務等工作改為每月一次。「個案檢討會議」在 1997 年變成半月一次、隔年改為一月一次，並更名為「訪視會議」。

建立複查制度 定期陪伴

早期志工每週前往照顧戶家，多是將個案資料記錄在本子上，後來簡慈露從本會取得個案提報申請表、濟助調查表、家庭功能評估表、個案記錄表、複查報告表格和付費收據等範本，馬六甲慈濟查照辦理，為個案資料建檔，並修改成本地適用的表格。

家訪結束後，志工都要於隔天會議上講解個案資料，使人人都瞭解個案詳情；若有需要即時作出調整，這等於每個星期都在「複查」。

隨著個案增加，志工無法在檢討會議上一一報告個案進展，志工效仿臺灣本會的「複查制度」，每三個月一次重新評估個案，讓志工可持續追蹤與評估照顧戶的需要和異動，2000 年以後改成四個月一次。

結集訪視手冊 教育培訓

隨著新進志工和新增個案逐漸增加，各種默契需要達成共識，1995 年，馬六甲慈濟將每月第三個星期日定為志工精神及訪視個案研討會；次年，馬六甲舉辦第一屆「中南馬暨東馬觀摩研習會」，研討居家關懷及訪視技巧。自此，馬六甲慈濟不定期舉辦「訪視研習會」、「訪視共修」及「訪視培訓課程」。讓志工提升精神理念、濟貧原則及學習訪視技巧，汲取他人訪視經驗。

2003 年，同仁葉桂蘭（懿蓁）與資深志工王玉蘭（慈均）、華景民（濟珧）等人將過去十年的訪視經驗結集，再參考臺灣本會提供的文本資料，如《慈濟道侶》、手冊、及臺灣《慈濟》月刊等，編製成《訪視手冊》；將「訪視運作及工作倫理」、「個案提報流程」、「訪視須知」等化為文字，供志工參考及依循，輪流走入每一社區進行導讀；並於 2006 修訂，2010 年增訂。

透過《訪視手冊》，讓初期參與訪視的志工能有依循的方法。

（照片：郭巧雲）

上人讚歎，馬六甲慈濟人持續以愛關懷，以誠陪伴，不只是單純的給予物資，更重要是讓志工發揮助人的宗旨及啟發善心，傳遞來自社會的關懷、膚慰與精神支持。難行能行，馬來西亞慈濟人認真、用心的程度，實在令人感動。

機構關懷勤膚慰

馬接峇魯敬老院

馬接峇魯新村（Machap Baru）於 1950 年成立，村民多以割膠為生，少數經營商店或務農。新村內工作機會少，導致年輕人向外遷移。村內建築外觀依然保留早年的風貌，經濟仍停在 50 至 60 年代，但具有基本設施，如診療所、學校、消防隊、警局、市場等。

一、敬老院關懷

1992 年，一念想要行善的臺商簡淑霞（慈露）透過也是臺商的志工蘇秀華、劉美圓等人，初步認識慈濟濟貧模式，開始在馬六甲的上橋製衣廠宣傳，鼓勵員工提報個案給慈濟。

1992 年 9 月，透過製衣廠員工林玉招（慈恬）的婆婆轉述，郊區亞羅牙也（Alor Gajah）的馬接峇魯新村敬老院極需援助。10 月 10 日，志工林玉招與幾位製衣廠員工帶了紅包、花生粥和點心前往勘察，發現敬老院是由獅子會建蓋的木板建築物，約三千平方尺。當時，院內住著九個人，院友年齡介於四十到九十歲。

敬老院內沒有工作人員，所有生活起居都由老人自理；屋內

骯髒、有異味，屋外荒煙蔓草圍繞，彷若一處與世隔絕的孤島。志工向村長請教敬老院狀況，瞭解到敬老院由於惡劣的環境，被當地視為不祥之地，有些村民寧可繞道而行，也不願經過。慈濟志工即決議正式開案，將馬接峇魯敬老院列為馬六甲分會第一個關懷服務的機構。

上橋製衣廠的員工利用午休時間製作床單，讓敬老院的院友隨時替換。（照片：馬六甲分會文史組）

10月17日，製衣廠員工相互邀約，連同其他佛友一行二十八人到敬老院清掃。此後他們固定每個星期日前往清掃環境，將污穢的被單帶回上橋製衣廠清洗，還發心利用午休時間裁剪製作床單，讓敬老院的老人能有替換的床單。

伙食援助

院內的老人有的失明、有的半身不遂，而全院竟無一位照料他們的人。有些老人拄著拐杖自己煮食，行動不便的老人一天只吃一餐；無法自理的老人，大小便只能在床上解決，伴隨的是蒼蠅、床蝨，生活起居有苦說不出。這群老人依靠每月馬幣六十令

吉的政府福利金為生，但凡事得靠自己，十分辛苦。

志工見狀，認為需要聘請專人負責老人的餐食，請村長協助找尋適當的人選。有村民建議從老人每月的政府福利金中拿出三十令吉作伙食費，不足的由慈濟補助，這引來老人的誤解。一位阿嬤不客氣地拿著掃把擋在門口，指責志工：「我活到八十多歲，從來沒有人這樣幫助我們，你們是不是要來騙我們的錢，你們一定有目的……」

志工每週都到敬老院，持續用行動關懷，老人們從原本的質疑，漸漸敞開心房釋出善意。經由志工鍥而不捨的付出和關懷，有了轉機，院友終於答應接受補助。1993 年 3 月開始，慈濟補助院友每天午、晚兩餐。

為使敬老院院友在受助之餘也能自力更生，1998 年舉辦院友交流晚會，增進院友情誼，輔導老人互相照顧；健康狀況好的老人可以分擔清掃的工作，同時也鼓勵經濟能力許可的

志工每週前往馬接峇魯敬老院關懷，並為院友們清洗、更換床單。
（照片：馬六甲分會文史組）

院友分擔伙食費。2000年始，新進的院友如獲領政府福利金，則自付部分伙食費，不足的生活費則由慈濟補助。

醫療往診

1994年4月起，志工每個月專程接送老人參與在馬六甲慈濟舉辦的發放活動，現場提供中西醫義診。一般而言，院友們只有生病時才會想到看醫生，即使發放日有義診，

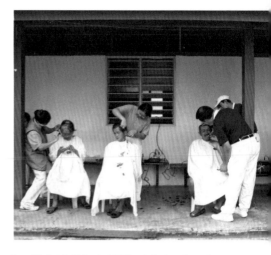

敬老院的例行關懷活動中，志工為長者提供義剪服務。

（照片：楊秀麗）

他們也不會主動做檢查，因此志工用心接送老人外出看病。

2003年7月18日，慈濟義診中心首次前往敬老院往診。人醫會馮啟揚醫師在往診時，發現很多老人都患有高血壓和糖尿病而不自知，必須定期看診及服藥，病情才得以控制。為了不忘記每個院友的病況，志工在筆記本畫上敬老院床位的平面圖，同時附上每位老人的「病歷」，詳細記載每個人服用的藥物、看病、複診、手術日期等，成為院友的「定時鬧鐘」。

2007年1月起，黃月吉和沈幼芬兩位牙醫也特別到院內為老

人檢查牙齒、裝義齒。2010 年 9 月，院內出現皮膚病問題，多位院友受感染，慈濟人醫會醫師到敬老院瞭解，發現是蟎蟲導致皮膚紅癢。只要老人家的衣服常換洗，床褥及棉被常曬太陽，就能讓情況改善。

於是志工為敬老院進行兩輪環境清理及消毒，院友的衣服都一一記下名字送到洗衣店，還將床架搬出戶外清洗，並連續幾天把床褥拿到太陽底下曬。院友連續三天清洗身體再塗上藥水，兩個星期後，院友的皮膚病漸漸恢復。

二、社區之家打掃

2007 年，敬老院的關懷由峇株安南（Batu Berendam）志工接手，承擔起每月兩次敬老院的關懷。敬老院的老人身心逐漸被安頓，慈濟志工開始思考，如何營造一個具慈濟人文，又有「家」的溫馨環境？志

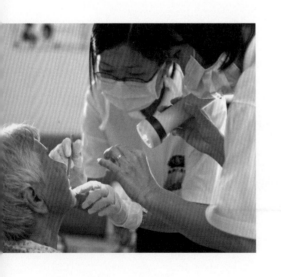

馬六甲人醫會黃月吉醫師（右一）、沈幼芬醫師（中）長期承擔敬老院往診，為長者檢查牙齒。

（照片：楊秀麗）

工李士能（濟勛）期盼藉由服務來凝聚社區志工的向心力，並接引當地民眾，一起耕耘這塊福田。

馬六甲大愛幼兒園小朋友前往馬接峇魯敬老院，陪伴長者玩遊戲。
（照片：陳念清）

除了例常的打掃、精神關懷等項目外，李士能更擴大服務範圍，包括整頓院區，設置花園和菜園、清洗走廊水溝，挪出院內空間當小客廳，每人增添一套床單。他還編排志工輪值表，讓例常服務做得更細緻，更安排專人輪替準備點心。

志工也把華人傳統佳節和每月慶生列入規劃，同時成立醫療志工隊，關心生病的老人或到醫院看診的接送問題；還有維修組，負責院內水管、電燈等。

最初見到慈濟志工來，老人都喊「打掃的人來了」，現在，他們改口成「慈濟志工來了」，敬老院漸漸成為像家一樣的社區。

住家修繕

敬老院從最早的板屋，後來被政府改建成半磚屋；但多年過

去，牆上的藍白漆早已斑駁、脫落。住在後房的戴運生阿公，一次夜裡摸黑走在窄小不平的廊道上，不慎跌倒擦傷，讓原本有意整修此廊道的志工吳雅蓮（慈瑢），即刻聯絡從事建築的志工陳溫漢（濟棨）。他邀同行結緣材料及工資，請工人把坑坑洞洞鋪平，將斜坡和溝渠改成寬敞的通道和階梯，原本露出地面的水管埋入地底。工人發現坐廁離地半尺高，對老人家不便，貼心地協助下降坐廁高度，讓老人有安全的衛生空間。

　　整修工程完成後，2013 年 9 月 29 日，榴槤洞葛（Durian Tunggal）社區志工動員為敬老院打掃及粉刷。每月一起做環保的

| 敬老院院友們參與慈濟發放日，同歡共樂。（照片：馬六甲分會文史組）

院友曾娘福、戴運生、賴譚清不假手他人，為自己的房間刷漆，幾位平時來做環保的孩子也來幫忙。看著藍白色的四面牆換裝成深褐色及白色，曾娘福幽默地冒出一句：「終於不用住在警察局了！」原來藍白色建築，是馬來西亞警察局的標誌。

志工在中秋節前來敬老院粉刷佈置及安排節目，與長者共慶佳節。

（照片：陳泳燴）

共度佳節

自 1993 年 1 月 26 日大年初四，慈濟志工首次組團向院內的老人拜年後，此後每次逢年過節，慈濟志工必定會到敬老院裡送祝福。2007 年新年前的星期天，志工到敬老院清洗環境、修剪花木，準備讓老人歡慶新年。橙紅色窗簾、綠色床單，都是志工為老人添購的。李淑清（慈訊）說：「我們把這裡當作自己的家一樣來佈置，營造家的感覺，讓老人家知道自己並不孤單。」

二月的新春團拜，志工攜同家人，準備了二十多道素食佳餚，水果、糕點、糖水、米飯等一應俱全，院友們不忍志工站著服務，慇懃勸志工坐下，老少共用餐，更有佳節團聚氣氛！

五月的三節合一「佛誕節、母親節、慈濟日」，老人年紀大了，行動不便，藉著每年的行動浴佛，志工將浴佛臺搬到敬老院，讓老人們能參與浴佛，虔誠禮拜，洗滌心垢。

九月的中秋節，志工一早就回來這個「家」，佈置場地、清理環境，籌備中秋節慶典。門前廊道並排著小吃攤位，有馬來小吃、華人主食、西餐、水果，儼然是個迷你廟會。李士能說：「我們就像這些老人家的子女，回來跟他們團聚，他們才不會感覺被遺忘。」

尤雅蓮阿嬤平日橫躺在床上，她所能見及的天地只有頭頂上方的幾片天花板，當晚能「躺」著出門，不能言語的她，高興地直咧著嘴笑。有的人已多年沒提燈籠慶中秋，社區志工及家人逾百人，歡慶中秋盛會，老中少三代共享天倫樂。

三、老有所用做環保

慈濟還未踏入敬老院時，當地村民王秀寶一念悲心，只要有空就會到敬老院為老人清洗傷口或抹身。1992 年，慈濟志工啟動敬老院的關懷服務，她因而認識志工鄭世芳（濟璞）等人，並獲知環保的訊息，隨即付諸行動在村內回收紙張，再由慈濟環保志工定期從她家載走。由於回收量日趨龐大，暫借敬老院的走廊存放，從此回收物有了一個「家」，老人也開始有事可做。

配合慈濟、承擔起照料老人每日餐食的王秀寶用心良苦，三不五時與老人分享，慈濟補助的伙食費來自十方大德，鼓勵行動自如的老人做環保。2000 年戴娘歲阿公基於「想為慈濟做些事情」的心意，開始在院內做環保。只要接到王秀寶通知，他就騎著摩托車到村內做回收，偶爾也會有村民託他們帶回一些回收物，回到敬老院整理、分類。

　　2005 年，馬六甲市議會讚揚老人家的環保成果，主動在敬老院的大門內側設置環保屋。環保屋裡頭的回收資源整齊排列，幾

慈濟於馬接峇魯敬老院設立環保點，邀約民眾陪伴院內長者一同做環保。

（照片：黃錫光）

乎都是由沉默寡言的賴譚清阿公整理，輕度智障的院友顏金星偶爾也會協助。

2007 年戴娘歲往生，環保工作由丘觀生接手；丘觀生行動不便後，賴譚清自動挺身協助。行動自如的院友們每天會到附近店家去回收資源，村民大都也自行做簡單分類送到環保屋，因此每個月的環保日，志工都需動用卡車才能全部載走。

慈濟環保點成立

志工在看到敬老院老人們努力做環保後，決定將環保點設於敬老院內，一來可在新村帶動環保，二來也是鼓勵民眾走入敬老院關懷。2013 年 1 月 27 日，敬老院內成立慈濟環保點，啟動慈濟社區環保日，邀請新村居民一同投入環保。

居民陳春漢過去為避開與其住家僅相隔一條街的敬老院，總是繞道而行，後來在鄰居陳金妹力邀下，現在經常做著當初覺得不可能的任務——接送老人到慈濟義診中心或中央醫院看病。

馬接峇魯敬老院原本給人的印象是一個又髒又臭的地方，村民視為不祥之地而不敢接近。自從慈濟每月的社區環保日設在敬老院，村內孩子因參加慈濟親子班，學習到環保的重要性，也一同投入。

隨著孩子的腳步，家長們也一同踏入敬老院做環保，村民在

過程中逐漸調整刻板認知，慢慢地將老人們當成自己的長輩對待。老人因為生活的改善與穩定，心靈逐漸富足，開始與左鄰右舍互動，身體力行付出，分享環保。慢慢地，村民攜同有心付出的朋友們，大家圍坐在一起，或將紙張分類，或將紙皮拆開、摺平；敬老院的老人們主動補位，協助搬抬資源，將疊好的報紙捆綁起來，以行動告訴大家老有所用。

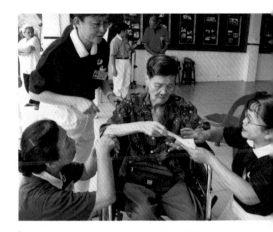

馬六甲發放日，院友顏富娘捐出積蓄，殷切叮嚀志工把錢拿去救助困苦的人。（照片：陳麗瓊）

四、善的循環

「時間晚了，你們（志工）先回去吧，接下來要做的，我們會幫他。」院友們開始主動協助行動不便的院友送餐、曬衣服、清掃，一點一

2004年南亞大海嘯，敬老院院友盡一分愛心救助災民。

（照片：林俊偉）

滴地改變，老人們不僅讓志工安心，更在潛移默化下生起回饋之心。善的循環，在敬老院內漸漸醞釀，老人從互不關心到互相照顧，也從不捨回饋到捨得付出。

2005年1月9日，慈濟志工如常送愛，適逢吉隆坡佛學會組團到敬老院分送紅包，老人們滿心歡喜地收下。然而當慈濟志工捧著「大愛進南亞，真情膚苦難」的海報及愛心箱時，林亞蓮阿嬤站起身：「我要捐錢！」隨即從錢包裡拿出馬幣20令吉。「我的願望是救苦救難……」王水漢阿公投下善款時，邊說邊掉淚。

二十年長情大愛，一批批的志工走入了敬老院院友們的生命中，在潛移默化下，激起善的循環。（照片：李獻雄）

其他老人們也紛紛響應將錢投入愛心箱，希望善款能援助海嘯災民早日恢復家園。

2000 年 6 月 29 日，七十四歲的院友周蘇阿公，被發現倒臥在樹叢中不省人事，送到中央醫院後往生。志工趕到醫院為他助念，一路陪伴到最後。周蘇留下一筆善款，除用作身後事外，剩下的馬幣一千多令吉全數捐做善款，希望透過慈濟去幫助有需要的人。

慈濟幫我　我幫慈濟——丘觀生

暱稱敬老院「班長」的丘觀生阿公（另名亞岸），1993 年退休後，從吉隆坡來到馬接峇魯新村和舅舅同住。1999 年，為免成為舅舅和家人的負擔，他主動住進敬老院。

丘觀生在敬老院中雖然年紀不是最大，但有領導者的風範。負責敬老院內膳食的村民王秀寶形容：「院內老人有事情都會找他，我們有什麼事情交託，他也一定會處理好。做善事，他是第一的。」

2006 年馬六甲水患，丘觀生號召老人捐款給慈濟賑災。2007 年新年節慶，他悄悄告訴志工：「我要捐一千令吉，慈濟對我們這些老人這麼照顧，我老了，能做點善事，很開心。」2012 年 1 月 20 日歲末發放現場，丘觀生掏出兩個月省下的馬幣 100 令吉

捐給慈濟。他也總會對其他院友說：「錢，留一點自己用，其他的盡可能回饋社會。」

丘觀生還接手敬老院環保工作數年之久，他不時這樣說：「慈濟幫忙我們，我們應該回饋慈濟。」上人知道後很感動說：「多有智慧啊！這就是貧中之富的人生，雖然物質生活匱乏，卻在付出中保有一分歡喜心，心靈永遠都能輕安自在。」

二十多年歲月的關懷，老人的顏容逐漸枯槁，生命也漸趨凋

院友丘觀生（左）雖然行動不便，仍協助環保工作，分類紙張。（照片：黃錫光）

零，但不變的是，志工不離不棄的長情大愛。志工長期的愛心付出，與老人們建立起深厚的感情。他們把後事託付給志工，因為在他們心裡，慈濟志工就是他們的親人；當慈濟號召捐款做慈善，他們也義不容辭。雖然老人們受助，他們也能在力所能及之內付出，如今敬老院不只是環保點，更是愛的轉運站。

慈濟志工多年來關懷敬老院院友，建立起家人般的情感。（照片：羅秀蓮）

點滴善心 發放送愛
慈善發放

一、首次現場發放

$\mathbf{馬}$六甲慈濟自 1992 年 10 月起推動慈善志業，照顧戶逐年增加。照顧戶多住在偏鄉，其中孤老無依或行動不便者，鮮少出門。志工於 1994 年 4 月 10 日首次試辦現場發放，關懷照顧戶，發放物資，並讓他們有機會出門參與活動。

發放活動於上橋製衣廠後方空地舉行，照顧戶由志工和製衣廠員工載送往返，現場並設有素宴、節目，發放現金與物資；另有中西醫義診、美髮師義剪、燙髮等服務。

試辦的現場發放在照顧戶間引起熱烈迴響。志工評估認為，要讓慈濟會員親身關懷、參與發放，並讓照顧戶

馬六甲第一位照顧戶鄭金龍（坐者）於第一次現場發放活動時上臺分享。（照片：馬六甲分會文史組）

透過發放活動，與人交流互動，於是決議於 1995 年 5 月 8 日正式舉辦第一次現場發放，此後每月第二個星期天固定為馬六甲慈濟的發放日。

　　每月一次的發放雖僅數小時，但需接送散居各社區及偏遠地區的照顧戶，加上事前的籌備工作和餘興節目表演等等，須付出許多心力、人力。雖然準備工作繁重，但志工秉持「能承擔就是福」的決心，準備生活物資包及美味的素食佳餚，讓照顧戶每月有個期待的日子。

1994 年 4 月 10 日，馬六甲志工試辦現場發放。（照片：馬六甲分會文史組）

2001 年落實志工社區化後，由各社區志工就近載送，解決交通的困擾，也減少碳足跡。

2005 年，馬六甲會務迅速發展，活動也更為頻繁，遂將每月發放改為中秋節及歲末一年兩次。2007 年轉為每年舉辦一次歲末發放，但志工會在各種族年節前，逐戶發放禮包。

馬六甲分會轄下各據點，學習馬六甲的經驗，自 2001 年起，陸續於各聯絡處當地進行發放，讓照顧戶免於長途奔波。

二、全方位照顧

義剪滌足

理髮對困苦的照顧戶來說，是額外的金錢負擔，對於坐輪椅者更是不便。因此在發放現場設有義剪區，由專業理髮師提供免費服務；除此以外，志工也為男眾刮鬍子，為彎腰不便的年長照顧戶滌足、修剪指甲。

理髮師張美雲從第一次發放起，多年來在發放現場義剪不下百次。只要慈濟舉辦義剪活動，她都會安排經營的理髮院休假一日，前來付出；雖然少賺一天的錢，但她心中很歡喜。

理髮師黃麗馨（化名）曾在坐月子期間感染風寒，丈夫又意外癱瘓，幸而有慈濟的補助舒緩困境。當她聽聞慈濟發放設義剪

區，即義無反顧地前來付出，她說：「辛苦一點不要緊，吃過苦知道苦的味道；這是一件好事，積點福德嘛！」

義診捐血

發放活動中設有義診服務，由志願的中醫、西醫、牙醫師為照顧戶看診。在馬六甲義診中心尚未成立前，透過蕭成財中醫師協調，中藥由馬六甲德教會紫昌閣免費供應，西藥則由臺資永信製藥廠結緣。

此外，發放日也配合醫院舉辦捐血活動，藉此散播大愛。1995 年 5 月 14 日，現場發放一周年慶及國際賑災義賣，應馬六甲仁愛醫院之需舉辦捐血活動。2000 年 3 月

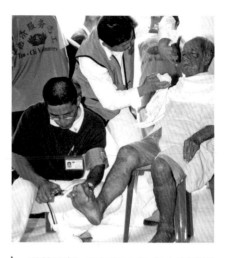

發放現場，志工細心為老人家剪髮剃鬚、修剪指甲。

（照片：馬六甲分會文史組）

1994 年 5 月 8 日，馬六甲慈濟第一次舉辦現場發放，並設置義剪區。

（照片：馬六甲分會文史組）

84

開始，則固定每四個月一次，配合馬六甲中央醫院舉辦。很多捐血者被發放現場的溫馨感動，成為慈濟志工或會員；健康的照顧戶也被鼓勵，於發放日捐血救人。

餘興節目

早年，志工在發放現場表演舞蹈、戲劇、魔術等餘興節目；戲服由上橋製衣廠員工用工廠的剩布自裁自剪，過程雖克難卻溫馨難忘。在餘興節目的壓軸活動上，照顧戶以卡拉 OK 伴唱，

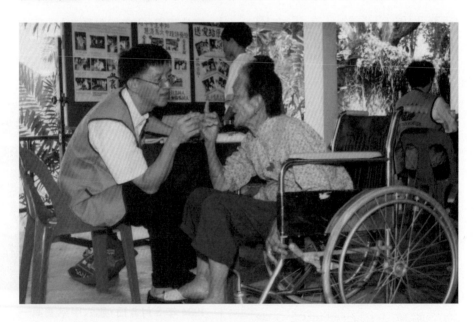

馬六甲義診中心尚未成立前，照顧戶所需要的藥物，皆由蕭成財中醫師（左）用心安排。（照片：馬六甲分會文史組）

一一上臺歡唱。

餘興節目從初期志工一手
包辦，到後期逐漸有團體、
學校、個人，甚至照顧戶等
義演，為照顧戶帶來歡樂的
熱鬧氣氛。

「典舞製作舞蹈社」自
2002 年起每年預留檔期，護
持慈濟發放日，成為發放日
年度重要的活動之一。創辦
人邱德文表示，平常因為忙
碌而無法親身投入慈善工作，
因此趁著佳節呈獻節目，希
望把歡樂和愛帶給大家。2013
年邱德文因病往生後，同事
挑起重擔，延續遺願：「無
論面對什麼困難，務必參加
慈濟的歲末發放。」

志工在現場發放中帶動團康，與長
者翩翩起舞。

（照片：馬六甲分會文史組）

「典舞製作舞蹈社」為照顧戶呈現
精彩表演。（照片：郭巧雲）

環保茹素

　　發放日一向以餐點、服務、節目為主，後來增加了環保宣導，活動愈加多元。

　　隨著氣候變遷，環境保護刻不容緩，發放現場以善巧方便法向大家勸素。2016 年及 2019 年，甲州固體廢料管理機構受邀在發放現場設展，宣導環境保護及垃圾減量。芙蓉慈濟也從 2017 年起，在發放現場開設小小劇院，播放適合兒童的環保教育影

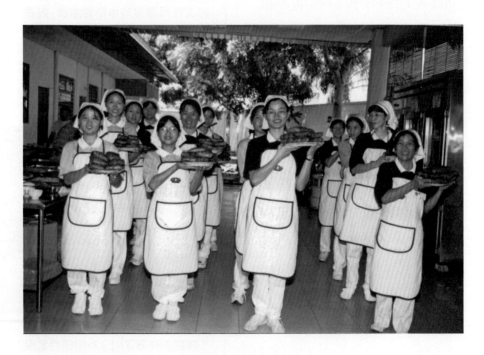

| 志工端著佳餚列隊出場，讓照顧戶們備感尊重。（照片：馬六甲分會文史組）

片，演出素食宣導短劇，鼓
勵照顧戶加入素食的行列。

三、歡度佳節

歲末發放是慈濟的年度盛
會。現場布置大紅燈籠，播
放新年歌曲，有舞獅表演，
還有志工扮演的財神爺助興。
慈濟廣邀孤兒院與敬老院院
友同歡共慶，為照顧戶準備
年節禮品和紅包，感受「大
家庭」圍爐話家常的溫暖。

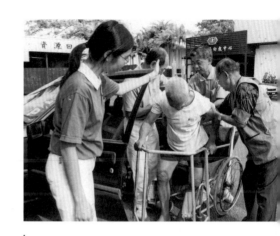

**志工攙扶行動不便的照顧戶參與
現場發放。**

（照片：馬六甲分會文史組）

齊心祝福

志工們也致力在其他佳節能與照顧戶同慶，譬如中秋節慶團
圓、開齋節同歡慶、聖誕節報佳音、屠妖節放光明；每逢佳節，
志工總貼心安排慶典。

2001 年 9 月 22 日現場發放暨中秋晚會，場地從室內移到靜思
草場，掛上五彩繽紛的燈籠，照顧戶與志工一同賞月，歡度佳節。
節目也比往常來得豐富：環保志工舞龍、慈濟青少年團呈獻四季

鼓、兒童班表演手語等等。

2003 年，非典型肺炎（SARS）疫情蔓延，5 到 6 月大型活動取消；志工在 7 月的第二個星期安排雙親節慶祝會，邀請各族照顧戶代表上臺切蛋糕、接受祝福。

2013 年起，慈濟也專為印裔照顧戶及幸福校園計劃所關懷的印裔學生家庭舉辦屠妖節發放，用燈飾及吊飾佈置會場，並用染色米粒製作印度傳統藝術古拉姆（Kolam），增添節慶喜氣。並邀請照顧戶前來掌廚，負責烹煮符合印裔口味的佳餚，人人大快朵頤。

四、點滴迴響

照顧戶捐錢助人

照顧戶回饋眾人給予的愛，如年邁獨居的林玉蓮（化名），將每天買菜剩下的零錢投入竹筒撲滿，兩年後共存了馬幣 202 令吉，在歲末發放當天捐出。林玉蓮剛成為慈濟會員時，每月捐獻馬幣五令吉，後來物價上漲，她還擔憂：「五令吉能買到什麼呢？」進而將善款增至馬幣十令吉。

馬接峇魯敬老院的院友王綏漢難得出門，在發放日捐出四年積蓄馬幣 500 令吉。他還發下新春願望：「現在開始要省吃儉用，

明年我還要捐錢給慈濟做好事。」

2005 年 9 月 11 日，馬六甲中秋節發放現場，以投影展示美國南部紐奧良卡崔娜颶風所造成的災害，呼籲大家用各自的宗教儀式，一念虔誠為災民祈禱。當愛心箱遞到面前，照顧戶紛紛捐出身邊的零錢。

慈濟「竹筒歲月」呼籲小錢也能行大善，引導人人為善。不同種族與宗教的照顧戶紛紛認養竹筒撲滿，做個「貧中之富」的人，在每年歲末發放時捐出。

馬六甲首長拿督斯里莫哈末阿里親臨歲末發放現場，頒發新春禮包予照顧戶。
（照片：李獻雄）

各界肯定護持

由於發放現場場面感人，經常有佛教團體參訪，體會大愛與感恩；學校老師也帶領學生參訪，讓在幸福中長大的孩子有機會服務人群，藉此教育孩子行善。

各政府單位要員，包括伊斯蘭局、福利局、州議會等部門官員，也多次參訪現場發放。他們為發放的場面所動容，欣見華、巫、印裔照顧戶同慶佳節，反映馬來西亞多元種族融洽共處的特色，也從活動安排中瞭解到慈濟的良好組織性，擬與慈濟進一步合作推動慈善。

馬六甲首長拿督斯里莫哈末阿里多次參加歲末發放，並一再提及，慈濟作為佛教團體，彌補政府的不足，是州政府推動慈善福利工作的學習榜樣。慈濟因此成為 2002 年度州政府補助馬幣 10,000 令吉醫藥費用的慈善團體之一。

大愛清流 涓涓不息

馬六甲早年每月定期發放，後期改為歲末發放和節慶發放；不同的感人故事在每次發放日不斷上演，在年復一年的日子裡，匯成一條涓涓的大愛清流，為苦難人洗滌塵埃，為枯竭的心靈注入生命活泉，讓善的循環源源不絕。

證嚴上人說：「馬來西亞的馬六甲，當地慈濟人訪視窮困人家時，那種體貼、那種愛的關懷，我們都可以看得出來。例如行動不方便的人，他們就開車前往接送，為這些窮困人家每個月舉行固定發放，讓這些長年累月獨居的殘障人，也能享有快樂的一天，讓他們心得分享，讓他們唱歌，也讓他們做遊戲；這是每個月馬來西亞慈濟人，為這些獨居老人或殘障者的付出。」

　　慈濟人視眾生皆為平等，這就是菩薩道的精神；無論是災難、病苦，雖然身在不同的國家，卻付出同樣的愛心。

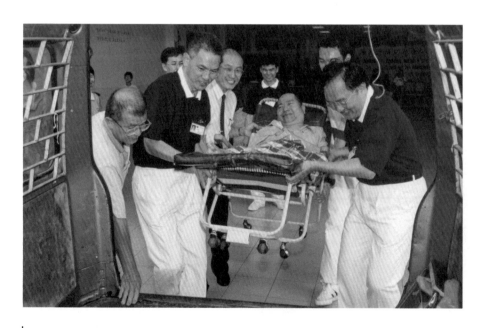

志工載送行動不便的照顧戶參與發放日。（照片：馬六甲分會文史組）

一方有難 十方馳援

國際賑災

慈濟自 1991 年援助孟加拉水患，揭開國際賑災序幕，面對世間災難，馬六甲分會與全球慈濟人同步展開賑災行動，包括募款、勘災、義賣、援建等等，接力送愛到災區。

1993 年 8 月，尼泊爾發生嚴重水災，造成一千多人喪生，四十多萬民眾流離失所。證嚴上人呼籲籌募賑災基金，全球慈濟各據點於 12 月 3 日展開「尊重生命，全球齊步走」活動。馬六甲慈濟 12 日即舉辦「人間有情，慈濟有愛」大型義賣會，首度為國際賑災籌募基金。

1998 年六月中旬，中國長江、閩江發生嚴重水患；全球慈濟志工展開賑災募款行動，馬六甲志工也舉辦愛心義演，

1993 年 12 月 12 日，馬六甲志工舉辦「人間有情，慈濟有愛」義賣會，為尼泊爾水災首度籌募國際賑災基金。
（照片：馬六甲分會文史組）

並走上街頭募款、義賣月餅。當時全球金融風暴襲擊，東南亞經濟蕭條，但依然獲得各界愛心捐獻。1999年臺灣發生九二一大地震，馬六甲志工亦舉辦一系列募款活動，為災民募款。

1998 年中國長江、閩江水患，馬六甲志工走上街頭募款。

（照片：馬六甲分會文史組）

根據馬來西亞 1947 年沿戶募捐法令，慈濟設立國際賑災專案，須事先申請准證，才能製作募款箱、編碼，由各社區志工到市場、商家、民宅等各場所勸募。志工每日清點善款，再交給財務同仁登記，並悉數存入慈濟國際賑災專案帳戶，由本會統籌運用。

募款總額若超過五萬令吉，同仁需填寫國家銀行呈報表格（Forms P），向國家銀行申報，同時附上慈濟此次的援助方案。活動結束後，再匯報該國際賑災專案的財務報表。

2001 年印度地震

2001 年 1 月 26 日，印度西北部發生芮氏規模 7.8 級強震，兩

萬多人死亡，逾十六萬人受傷。

當時，臺灣慈濟在九二一地震復原期，已認領數十間援建學校希望工程；美國各分會也已承擔薩爾瓦多地震災後重建的龐大經費，因此執行長劉濟雨主動爭取，由馬來西亞和新加坡慈濟志工承擔起印度災後重建的經費籌募。

馬六甲分會申請街頭募款證後，4 月 26 日啟動「馳援印度大地震，新馬愛心動起來」街頭募款，舉辦「幸福人生講座」、茶會等為期一個月的大規模募款活動。期間動員 8,716 人次志工，舉辦六場愛心義演、八場幸福人生講座，素食、舊衣、母親節鮮花等義賣，共累積超過千場的募心募款場次。

2001 年 11 月 11 日，慈濟與法國關懷組織（Care France）簽訂印度古吉拉特邦整合性重建計劃方案，兩年內，以該省的可達達村（Kotda）為援助重點，慈濟出資援建 227 間大愛屋，由法國關懷組織與印度商工總會（FICCI）組成的重建團隊

2001 年 1 月印度地震，劉濟雨（中）爭取由新馬志工共同承擔災後重建的工程經費，舉辦街頭募款。

（照片：馬六甲分會文史組）

負責工程，也設立建材生產訓練中心，訓練災民習得建築技能，提供就職機會。2002 年 10 月 23 日，在慈濟、法國關懷組織的代表以及村民們的見證下，大愛屋舉行揭碑儀式。

2004 年南亞海嘯

2004 年 12 月 26 日，印尼蘇門答臘西北外海發生芮氏規模 9.1 的強震，引發大海嘯。印尼、馬來西亞、泰國、斯里蘭卡等地接近震央，直接受到海嘯衝擊，災情嚴重，其中斯里蘭卡逾四萬人罹難，七十餘萬人受災。

2001 年印度強震，新加坡、馬來西亞慈濟人承擔災後重建經費，與法國關懷基金會合作援建 227 間大愛屋。（照片：馬六甲分會文史組）

泰國、印尼和馬來西亞志工第一時間趕往災區，展開物資發放及義診；臺灣第一梯次醫療賑災團也於 29 日前往斯里蘭卡。

由於馬來西亞及新加坡距離斯里蘭卡較近，馬六甲分會執行長劉濟雨帶領志工承擔災後重建，並決定於斯里蘭卡南部重災區漢班托塔（Hambantota）展開短、中長期賑災計劃。

募心募愛

2004 年 12 月 28 日，上人呼籲全球慈濟人以「大愛進南亞，真情膚苦難」，走入社區鄰里，全面啟動募款行動。2004 年 12 月 31 日至 2005 年 1 月 31 日，馬六甲各據點志工走入街頭、市場等地勸募，同時舉辦祈福會、愛心義賣會。

孟加拉籍工友法利杜（Faridul）在周年慶暨愛心義賣會上，購買了兩百二十令吉的義賣券。對一位在異鄉工作的外籍工友而言，匯錢返鄉養家是首要目標，但災民的苦讓他想起：「以前我的國家有難，慈濟人都來幫助我們，現在我也應該去援助東南亞災民。」

2005 年 6 月 25 日，慈濟在馬六甲靜思堂舉行「大愛讓世界亮起來」人文音樂會，為災後重建募款。民眾梁清輝獲知慈濟為海嘯災民建大愛屋時，就已準備捐贈一間，但卻找不到捐贈管道；四個月後，他與朋友一同參與賑災募款的音樂會，借助音樂會的

機緣，圓滿捐屋的心願。

安身安心計劃

慈濟醫療團隊抵達漢班托塔，直接與地方政府接洽，對方提供位於基地醫院（Hambantota Base Hospital）旁的一間棄用房舍，讓慈濟作為醫療站，展開了連續三十五天的義診服務。賑災初期，馬來西亞和新加坡、臺灣、美國及加拿大志工輪批接力。

南亞海嘯重創斯里蘭卡，志工前往勘災，發放民生物資，逾十一萬人次受惠。（照片：馬六甲分會文史組提供）

慈濟取得醫療站附近、清真寺旁和停機坪的空地，作為搭建帳棚用。志工快速搭設 296 頂帳棚，容納至少五百位無家可歸的居民，每頂帳棚下全面剷除石塊，並以沙土鋪平，也裝置公廁、淋浴間、公共煮食區，甚至還設立了孩童遊玩區。

慈濟緊接著配合政府的造鎮計劃，在實梨布普拉（Siribopura）建蓋富有斯里蘭卡特色的大愛屋，採用紅瓦及米色牆壁，有寬廣的前庭院落，可以栽種水果、蔬菜；室內共有客廳、廚房、餐廳、

衛浴和兩間房間；餐廳跟客廳可連著使用，加了簾子就變成一個房間，構成所謂「調整式的二加一房」格局，於 2006 年 4 月竣工 649 戶大愛屋，提供家園全毀的災民入住。

成立慈濟斯里蘭卡辦事處

慈濟設立醫療站後，接續在當地展開中長期的援建計劃。慈濟舉辦大型義診，災民被慈濟人的真誠感動，也投入志工的行列，協助醫療站翻譯溝通及大愛村營建工程，一同重建家園。劉濟雨表示：「海嘯災民需要持續關懷，儘管慈濟志工一批批接力，但終究有期限，唯有本地人的投入，功能才會更大。」

漢班托塔政府無償借予慈濟設立義診醫療站，成立「臺灣佛教慈濟基金會斯里蘭卡辦事處」，2005 年 3 月 20 日啟用後，聘請本地職工協助當地慈善工作。2006 年 4 月，慈

慈濟在斯里蘭卡重災區漢班托塔設立醫療站，展開連續三十五天的義診，服務約兩萬七千人。

（照片：馬六甲分會文史組）

濟大愛村啟用，辦事處遷移到大愛村，舊有用地歸還政府。新辦事處除了行政辦公，舉辦每月發放、歲末祝福等活動，也讓當地志工擁有籌備活動、討論個案的場所。

新加坡與馬來西亞慈濟人持續投入醫護人員及訪視志工，分批前往義診及帶動在地志工。駐守人員中，除了劉濟雨長期來回斯里蘭卡以外，馬六甲分會同仁王玉蘭（慈均）也在該地留駐兩年，推動當地賑災事務，並培訓當地志工學習慈善濟貧工作。

首次將訪視經驗帶到漢班托塔，王玉蘭認為兩地工作的基本原則並無不同，只是溝通需要透過翻譯。她抱著手上的災民資料，和當地志工穿梭於

慈濟於斯里蘭卡漢班托塔成立辦事處，展開中長期援建計劃。

（照片：林炎煌）

斯里蘭卡大愛村交屋典禮上，居民代表從斯里蘭卡農業部部長及志工手中接過大愛屋門牌。

（照片：馬六甲分會文史組）

街道和帳棚區做家訪，親力親為與同仁奔走在大小鄉鎮及偏遠村落中關懷個案。休息時也不停歇，教導當地志工畫個案家系圖，以助於瞭解個案的家庭背景和生活狀況。

經過一段時間後王玉蘭發現，唯有清楚當地的社會濟助資源，掌握正確的訊息，才能真正針對災民的需求，做最適切的援助。於是，她請當地志工陪同前往政府部門，瞭解援助政策及社會濟助資源項目。在她的帶動下，漢班托塔辦事處的同仁在訪視工作上有顯著的進步，2007年8月，慈濟在當地完成慈善組織註冊。

臺灣、新加坡、馬來西亞等地的志工，參加斯里蘭卡慈濟大愛村啟用典禮暨第二期工程動土儀式。（照片：林炎煌）

2008 年，斯里蘭卡漢班托塔國立慈濟中學、職訓所與醫療所陸續完成，並移交當地政府；慈濟在斯里蘭卡為海嘯災民的賑災也畫上句點。上人慈示，後續的慈善、醫療工作，由地緣接近的新加坡慈濟人關懷，帶動當地志工接力深耕。

2005 年，王玉蘭（右一）到斯里蘭卡傳承訪視經驗，帶動當地志工進行慈善志業。（照片：黃崇發）

2006 年印尼日惹地震

2006 年 5 月 27 日，印尼爪哇島發生芮氏規模 6.3 強震，傷亡慘重，慈濟展開人規模救援行動。印尼分會及臺灣、馬來西亞、新加坡慈濟人組成賑災團抵達日惹，提供緊急醫療、發放民生物資，並設立醫療站；11 月 14 日，賑災團舉辦「印尼日惹慈濟希

斯里蘭卡志工至維多利亞殘智障之家進行首次機構關懷，王玉蘭為大家做行前叮嚀。（照片：烏迪尼）

望工程」動土典禮，為災區興建學校及醫療所。

馬六甲人醫會召集人張文富醫師前往印尼馳援，協同設立醫療站，進行往診服務。張文富醫師在過程中，發現一些災民由於無法支付車資，沒有即時就醫，導致傷口潰爛，所幸有慈濟醫療團隊前來協助。

淡邊志工鍾秋明是政府醫院退休護士，義診過程中，她深深體會到慈濟的團隊精神，儘管都來自不同的國家，各自有不同的專長；但在團隊中大家都齊心一志，合作發揮所長，互補不足，為災民服務。

在印尼日惹地震災後，慈濟醫療團隊共嘉惠 2,960 人次，為災民拔除病苦。

2008 年四川地震　緬甸風災

2008 年 5 月 2 日緬甸風災、5 月 12 日中國大陸四川大地震，兩次世紀大災難接連發生，撼動全世界。慈濟本會於 5 月 18 日發起「慈濟川緬膚苦難，大愛善行聚福緣」募款募心行動。馬六甲分會隨之響應，走入街頭、校園進行募心募愛，志工也在所任職的機構「同事度」，援助川緬災民；並舉辦祈福會，播映災情援助影片，虔誠為災民祈福。

5 月 10 日，慈濟動員馬來西亞、臺灣、泰國、新加坡志工，

組成勘災團，盡速進駐災區，會合當地慈濟志工，攜手進行前線勘災與關懷。志工與政府協調後，在仰光近郊勘災，進入收容所關懷災民，並舉辦四次大型發放活動，受惠災民超過三千戶、一萬三千人次。

2013 年菲律賓海燕風災

2013 年 11 月 8 日，海燕颱風侵襲菲律賓，逾四千人罹難。慈濟勘災團從 13 日前往災區，進行物資發放，舉辦義診，並在獨魯萬市發起「以工代賑」，協助災民盡速重建家園。

馬六甲各據點志工也於 12 日至 19 日，走入街頭、校園、商場等展開「海燕颱風毀家園，大愛馳援菲律賓」募款募心行動。第一階段，展開為期一個星期的街頭募款，藉此啟發人人的善念，呼籲人人要戒慎虔誠；第二階段走入企業、機關、社區舉辦愛灑茶會，期許以「同事度」的方式，鼓勵人家伸出援手，凝聚福緣，邀約民眾以具體行動，虔誠為天下祈福。

菲律賓賑災的方式，是透過以工代賑，讓災民依靠自己的力量獲得工資，走出破碎的家，暫且忘卻傷痛，還能付出一分力量為鄰里服務。馬六甲志工華景民回憶：「雙手交握時，我可以感受到，他們都很努力去創造讓自己站起來的機會。」當他把代賑金交到災民們手上時，災民都一直握著他的手，頻頻道謝。

截至2019年為止，馬六甲慈濟人參與近三十次國際災難援助，上人稱許：「真的都是很辛苦的過程，不過就是因為那樣的辛苦，才真正覺得歡喜，因為過程走來很踏實，大家真的用心投入，完成起來的每件事情，也都成為慈濟大藏經的一部分。」

多次參與國際賑災的華景民來到菲律賓獨魯萬，協助以工代賑活動。
（照片：詹進德）

馬六甲分會歷年國際援助項目

1993	尼泊爾水災	募款
1996	臺灣賀伯颱風	募款
1998	中國大陸水災	募款
1999	土耳其地震	募款
1999	臺灣921大地震	募款
2001	印度大地震	募款、援建、義診
2004	伊朗地震	發放
2004	南亞海嘯	募款、援建、義診、發放
2005	紐奧良卡崔娜風災	募款
2006	印尼日惹地震	義診
2008	緬甸氣旋	募款、義診、發放
2008	四川地震	募款、發放
2009	臺灣莫拉克風災	募款
2010	海地大地震	募款
2010	巴基斯坦水災	發放
2011	日本大地震	募款
2012	美國桑迪颶風	募款
2013	菲律賓海燕颱風	募款、義診、發放
2015	尼泊爾地震	募款
2016	臺南地震	募款
2016	土耳其	募款（為敘利亞難民援建學校）
2016	海地馬修颶風	募款
2017	美國哈維颶風	募款
2018	印尼蘇拉威西地震	募款、義診
2018	花蓮地震	募款
2018	緬甸豪雨	募款、發放
2019	非洲熱帶氣旋伊代	募款
2019	寮國水災	發放
2019	青海地震	募款（沒有特設專案）
2020	菲律賓天鵝颱風	募款
2020	中國武漢新冠疫情	募款（沒有特設專案）
2021	印度新冠疫情	募款（沒有特設專案）

安心就學 希望萌芽
獎助學金

馬來西亞政府提供十一年義務教育，中小學生免繳學費，但仍需購置校服、文具、參考書，支付交通等費用，每人仍有約二、三百令吉的開銷，尤其家中若有多名學齡孩子，亦為經濟拮据家庭的一大負擔。

1997年，亞洲金融風暴重創馬來西亞，許多家庭陷入生活困境。教聯會的老師發現學生因經濟原因而失學，不捨貧窮家庭的孩子失去受教機會，一代代陷入惡性循環，提議設立助學金專案，開啟了慈濟跟孩子們的因緣。

一、設立獎助學金

證嚴上人開示：「世間，窮苦是一時的，只要社會有愛，人生總是有希望，社會的希望在人才，而人才的希望在教育。」

1997年，馬六甲慈濟負責人劉銘達（濟雨），認同教聯會老師的提議，設立「清寒學生助學金」，在3月8日靜思語教學交流會上，正式與老師們分享相關資訊。

助學金以各校學雜費單據為參考，收集家庭收支情況、子女

人數等資料，將表單分發到教聯會老師所執教的學校，請校方推薦需要援助的學生。取得名單後，志工會進行家訪瞭解情況，經過團隊討論，再將核定名單寄給校方，確保每一分資源都獲得最適當的運用。

1997 年 11 月 15 日，馬六甲慈濟首辦助學金頒發典禮，嘉惠十三所學校，共七十八名中小學生。

1997 年 11 月 15 日，馬六甲慈濟首辦清寒學生助學金頒發典禮。

（照片：馬六甲分會文史組提供）

初期時，僅供教聯會老師任教學校的學生申請；照顧戶家中孩子若有此需求，則以一次性教育補助方式提供協助，直至2001年始作為專案處理，開放照顧戶的子女申請。淡邊慈濟於同年跟進，其他據點陸續推行助學金計劃。

擴展嘉惠學校

教聯會老師最初多為華人，所以助學金計劃推動多為華校，之後逐步擴大範圍；2004年首次開辦予馬六甲州各淡米爾文小學助學金說明會，讓老師們瞭解目的與宗旨，同時也邀約老師們一起進行學生家訪。

2007年，有別於以往郵寄申請表單，社區志工親自拜訪校方，表達誠意與尊重，也藉此愛灑校園。校長與老師們深受感動，進而成為慈濟會員，幫助更多有需要的人。

2008年，助學金易名為「新芽助學金」，普及馬六甲二百八十一所中小學，申請者也較往年多出近一倍。在家訪過程中，志工若發現生活困頓的家庭，即轉介為長期補助與關懷的個案；若有就醫需求，也會轉介至義診中心免費為他們診治。

因應時代調整

2009年，在政府增加教育補助，降低學雜費的同時，校方亦

為清寒學子提供制服和校鞋等，減輕貧窮家庭的開銷。志工進行校訪、家訪，並經過會議評估後，決定適度調低助學金額。

2010 年 5 月，政府以國債沉重為由，宣布逐步削減津貼措施。志工團隊因應時代需求，決議把助學金調回先前的金額。

早期的助學金以現金發放，2009 年後逐步以郵政匯票、支票或匯款取代，2011 年開始，助學金採直接匯入受惠者帳戶的方式，以避免領取現金的風險。

2012 年政府撥出馬幣 1 億 5000 萬令吉，全額補助中小學雜費，並頒發 100 令吉助學金給每名中小學生，大專

華、巫、印三大族群的學子領取助學金，解決求學的經濟困境，安心就學。（照片：李獻雄）

慈濟頒發獎狀和獎學金，藉由品德獎、孝悌獎、學業進步獎等獎項鼓勵孩子奮發學習。（照片：李獻雄）

生則每人可獲得 200 令吉購書券；月入 3,000 令吉或以下的家庭還可申請定額援助金。

志工重新檢視已推行十五年的助學金專案，因應時代變遷、社會資源日益充足，應避免資源重疊。加上各校表達對於學生道德品行憂慮，希望能借助慈濟的力量，進一步關心孩子的品德教育，改善風氣。2011 年末，馬六甲分會參考臺灣本會推動範例，將助學金方案，轉換為獎助學金計劃來鼓勵學生；設計「新芽手冊」，學生藉由每天記錄評量表，培養準時、節省、負責等良好習慣。月底，由老師和志工檢閱後給予回饋。

原先馬六甲慈濟僅補助就學費用，為了進一步關注孩子的品行與教育，鼓勵孩子用功學習，即設立品德獎、精勤獎、特殊表現獎、學習領域獎、進步獎及孝悌獎等獎項，在籍學生皆可申請，唯「孝悌獎」僅供照顧戶子女申請。2014 年始，馬六甲分會轄下據點陸續轉型為獎助學金方案。

每年獎助學金頒獎典禮時，志工也善用因緣，為孩子建立良好的價值觀。如貧困家庭的孩童積極向上求學的紀錄片，鼓勵孩子見苦知福；或分享環保、小錢行大善的故事等等。並安排溫馨的親子互動環節，孩子為父母奉茶，獻上感恩卡，體諒父母工作的辛苦，用考取好成績，成為好榜樣回報父母恩。

二、善用妙法　全方位關懷

2011年馬六甲慈濟啟動發放獎助學金計劃，志工經由家訪、免費課輔、新芽手冊、鼓勵孩子投入志工服務等方式關懷孩子。慈濟的獎助學金計劃，不只是經濟上的援助，更是家庭、生活、學業全方位的關懷。

心繫善種　化礙為愛

當志工接獲獎助學金推薦申請名單後，即會前往孩子家中瞭解情況，確認需求，每個月也會前往關懷陪伴。有時面對路況不佳、地址不詳等種種挫折，也曾想退縮，但只要想到「放棄就會失掉一個孩子的讀書機會」，仍排除萬難步入數百個家庭。

志工陳淑麗（慮宜）、林宣佑（慮宜）走入單親孩子拉佐（化名）的家庭，瞭解到拉佐一家以媽媽擔任清潔工的薪水維生，然而當時馬來西亞每月家庭消費平均為2,190令吉，清潔工月薪卻僅有900令吉。媽媽辛苦工作咬著牙希望讓孩子能受教育，連休假日也兼職賺錢。因此慈濟決定補助拉佐的學費，以及長姊的大學生活費。

「沒想過他們會來幫我，因為信仰不同，而我們又是馬來人。」媽媽難掩感動。孩子拉佐也非常感恩慈濟，表示獎助學金

改變了他們的命運，並發願將來完成學業後，也會去幫助其他辛苦的人。

在志工的關懷下，拉佐努力學習，在期末考試中得到 6 個 A 的好成績，為此志工特別準備了一顆足球，作為成績進步禮物送給拉佐。這份驚喜圓滿了拉佐踢球的夢，也填補母親由於經濟情況無法滿足孩子心願的愧疚。

一天家訪時，拉佐臥病在床的爺爺突然陷入昏迷，志工林宣佑協助安撫情緒、聯絡醫生前來看診，之後還送來藥物、紙尿褲、病床，讓他們沒有後顧之憂。開齋節時，林宣佑和陳淑麗也特地穿著馬來傳統服飾出席拉佐家聚餐，並隨順其宗教信仰，一同在飯前禱告。

不同的宗教與種族，看似毫無交集的雙方，卻因孩子的教育而牽起了緣分。多年來，志工們陪伴無數獎助學金個案的孩子走向希望，也

志工走入偏遠鄉村進行家訪，瞭解學生家庭狀況，希望能及時幫助有需要的孩子。（照片：楊秀麗）

透過家訪讓他們多瞭解慈濟，啟發善念繼而行善。

親身投入　奉獻無悔

獎學金申請程序繁複，前期需要確認學生提名獎項，為孩子定下努力的目標，接著善用自我評量表，鼓勵孩子達成目標。這些都在無形中，讓原本教務與教學工作繁忙的老師，需要付出更多

戴美玉老師協助推行獎助學金，時時關懷孩子的需要。（照片：黃淑華）

的心力與時間，但許多老師們為了學生，依然奉獻無悔。

例如愛極樂華小（SJKC Ayer Keroh）的戴美玉老師用心輔導學生，如遇低年級的獎助學金申請者不會寫心得和自傳，她會先講解，再請高年級學生協助指導。她針對每名學生當月的學習狀況、上課出席率和在家、在校的行為等，於小冊子回覆一句適當的靜思語，作為鼓勵。

戴美玉走入學生的家庭做家訪，掌握每名學生的家庭狀況，讓校方得以適時地提供援助。額外的工作量並未讓她退縮，反而讓她更積極；遇到不清楚的地方，一定會詢問志工，竭盡所能要

讓推薦的學生都能達到目標。

校長許清愛坦言：「一開始推行慈濟獎助學金計劃，家長不甚瞭解，忽略孩子在家的學習狀況，因此無法彰顯孩子的改變。」歷經三年的努力，她見證學生的轉變與成長，尤其是品德涵養的提升，除了給予極高的肯定，同時也將這分榮耀歸功於戴美玉老師的「凡事以愛出發，用盡心思付出與陪伴」。

因為各校老師們的教育熱忱，才有辦法用心付出那麼多時間，陪伴學生成長，獲取獎學金；也因為學校願意在老師遭遇困難時，及時提供協助，才讓大家有穩定發揮的力量。當學生們獲得足夠的愛、支持與陪伴，朝著自己的興趣能力發展，各項表現自然也會顯著成長。

課業輔導 增加信心

在課業競爭激烈的環境中，弱勢家庭的孩子因經濟能力不足，無法像其他同齡孩子一樣，可以到校外補習；有些孩子則因為父母受教育程度不高，無法協助監督課業。為此志工邀請慈濟大專青年聯誼會成員（簡稱慈青）提供課業輔導，希望能提升孩子們的學習興趣，並增強信心。

2014 年，慈青每個星期為照顧戶鄒家姊弟進行課業輔導。姊姊剛升上中學，全部科目的教學由華文轉為馬來文，導致學習出

現障礙。慈青用心輔導，逐字翻譯及解說課本內容，讓他們養成自動自發的習慣，提前預習功課，遇到不懂之處再請教慈青，姊姊也因良好的學習態度而獲頒品德獎。

就讀六年級的弟弟，獲得學業進步獎。他有學習遲緩的困擾，學習上比一般人吃力，慈青往往需要花上一小時重複教導五個單字，直至第二個小時持續練習，才會看到成效。雖然進步緩慢，但慈青看到他打破零分的成績時，也會欣喜不已。

慈青們投入清寒學子的課業輔導，成為他們的良師益友，讓許多學業落後的孩子，獲得了顯著的進步。

馬六甲慈青組成課輔小組，定期提供孩子課業上的協助。
（照片：李詩蕾）

志工檢查沙哈達(Mohamad Shahadat Mia)的新芽小冊子，關心他的學習。（照片：羅秀娟）

新芽典範 逆境成長

慈濟設立獎助學金及新芽手冊，目的就是希望能將孩子的優點放大，改善弱點，發掘品德良好，或在各領域有進步的優秀學子，予以表揚與鼓勵，作為其他弱勢兒童的典範。

十五歲的拉西曼（Rasiman）在父親往生後，努力擔起「一家之主」的責任，對家人非常孝順和疼惜，曾因不捨母親辛勞而萌生輟學念頭：「讀書要好多錢，我不去讀，讓弟妹去讀。」看在母親羅米雅蒂（Romiyati）眼裡相當心疼，堅持兒子至少要讀到中學畢業。

當別的孩子在課餘時間玩耍時，拉西曼則是天天到牛棚工作，一個月可賺得馬幣一百五十令吉；十四歲的妹妹喜達雅（Nor Hidayah），會指導親戚的孩子功課；十三歲的弟弟拉西丹則會幫忙餵牛，在婚宴中打手鼓來賺取微薄收入；三人將所賺的錢，全都交給媽媽。即使工作再辛苦，他們回到家仍堅持溫習功課，不荒廢學業。

「像拉西曼兄妹這種在逆境中仍然正向的孩子真的不多，值得讓其他的孩子學習。」一路陪伴的志工戴金龍（濟澤）及黃秀萍（慈凱）夫妻倆，極力推薦拉西曼獲取慈濟獎助學金「品德獎」，而學業不斷進步的弟妹被推薦為「學業進步獎」。

付出行善 回饋社會

2019 年開始，馬六甲慈濟提供受助學生「志工服務」的選項，藉此鼓勵孩子服務社會。孩子藉由參與志工服務回饋社會，無形之中建立了自信，並找到自我價值。

就讀中學一年級的黃浚桐，小學四、五年級父母親相繼往生，與哥哥和姊姊從吉隆坡搬回馬六甲與爺爺奶奶同住，面對失去至親，生活、學校和朋友等環境的變遷，在幼小的心靈留下深刻的影響。每月獎助學金家訪時，志工陳玉芳（慮詳）發現他很少出門與朋友互動，到訪時也會害羞地躲起來。

在陳玉芳的鼓勵下，黃浚桐開始每月投入住家附近的環保活動。他的態度也從一開始的被動參與，轉為主動投入。志工馮慧慧（慈湜）表示，孩子能透過克服內心的恐懼，勇敢接觸不同的人群，這就是最大的改變。

「當初強迫自己來做，過程中雖然害怕、恐懼，但從中增強了與人互動的自信心。在無形中，與社團同學的合作也變多了。」黃浚桐分享，以前填寫小冊子，每天回想和反省，具有提醒作用，但重複填寫偶爾也會懈怠、偷懶。然而，能投入志工服務身體力行做好事，是以前從未想過的，希望有一天自己有能力能幫助更需要的人。

三、肯定與回饋

馬六甲州華小督學韓斌元從獎助學金計劃中，看見慈濟的用心：「雖然社會上需要很多專才，但我認為我們更需要有美德的人，社會才會更祥和。今天看到不只是學習優秀的孩子，連不斷在進步的孩子也受到肯定，這確實是一種很好的鼓勵方式。孩子看見別人所做的，也會效仿，進而產生信心。」

馬六甲姑務淡小（SJKT Kubu）校長阿洛伊修斯‧澤維爾（Aloysius Xavier）表示，很敬佩慈濟付出不求回報，行善不分種族宗教：「正如上帝所說：『要去幫助比我們更不幸的人。』」

馬來西亞慈濟人不只援助有形的物資與金錢，最重要的是一路陪伴孩子們，啟發他們無限量的愛。上人說，看到馬

獎助學金受惠學生傑亞（Jeyaprakash，中）在每月的慈濟環保日，都會帶弟弟們到環保點協助分類。（照片：羅秀娟）

來西亞慈濟人所做，實在很歡喜，他們財施、法施與無畏施，讓孩子們很坦然地接受，沒有自卑感，還能發願回饋，將來幫助比自己更苦的人們，令觀者同感法喜充滿。

志工帶動孩子參與訪視活動，發揮助人的良能。（照片：楊秀麗）

獎助學金 1997年－2021年
──安心就學　希望萌芽

1997 金融風暴，避免孩子失學，
設立慈濟清寒獎助學金，援助78名中小學生

2008 開放受助學生至義診中心看診
「慈濟助學金」易名為「新芽助學金」

2011 助學金轉型為獎助學金，
設立品德獎、進步獎等獎項

2013 易名「慈濟獎助學金」

2020 因應新冠疫情，暫時轉型為助學金方案
取消評量表及新芽手冊

截至2020年

援助
12,417,405
令吉

補助
47,448
人次

志工家訪

慈青課輔

老師關懷

◆品德獎
◆孝悌獎
◆精勤獎
◆進步獎
◆特殊表現獎
◆學習領域獎

獎項頒發

◆追蹤學習進度
◆親師生溝通管道

新芽手冊

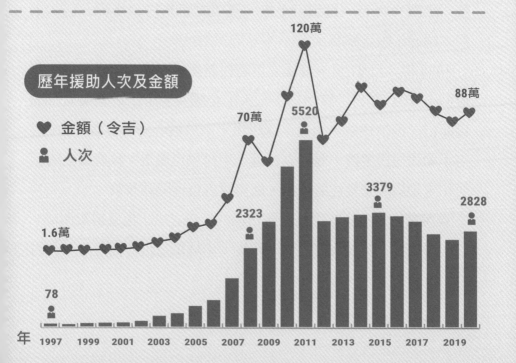

歷年援助人次及金額

♥ 金額（令吉）

👤 人次

1.6萬　70萬　120萬　88萬

5520　2323　3379　2828

78

年　1997　1999　2001　2003　2005　2007　2009　2011　2013　2015　2017　2019

疫情下的慈悲
立百病毒援助

1998 年 10 月至 1999 年 5 月，一種致命性的人畜共通傳染病——立百病毒（Nipah Virus）肆虐馬來西亞養豬業。疫病大爆發後，導致 265 人感染，奪走 106 條人命。

一、疫情擴散引恐慌

森美蘭州宜嘜（Jimah）是全國規模最大養豬區，其中武吉不蘭律新村有 600 戶華人住家，90% 養豬。大農戶養豬五千到一萬隻，小農戶也有一百到三千隻。雙溪立百新村華裔約一百七十戶，超過半數是豬農。

1999 年 2 月 27 日，雙溪立百新村豬農林雲達因染病逝世，此後截至 3 月 20 日，該州三十八人、全國共五十三人感染立百病毒而亡。疫情擴散，引發全國恐慌。由於擔心病毒侵襲，80% 武吉不蘭律村民搬遷，雙溪立百近一半村民也搬走。政府為全國豬農和未染病的豬隻注射疫苗，嚴格實施疫區隔離政策。

森美蘭州豬隻原本供應全國市場的三分之一，也遠銷新加坡；疫病爆發後，新加坡停止進口豬隻，本地銷量也大幅滑落。有的

豬農鋌而走險繼續工作，但許多員工不願冒險而離職，養豬場幾近倒閉，血本無歸，生活陷入困境。

志工在村長張鴻秋陪同下（右二），前往芙蓉中央醫院關懷病患家屬。

（照片：鄭秀珍）

二、慈濟援助關懷

遠在臺灣的證嚴上人知悉後，聯絡馬六甲慈濟負責人劉銘達（濟雨）和簡淑霞（慈露），請他們關心「看看慈濟能做些什麼」。夫妻倆聯繫芙蓉志工胡振君，展開關懷工作。

病患主要被送往森美蘭州芙蓉中央醫院及吉隆坡馬大醫院。1999年3月19日，馬六甲志工取得州行政議員姚再添提供的「芙蓉中央醫院受災病患醫藥報告」後，劉濟雨召開緊急會議，說明慈濟志工在此重大事件上的角色及援助方向。會後，志工立即前往馬大醫院關懷病患家屬，當時該院收容近二十位來自芙蓉疫區的病患。

3月20日，馬六甲、芙蓉及吉隆坡志工十五人，前往芙蓉中央醫院。由於當時疫情還不明朗，院方一開始拒絕志工進入關懷，幸好得到議員姚再添協調，志工得以在重症病房外設立「病

患家屬關懷中心」。

自 3 月 21 日開始，以芙蓉志工為主、馬六甲和吉隆坡志工跨州支援，每天早上九時至晚間九時，輪值關懷病患家屬，讓他們有所依靠，適時提供食物及處理豬農求援個案。

「突然之間聽見哀嚎聲，知道又有病患往生了，志工趕快上前去關懷；還有家屬拜託志工勸孩子撤守家園……慈濟在那時候發揮最大的良能，就是給予家屬安定的力量。」馬六甲同仁方莉霞見證志工雖不擅言語，仍以擁抱安定家屬的恐懼與不安。

勘災行動

疫情受到控制後，志工處理事項減少，從輪班減至一班。病患康復後陸續出院，臨走前表達希望志工能持續居家關懷，志工因此展開下一步行動，走入災區，尋找遷移到各地的受災豬農。但受災戶早已遷離當地，無法掌握受災人數，更無從進行戶口調查，只能耗費更多的心力去訪查。

芙蓉志工走入武吉不蘭律災區，原本當地經濟繁榮，在立百病毒事件後，商店、餐館紛紛關閉，人潮不再。志工羅玉媚回憶：「當地歷代養豬，開車從遠處就可嗅到豬糞的味道。立百病毒爆發後，政府派人員大量撲殺豬隻，用黑色袋子包裹的豬隻，有些掩埋，有些則棄置在一旁。」

3月22日，志工得知有豬農從武吉不蘭律遷到雪蘭莪州丹絨士拔新村投靠親屬，隔日即去拜訪，發現災民因匆忙逃離家園，隨身僅帶幾件衣服及重要文件，全家老幼都睡在地上。志工即時採購食物、床褥和衣服等物資。

志工得知有百餘戶受災豬農遷往雪邦新村及宏願新村，4月1日，志工前往雪邦新村瞭解，大部分災民只能以積蓄度日，未來也面臨工作或轉行的困難。另外，立百病毒的潛伏期長，他們既掛念住院家人，還要擔心自己是否受感染。而遷徙至宏願新村的豬農以每月馬幣350令吉合租房子，由於搬遷過於倉促，缺乏傢俱和日用品。

劉濟雨及簡慈露在芙蓉中央醫院與院長(右一)及州行政議員姚再添(左二)瞭解立百病毒病情蔓延情況，討論賑災方式。

（照片：馬六甲分會文史組）

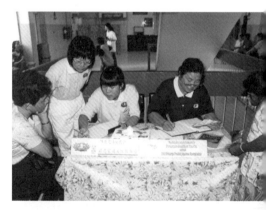

1999 年 3 月，志工在芙蓉中央醫院設立病患家屬關懷中心。

（照片：馬六甲分會文史組）

慈濟決定發出濟助填報表，同時也從馬華公會取得受災豬農的名單，經由村長、佛教會主席和慈濟審核，發放慰問金，讓豬農們度過難關。

首辦急難發放

4月11日，慈濟於宏願新村及雪邦新村舉辦兩場「受災戶急難發放」，嘉惠449戶豬農，共計發出馬幣187,300令吉慰問金。

金額以戶數為基數，無子女的家庭一戶發放馬幣300令吉，有三名子女者400令吉，六名子女者500令吉，七名子女以上發放600令吉。志工親手奉上慰問信，和慰問金。

這是吉隆坡、芙蓉及馬六甲三地慈濟志工第一次舉辦如此大型的急難發放，一百二十多位志工在事前做足準備，讓當天的發放順利進行。

森美蘭州禽畜公會理事林光詩、雪蘭莪州議員劉志強等人，在致詞中感謝慈濟志工雪中送炭的大愛精神，並

志工於雪邦新村發放慰問金，援助受災戶。（照片：馬六甲分會文史組）

表示他們也是第一次見到如此尊重災民的慈善團體。

森美蘭州感染立百病毒的人，已有七十餘人逐漸康復出院。因此，慈濟設立在醫院的「病患家屬關懷中心」於 4 月 12 日也告一段落。

1999 年 4 月 11 日在森美蘭州首次舉辦大型急難發放，援助四百四十九戶豬農。（照片：馬六甲分會文史組）

三、善心善行善效應

志工勇於承擔

芙蓉志工羅玉媚回憶當時到醫院關懷時，看見一位二十多歲的病人，前一天才和他講話，第二天就陷入昏迷；還有許多人癱瘓、死亡，深刻感受無常就在身邊。

人心惶惶的時候，更需要一股安心的力量，來自上人的囑咐和關心，促使胡振君將害怕化為力量：「疫情不明朗、媒體的報導讓我猶豫不決，不知要不要去？去了又害怕，家人也反對，於是我帶著志工服出門更換，不敢講是去醫院……」

在疫情非常嚴重，沒有人敢去醫院時，慈濟是唯一走入醫院關懷的志工團體，獲得院方及醫師讚歎。

膚慰惶恐的心

慈濟志工在醫院的精神關懷，提供了抒發管道，讓家屬把壓抑在內心的恐懼及哀傷，盡情發洩出來，舒緩情緒與精神壓力。

「求求你們，救救我的兒子！」為了挽救三十一歲獨子，李媽媽四處求神拜佛，希望昏迷的兒子能康復。

疫病爆發時，李媽媽的兒子擔心豬隻沒人餵，堅持留守疫區，不幸染病。焦慮的李媽媽緊緊握住志工的手說：「若能救回我的

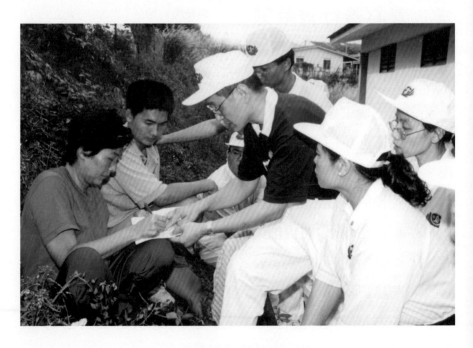

| 志工發放慰問金，關懷家人相繼往生的豬農家屬。(照片：馬六甲分會文史組)

兒子，我從此不再殺生了！求求你們幫幫他，只要能救活他，我什麼都可以不要……兒子若死了，我也不要活了！」

志工送給李媽媽觀音菩薩法照，當下她的內心才稍稍平靜下來，她哽咽地默念佛號，祈求兒子早日清醒。雖然她的兒子終究還是走了，但志工及時出現關懷，遞上觀音像的那一刻，安撫了她的心。

轉念付出愛心

立百病毒事件對住在雙溪立百新村的王美惠（化名）而言，簡直是醒不來的夢魘。王美惠的丈夫開卡車運送豬隻，因此感染立百病毒，不省人事。醫師建議嘗試新藥控制病情，卻無法保證是否有後遺症。心急如焚的王美惠為了救活丈夫，冒險一試，丈夫奇蹟般甦醒，還可以起身行動，但不到一個月卻宣告癱瘓。

家庭驟變，失去經濟支柱，原本為家庭主婦的王美惠，必須扛起養家重擔，身邊還帶著五個六至十七歲的孩子。慈濟志工提供她三個月的生活補助，後來獲得政府和其他團體的援助，讓她度過經濟難關。

王美惠最初靠販賣糕點維生，收入很微薄，後轉製作麵條；丈夫臥床，日常生活完全依賴她照料，令她身心俱疲。「有人說我很堅強，我只是沒辦法；有時候真的很累，但我認命……」憶

起那段苦日子，她哽咽落淚；幸好，孩子逐漸成長，王美惠與孩子製作麵條的生意也已上軌道。2011年，王美惠的丈夫在患病十二年後往生。

2018年，王美惠開始參與慈濟環保與訪視，並於慈濟辦活動時結緣麵條。王美惠說：「很多人曾經幫助我們，讓我們覺得人間有溫情，這分恩情我記到現在。」二十年前志工的關懷及支援，給予她面對生活的勇氣，她一直有回饋付出的心願。兒子也很支持媽媽當志工，希望辛苦大半輩子的她，能夠找到生命的意義、精神的寄託。

武吉不蘭律環保點成立

居住於武吉不蘭律新村的盧亞忠，是「雙溪立百救災委員會」成員，他見證了慈濟莊嚴的團隊與服務精神。後來，他應芙蓉志工邀約，到蘆骨（Lukut）環保點做環保回收，牽起了武吉不蘭律市區大樹下的環保點於2003年10月正式成立。

一度因立百病毒事件打擊而萌起輕生念頭的謝家發，走出陰霾後重拾面對生活的信心，由養豬轉行種植火龍果。他和妻子劉秋蘭經盧亞忠接引而認識慈濟，帶動家人積極投入環保行列。他們不但提供廢棄的飼料倉庫作為環保倉庫，也一起帶動武吉不蘭律的村民一起做環保。每月環保日，劉秋蘭負責載送鄰村的居民

前來武吉不蘭律環保點。

　　受立百病毒波及，被迫停止養豬後負責看顧外孫的戴阿嬤，每逢環保日都會帶著外孫一起來。然而立百病毒的侵襲對戴阿嬤來說，仍舊是無法彌補的傷痛。當提及養豬的往事，眼角還是忍不住泛起淚光。「幸好我認識一點佛法，這些打擊還不算很大，我還放得下。現在做環保很開心，是一種寄托。」

| 2003 年武吉不蘭律設立環保點，帶動居民做環保。（照片：馬六甲分會文史組）

把握因緣　由葷轉素

當立百病毒罹難及受災人數一路攀升時，周遭餐飲業、飼料廠等連帶受影響。住在受災區小甘密村（Sikamat）的志工胡振君，經營家族餐館事業，受到疫情影響，生意只剩三、四成。

疫情發生後兩三年期間，沒有人敢吃豬肉。胡振君加入慈濟時，早已知道上人要推動素食，加上劉濟雨夫妻的鼓勵，他轉為經營素食餐館，宣導和推動茹素。

胡振君說：「也許現在人們已經漸漸忘記立百病毒，但這件事讓我學習良多。因為它，我的生意滑落，直接影響整個家庭狀況，那時候有感而發，是不是我出去推動素食來改變一下。結果真的不可思議，不但讓家庭經濟好轉，也讓我如願推動素食。」

四、莫忘那一年

回首二十年前，志工們都很佩服自己的當年勇。羅玉媚說：「志工們都平安無事，真是天公疼憨人。」沈耀偉認為：「那時候年輕，什麼都敢做，也不知道怕。當時芙蓉聯絡處在草創期，志工幹部只有十幾位，我們不做，誰去做？」

方莉霞回顧，慈濟在芙蓉這一路走來很不容易，很多資深慈濟人在付出，包括立百病毒這件事，也由各地慈濟人互相支援走

出來。這就是為什麼要靠大家的回憶，再找回當初做慈濟的澎湃與熱忱，讓現在的志工知道前人是如何一步步鋪路走過來。現在很需要這股被喚回的熱情，喚醒人間愛的能量，為冷漠社會添上一股暖意，因為社會還有很多空間等待志工們繼續耕耘。

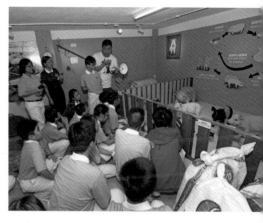

慈少參訪立百歷史文化館，瞭解災疫帶給人們的影響，啟發孩子們的慈悲心。（照片：馬六甲分會文史組）

莫忘那一年，志工點滴付出和身體力行；自己就是慈濟歷史中的人物，能一起來「為時代作見證，為人類寫歷史」，找回愛的能量。

上人回顧：「馬來西亞因立百病毒瘟疫，百人往生、九十五萬頭豬隻遭撲殺，當地慈濟人深入嚴重地區調查，輔導病患家屬心靈的傷害。愛須普遍，不只要愛人類，更要庇護動物。豬隻集體撲殺、種族鬥爭皆是人禍，是苦難的起點！惡善方向，只在一念間。若人人能以愛為出發，地球將是最漂亮的星球；人人互動、互愛即是極樂世界！」

立百病毒 1998年－1999年
──疫情下的慈悲

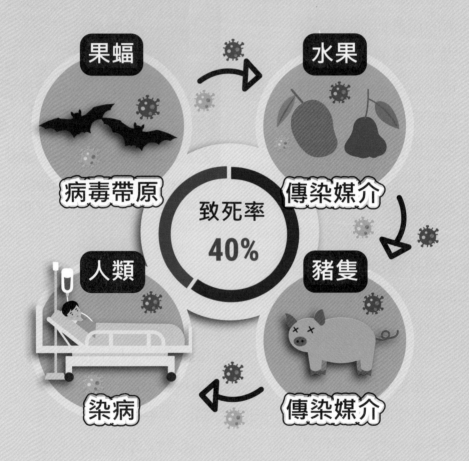

果蝠
病毒帶原

水果
傳染媒介

致死率
40%

人類
染病

豬隻
傳染媒介

 106人死亡

 265人感染

 撲殺豬隻
約一百萬

芙蓉

雪蘭莪州

雪邦新村

森美蘭州

丹絨士拔

一支港

武吉不蘭律

雙溪立百

宏願新村

- ■ 立百病毒風險區
- ← 受災戶疏散路線
- ♥ 發放慰問金地點
- ⊞ 設立關懷服務站

1999年3月
爆發嚴重疫情

在芙蓉中央醫院設立關懷服務站

1999年4月
受災戶疏散至各地

關懷受災戶、發放慰問金
進行精神膚慰

發放187,300令吉　受惠家庭449戶

大水無情 人間有愛
中南馬水災援助

一、無常來臨

2006 年 12 月 18 日起，馬來西亞南部連續三天豪雨，馬六甲州、柔佛州、彭亨州及森美蘭州多處氾濫，數萬人受災。

在柔佛州居鑾縣，明吉摩河（Sungai Mengkibol）沿岸大片地區變成水鄉；哥打丁宜市區也幾乎全被洪水淹沒，最高水位超過兩層樓高。重災區麻坡洪水洶湧，昔加末也幾乎三分之二浸泡在水中，馬六甲部分地區更因洩洪而在深夜水勢突然上升。豪雨持續不歇，大水阻斷交通，災民只能到定點搭乘小船或政府派遣的大型卡車，前往收容中心避難。

2006 年 12 月 19 日，居鑾、哥打丁宜和烏魯地南慈濟志工就近動員前往勘災，緊急

2006 年 12 月 21 日，馬六甲分會成立「中南馬水災救災協調中心」，啟動「四管齊下」水災救援機制。

（照片：陳佩莉）

發放乾糧、熱食、飲水、日用品及慰問金給災民。20日雨勢稍停，馬六甲七十多位志工分頭前往二十個收容中心瞭解災民需求。

2006 年 12 月 20 日，志工前往災區默迪卡花園發放便當。

（照片：何星煌）

救災協調中心成立

21日，馬六甲分會成立「中南馬水災救災協調中心」，由執行長劉銘達（濟雨）總籌，動員中南馬各據點的志工，展開「四管齊下」救援機制：發放物資、義診、送熱食、社區清掃。原定於22日至25日在馬六甲進行的「慈濟幹部研習營」因此延期，數百位中南馬及東馬志工全部投入賑災。

一些受災戶擔心家中遭竊，堅持留守家園；然災區供電尚未恢復，居民飲食也成問題。志工們穿著雨靴深入災區，沿路四處可見大型家具泡在水中，垃圾觸目皆是；若看到屋裡閃著燭光便趨前探訪，送上便當與飲用水，並提醒居民清晨會漲潮，必要時撤退以策安全。災民多天來以乾糧和麵包果腹，志工帶來的熱食令他們十分開心，許多人表示：「這是水患後的第一頓飯！」

雨勢趨緩，但昔加末災民接獲政府單位通知，鄰近的彭亨州水壩可能爆裂，所以疏散到昔華小學（SJKC Seg Hwa Segamat）。哥打丁宜變成汪洋一片，一名飲食及旅遊業者主動以私人遊艇載送志工和災民往返，也為堅守家園的災民送上食物及所需物資。

外援合力救災

水災期間，通往昔加末地區的巴督巴達村（Kampung Batu Badak）的主要道路被水淹沒，路旁的屋子也被水淹至兩層樓高；眼見一百餘位村民即將斷糧，返鄉救災的村民阿茲士（Aziz）向馬六甲慈濟人求援，志工在 2006 年 12 月 25 日聖誕節前往救援。

此次的賑災行動中，幸獲馬六甲黑豹四輪驅動車俱樂部（簡稱黑豹車隊）提供的驅動車，及當地消防人員借出的重型卡車，志工及物資才得已進入災區。志工援助生活物資及乾糧予巴督巴達村的災民，同時也前往同樣陷入困境的鄰近村落。居民災後多以乾糧、罐頭食品為主

2006 年 12 月 25 日，志工在黑豹及靈鹿四輪驅動車協會的協助下，運送賑災物資到昔加末救災中心。

（照片：李獻雄）

食，看到慈濟帶來的物資中有新鮮青菜，都非常高興。

支援慈濟賑災的黑豹車隊主席陳保發表示：「救災速度快才能解決問題，而且需要人人同心協力，團隊的力量與默契尤其重要。」

志工除了連夜將物資運抵，也於第二次發放時舉辦義診，為災民看診。「慈濟是個有效率、有規律、有智慧的團體。最重要的是讓我看見馬來西亞三大種族和平相處、彼此相助，這是很讓人欣慰的！」阿茲士誠懇地感激。

二、愛不間斷

此次水災設立了三百多所收容中心，但由於缺乏寢具，災民只能在冰冷的地上席地而

馬六甲志工經過兩個半小時的車程，將物資送抵昔加末災區。

（照片：馬六甲分會文史組）

醫療團隊為當地災民提供義診。

（照片：黎東興）

臥；且人多吵雜、睡不安穩，加上空氣較不流通，因而患上頭痛、腹瀉、感冒等小病。志工在發放時，也發現不少人身上留有逃難時造成的擦傷或割傷。不幸地是，許多診所因水患而暫時歇業，哥打丁宜市區只剩中央醫院及兩家診所提供醫療服務。人醫會到災區舉辦小型義診，治療居民的病苦，嘉惠約五百名災民。乘船到災區服務，對一些醫護人員來說是第一次，難免感到害怕，然而為了救人，他們義不容辭。

大水退後，為了讓積水盡快排除，避免孳生病媒蚊、發生傳

大水退後，志工帶著清掃用具到重災區，協助災民恢復環境。(照片：張福林)

染疾病，馬六甲、居鑾、淡邊、芙蓉及雪隆志工分批到重災區，協助災民清掃及消毒環境，地點涵蓋住宅區、學校、收容中心等。志工不畏髒臭，清理溝渠中已發臭的垃圾，並將可回收物資加以分類。

志工發現災民亞谷及法蒂瑪的困境，即時動員為他們清掃家園。

（照片：覃平福）

看到災民沮喪的神情與滿街泥濘的家具，志工陳淑環體悟到：「原來無常來臨，身邊的財物就不屬於自己了，所以人與人之間沒有什麼好計較的。」清掃期間，發現部分地區的災民忙著清理家園，無乾淨水源供應也無法炊煮，志工決定二度上門發放便當。

在地慈濟志工中，不少人本身也是受災戶，仍動員救災；如哥打丁宜的慈濟志工龔艷清（慈嬅）說，參與發放讓自己放下煩惱，去幫助更需要幫助的人。

年逾六十歲的亞谷（Yaakob）及法蒂瑪（Fatimah）夫婦，住在靠近河邊的金馬士大港新村，大水退後，家中布滿黃泥，異味撲鼻而來，家具東倒西斜。亞谷患有心臟病，不能做粗重工作；有

腎病兼高血壓的法蒂瑪，只能壓抑著心中的悲傷，默默盤算如何清理。慈濟志工在發送物資時發現他們的困境，前來協助清掃，把被沖移的家具歸位，並送上草蓆、糧食等物資，讓亞谷夫婦十分感動。

三、第二波水患

2007 年 1 月 12 日，上一波大水才剛退去，連日豪雨又導致柔佛南部再度傳出災情，尤以哥打丁宜為甚，災情嚴重猶勝上次 2006 年 12 月的水災。市區內水淹近十尺，低窪處深達十四尺，對外道路中斷，車輛無法通過。連夜逃難的災民聚集在三十四個疏散中心，慈濟志工緊急前往哥打丁宜救災，發放物資。

進入災區的道路，因災情嚴重而中斷。在政府派遣重型機械搶修通往哥打丁宜的路段之後，慈濟賑災車隊始能進入烏魯地南，再前往哥打丁宜外緣。

先前水患援助中，與慈濟結緣的阿茲士協調下，志工們搭乘陸軍的船隻將物資運

2007 年 1 月連續豪雨再度造成哥打丁宜淹水。（照片：王綏喜）

往哥打丁宜市區，並至各臨時疏散中心進行發放，受惠的災民人數達三千多人。

　　哥打丁宜聯絡處負責人劉漢山（濟果）為救災四處奔走協商。他坦言，在天災頻仍中更能深切體悟證嚴上人所言的「來不及，來不及」，同時感恩馬六甲和新加坡志工前來協助。

　　便當及乾糧發放完畢後，劉濟雨和阿茲士走訪了幾個疏散中心，眼見災民均缺乏棉被，趁著當時雨勢漸小，決定將尚停留在周邊的救難物資快速以船隻運往災區。在周邊留守的志工立即將

阿茲士（右二）協助慈濟志工隨政府救難團隊先行乘船進入哥打丁宜災區救災。
（照片：王綏喜）

兩千張草蓆、兩千條棉被、尿布、女性用品及大批乾糧，以防水塑膠袋分裝。隨著客觀情勢及雨勢變化而隨機應變，掌握救災時效，同時兼顧救災人員的人身安全，過程雖然緊急但忙而不亂，直到救災工作圓滿結束。

四、善的影響力

馬來西亞藝人曾繁彬心繫家鄉昔加末的受災同胞，發起「唱出關懷拯救行動」，製作單曲《關懷》，並將籌募所得全數捐予

哥打丁宜聯絡處負責人劉漢山（右），雖也是受災戶，但心心念念惦掛著災民，積極投入賑災。（照片：覃平福）

慈濟。災後,馬六甲慈濟志工受邀到本地電視臺分享賑災紀事,電視臺代表受訪時透露,期待透過媒體的力量,表揚人性互助的光輝。

志工合力將物資搬上賑災艇,運至災區。(照片:蕭明蘭)

昔加末共修處成立

2006 年中南馬水災的賑災行動,讓不少民眾留下深刻印象、投身志工行列,尤其昔加末志工人數逐漸增加,促使 2010 年 12 月 25 日成立共修處,推展各項志業。

昔日受災的昔加末住戶彭秀麗(慈嬿)、陳二禎(慮雲)等人,在水災中看見許多垃圾,深刻體會環境保護的重要,經過數年努力的宣導推動,曾是重災的地區都成立了環保點。

翻轉手心

2011 年農曆新年前夕,南馬地區又發生水災,昔日曾經受災的居民,也成為志工,投入賑災行列。

馬六甲居民李秀鳳(慈悌)在 2006 年因水災受困,志工涉水

送上熱食，感動不已，因而加入慈濟，五年後受證為委員，也承擔起社區組長一職。2011年再次發生水災，她先帶著孩子前往慈濟會所幫忙，自己投入賑災工作先幫助有需要的人，最後才回到家中清理家園。

實業家劉渼嬌（慈茹）在麻坡地區經營餅乾工廠，因2006年災情蒙受損失，工廠員工和災民一起留宿在收容中心，當地志工兩次送上所需物品，留給劉渼嬌良好印象。2007年到臺灣參加實業家營隊後，她將環保理念帶入家庭、公司，也在工廠推動素食，促成當地環保站成立。2011年南馬水災，人在馬六甲的劉渼嬌，放棄除夕與家人團圓聚餐，和馬六甲及麻坡志工會合，到災區進行發放關懷。

劉渼嬌為民眾講解資源分類，宣導環保。（照片：馬六甲分會文史組）

自 2006 年末至 2007 年初的中南馬水災，由馬六甲分會統籌，全馬慈濟志工大愛馳援，共投入志工人力 6,748 人，為 15,413 戶受災戶、88,736 名災民發放急難物資，膚慰、關懷災民，協助他們度過水患危機，重回家園。

　　在回臺向上人報告南馬水患救災情形時，志工思及部分災民至今仍在苦難當中，忍不住熱淚盈眶；也提及垃圾堵住水溝以及水壩潰堤為禍首，未來要向大眾努力推動環保觀念。上人安慰大家：「人世間就是如此，雖然所見令人不忍，然而說來也要很慶幸，在這樣的時刻，有許多慈濟人，見聞悲苦，及時出現，膚慰、陪伴災民。慈悲的腳印，在最需要的時刻，踏進了苦難的角落；天地間的不調，慈濟人用愛來填補。」

送愛到校園
幸福校園計劃

一、援助背景

印度裔為馬來西亞第三大族群。十九世紀末到二十世紀中葉，英國統治時期，南印度人被集體引入馬來半島當勞工，次等待之。他們受教育機會亦有限，故多為體力勞動者，如園丘勞工。這限制了印度裔的社會流動，也導致今日印裔公民約200萬人中，70%是低薪勞工。

2008年，馬來西亞家庭每月平均消費約為馬幣3,000至4,000令吉。當時，園丘勞工月薪只有馬幣300至400令吉，遠低於最低薪資馬幣900令吉，還要養活一家至少五口的人。貧窮變成了這個族群必然的「命運」，貧窮環境所衍生的問題，也成了印裔學生表現落後的原因之一。

馬來西亞也是印度之外，有最多淡米爾文小學（簡稱淡小）的國家。政府撥款辦學，提供六年免費的母語教育，其餘只資助行政開銷，淡小經常入不敷出，基礎設施簡陋缺乏。惡性循環下，間接造成淡小師資欠缺，學生程度落後。

二、從助學到援助學校

1997 年，馬六甲分會推動助學金計劃，補助清寒學子學雜費。志工走入馬六甲各中小學做校訪，親自發送慈濟的助學金申請函，也積極做家訪。與此同時，志工發現清寒學子中，還有一群來自淡米爾文學校的學生，這些印裔學生面臨空腹上學，校服校鞋破舊，沒錢繳交通費而曠課，家長工作忙碌而忽略孩子的教育，校內設備匱乏等困境。促使志工希望能提供更多的幫助，除了助「學」，還要助「日常」。

補助早餐

2004 年，志工瞭解到雙溪峇汝淡小全校五十三位學生中，只有二十人得到貧窮學生免費食物的補貼（Rancangan Makanan Tambahan, RMT）。未獲補助的孩子只能從家中自備簡單的便當來上學，到了休息時間，食物往往已變質，但他們仍照吃不誤；有的孩子甚至餓著肚子上學。

校方曾獲獅子會短期補助，爾後因慈濟助學金計劃校訪的因緣，校方轉向慈濟求助；慈濟決定援助其餘未獲補助學生的早餐，每月發放餅乾、可可飲料、米粉、煉奶等，由學校食堂為學生準備早餐。

轉贈桌椅

2010年，馬六甲拉也（Melaka Raya）安聯保險公司（Allianz）遷址，留下許多完好的桌椅、櫥櫃和白板等，透過員工朱美華（慈御）聯繫捐給慈濟。經志工訪查，評估姑務淡小設備匱乏，甚至有的班級沒有教師辦公桌椅，老師批改作業或想休息時，只能坐在學生使用的矮桌椅上，相當不舒服。慈濟將這份愛心轉贈姑務淡小，讓師生能有更好的學習環境。

轉贈電腦

2011年，馬六甲英飛凌（Infineon）科技有限公司為提升電腦設備，汰舊換新，透過職員阮克平（濟晟）聯繫，捐贈慈濟二十臺汰舊的二手電腦。蘇美貞（慈諧）等志工搭起橋樑，前往七所偏遠學校，瞭解各校的需求，接洽轉贈電腦。

英飛凌公司與慈濟合作，捐贈多臺中央處理器（CPU）、液晶顯示器（LCD）、個人

志工將安聯保險公司捐贈的桌椅、櫥櫃和白板等物資轉贈姑務淡小。
（照片：陳聯喜）

電腦（PC）、筆記型電腦（Notebook）。資訊組同仁重新評估，添購不足，將設備補齊成套後，再轉贈予需要的學校。

2012年，英飛淩公司舉辦內部競賽，期盼將獎金一萬歐元（馬幣三萬八千令吉）捐贈給國際性慈善組織；後來，公司高層及團隊評估，決定捐予慈濟。同年7月，英飛淩公司總裁兼董事經理路德維希博士（Dr. Matthias Ludwig）參訪馬六甲分會，代表公司將獎金捐贈馬六甲慈濟，肯定慈濟在慈善援助不分宗教、種族的精神。

志工將英飛淩公司捐贈的十二臺電腦轉贈野新拉朗園丘淡小，孩子們迫不及待地學習操作。

（照片：楊秀麗）

三、幸福校園計劃

從助學金校訪的過程中，志工更發現郊區淡小普遍的困境：第一，家長及教師協會財力單薄，無力支援學校改善設施。

第二，印裔社會資源匱乏，無法資助淡小發展。

第三，家長希望孩子儘快工作，忽視教育的重要性，造成孩子輟學率高。

2012 年，慈濟本會推展貴州扶困計劃，美國分會也推行幸福校園計劃，馬六甲慈濟參考兩地援助計劃，期盼延續助學金補助，還能依學校所需提供幫助，決議在三月開始推動「幸福校園計劃」。3 月 9 日，在姑務淡小舉辦的馬六甲淡小校長會議上，

馬六甲英飛凌公司將馬幣三萬八千令吉的獎金捐予慈濟，以幫助貧寒學子。

（照片：楊秀麗）

志工向二十一間淡小的校長們分享「助學金計劃」及「幸福校園計劃」。

幸福校園計劃專案，這項援助涵蓋教育、慈善、醫療志業全方位的投入，志工必須依著每間學校的需求，給予不同的規劃與補助。

身為教師的志工戴金龍（濟澤）、黃秀萍（慈凱）與張秀蘭（慈縝），下課後第一時間先趕回家，換上志工服，便驅車前往淡小。他們發揮「同事度」的精神，先瞭解學校、老師的狀況，按校方的需求，安排活動、帶動慈濟人文。

志工用心與校方培養默契，邀請老師一起做家訪、宣導環保、舉辦祝福感恩會、發放屠妖節禮包等。每次活動，從策劃、協調到落實，慈濟與校方互動頻繁，每個月都會到校園關懷，幸福校園計劃就是補足學校有所不足的部份。

援助課輔餐費

2012 年，雙溪峇汝淡小校方希望該年度畢業生能有 80% 通過小六檢定考試（UPSR）。為達成目標，老師提前三個月免費為學生補習，一週五天，每次到晚間八點。但是，家長無法為留校的孩子送飯，有的則因家貧，無法負擔多一餐，孩子只能在補習後回家吃，學生空腹學習，難免無法專心。往年皆由家教協會和

老師補貼，輪流烹煮或買麵包讓孩子充飢，但並非長久之計。慈濟知道他們的窘境後，決定補助雙溪峇汝淡小清寒學生的午餐及晚餐費，志工還到場為學生加油打氣，貼心準備水果。

雙溪峇汝淡小特別邀請志工到校宣導環保，推動班級設置回收箱，這不僅讓校園環境更整潔，也提升學生環保意識。

免費健檢

經多次接觸後，志工察覺學生的衛生觀念薄弱，沒有洗手、刷牙等生活習慣；家境貧困，更不可能多花錢做健康檢查。因此，慈濟與雙溪峇汝淡小校方合作，為學生與家長提供免費健檢。瑪麗卡校長帶動全校老師當工作人員，發通告給家長，也到馬日丹那（Masjid Tanah）鎮上和住宅區張貼健檢通知。健檢前兩天還一一致電提醒家長，甚至自掏腰包，請校車司機在當天載學生與家長到校。

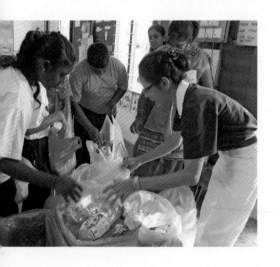

志工到雙溪峇汝淡小進行環保宣導，指導學生如何進行垃圾分類。。
（照片：黃玉花）

全校老師在不同崗位當一日志工，報到、糾察動線、牙科檢查、眼科檢查或西醫諮詢，都有老師為家長、學生服務。老師分享，平時想做好事卻沒有付出的機會，有機會為家長服務是一種很特別的感覺。

屠妖節祝福

屠妖節是印裔的新年，家家戶戶都會精心準備，換新衣、掛彩燈、米繪地畫等，以吸引眾神到來，為全家帶來健康、幸福、美滿的一年。但是，有些家庭無力支出節慶開銷。志工前往雙溪峇汝、北干直望（SJKT Pekan Tebong）、直望園丘（SJKT Ladang Tebong）、哥文寧克魯

2012 年 6 月，慈濟補助清寒學生午餐費及晚餐費，減輕家長們負擔，也讓孩子們能有充足的營養，努力衝刺學業。（照片：羅秀娟）

志工邀請人醫會醫師到哥文寧克魯園丘舉辦免費健康檢查活動。
（照片：李凌霄）

（SJKT Ladang Kemuning Kru）及姑務等淡小，將屠妖節禮籃送給幸福校園計劃、助學金計劃的學生家庭，希望學生和家長也能歡喜過節。

發放儀式溫馨而隆重，學生與志工相互感恩，並在志工帶領下，孩子長跪在家長面前，把感恩卡獻給家長。收到卡片的家長驚喜不已，心中也很感恩慈濟贈送屠妖節禮籃，大大減輕負擔，不須再擔憂無法添購禮品。

補助交通費

麻坡卡厘迪淡小（SJKT Jln Khalidi）校方有一輛貨車，專門載送貧困學生上學。車子老舊，常需要維修，費用都由校長獨力承擔，可是維修後還是經常拋錨。2013 年，慈濟開始補助卡厘迪淡小學生的交通費，有了這項補助後，學生出席率從 65%，明顯提高至 96%。慈善組與教育組志工也積極到校與學生互動，關

2014 年 10 月，馬六甲志工贈送屠妖節新年禮包給九間淡小的家長。

（照片：黃玉花）

心他們的學習及品德操行，同時舉辦感恩儀式，讓學生以奉茶的方式感恩老師及校車司機。

補助校服

北干直望淡小和姑務淡小的家長多是建築工人、膠工、卡車司機等，沒有穩定的收入，有的還是單親家庭。大部分孩子都只

2013 年為感恩慈濟補助麻坡卡厘迪淡小學生的交通費，校長頒發感恩狀予慈濟。（照片：盧俊輝）

能沿用哥哥姊姊的校服，或是為了省錢，買特大號的校服，這樣孩子就可以穿上好幾年。更貧窮的家庭，孩子需輪流穿校服，沒輪到的，就要曠課待在家裡。

2014年，開學前一個星期，校服廠商，同時是慈濟志工的鄭順燕親自到學校為學生量身，訂製合身的校服、校鞋。開學日當天志工送上校服、校鞋給這群貧困家庭的淡小學生。許多學生首次擁有屬於自己的新校服，緊緊握在手中，臉上笑容久久不散。

學生達麗詩妮（N.Tharishini）說：「我只有一套校服，遇到下雨天，就不容易乾。現在多了一套校服，我可以每天換洗，也可以減輕父母的負擔。」

上人讚歎：「慈濟人不忍心學生需要輪流穿制服上學，幫他們量身，讓孩子們穿新衣、穿新鞋。這多麼溫馨，互相的關心，彼此的愛，這就是無緣大慈，同體大悲，讓孩子們展開滿足的笑容，這是多麼地美啊！」

捐贈眼鏡

2014年8月，慈濟得知馬六甲亞羅牙也淡小（SJKT Alor Gajah）部分學生面臨視力問題，沒辦法專注上課。這些學生的家庭生活捉襟見肘，逾百令吉的眼鏡費更讓他們愁上加愁，志工趕緊逐戶做家訪，積極向相熟的眼鏡店諮詢，幸獲店主免費提供眼

鏡送給學生。

10 月兒童節時，志工為近視的學生送來十五副眼鏡。納維娜（Navina）凝視手中這份特別的禮物，臉上露出笑容：「戴上眼鏡後，我可以看清楚黑板上的字了。」

志工們趕在開學日前，為貧困家庭的孩子量製新校服。（照片：陳念清）

四、愛的迴響

浴佛祈福聚愛心

2012 年 5 月，雙溪峇汝淡小瑪麗卡校長攜同老師及學生應邀參與慈濟的浴佛日，學生們也藉此祈禱考試能有好表現。志工與師生分享慈濟竹筒歲月的故事，大家踴躍掏出零錢投入竹筒撲滿，並認領竹筒回家，延續日行一善行動，付出一分心力。

志工張秀蘭（左一）、黃秀萍（右一）為雙溪峇汝淡小的學生送上校鞋及兩套制服。（照片：楊秀麗）

茵德拉（Indra）副校長把領回來的竹筒放在辦公室，鼓勵學生響應。孩子們常在休息時間，拿著零錢或將撿到的錢投進去；一段日子後，就把竹筒的善款捐給慈濟做好事。後續影響校內十位老師成為慈濟會員，隨緣月捐行善。

累積愛的能量

2012 年 6 月，雙溪峇汝淡小師長第一次與志工相約做家訪。過程中，老師見證學生的困境，瑪麗卡校長說：「透過家訪，我才知道學生馬丹（Mathan）放學回家後，不只要做功課，還要打理菜園。」茵德拉副校長則表示：「在家訪過程中，瞭解學生家庭狀況，原來他有六個兄弟姊妹，需要幫忙照顧弟妹，生活也很苦。我終於瞭解他經常缺席補習課的原因。」

深入家訪後，志工和老師們真正能設身處地瞭解學生需求。

當社會能將資源分享，而學生也能安心上學、用餐，擁有自己的校服校鞋，自然能

志工至淡小舉辦健康講座，印裔家長們響應回歸竹筒歲月運動，發心捐款。（照片：朱永昌）

好好學習；當家長、孩子身體都健康，家庭的幸福才有基底；當孩子學會尊敬感恩師長，未來肯定能承擔家庭和社會責任。幸福校園計劃承載的不只是孩子求學的渴望，雖然補足學校資源的過程有許多困難，但是志工仍然堅持下來，只希望能讓孩子的求學之路，走得更遠。

雙溪峇汝淡小的六年級應屆考生為師長們奉茶，感謝師長們的辛勞。

（照片：楊秀麗）

幸福校園計劃 2012年－2021年

──送愛到校園

淡小29所

校訪

共補助
49所學校

華小19所

國小1所

一次性發放

· 電腦　　· 校鞋
· 椅子　　· 眼鏡
· 校服　　· 白板
· 屠妖節禮包

每月補助

· 練習簿　· 學雜費
· 交通費　· 課輔
· 補習費　· 餐費

校園困境

慈濟提供協助

設備匱乏

椅子

4,988組

電腦

174台

物資缺乏

制服

861套

鞋子

420雙

經費不足

交通費

1,093人次

餐費

481人次

編織愛的防疫網
新型冠狀病毒疫情援助

傳染性呼吸道疾病 「2019 新型冠狀病毒」（COVID -19）（簡稱新冠病毒）透過飛沫及接觸傳染，自 2019 年 12 月起迅速傳播至世界各地，引起全球大流行。截至 2021 年 9 月，全球已有兩億兩千萬人染疫，四百五十五萬人死亡；其中馬來西亞有近兩百萬人染疫，逾兩萬人喪生。

面對這波疫情，證嚴上人慈示：「慈濟人需在遵守各國防疫規範下動員，同時戒慎虔誠，祈求疫情早日平息。」

一、馬來西亞疫情

2020 年 1 月 25 日，馬來西亞出現首宗境外移入確診個案，2 月 5 日出現首宗本土感染個案；後續因為群體活動及各國人士入境，導致病毒迅速傳播，至 3 月 15 日病例已破百，首相宣布 18 日起，全國實施行動管制令（Movement Control Order，MCO）（另稱「封國」），至 6 月 9 日後，全國進入「復原式行動管制令」（Recovery Movement Control Order，RMCO），國民在遵守防疫標準作業程序下，放鬆部分管制；後續各州屬也依疫情發展，執行不

同程度的行動管制令。

2021 年元月，新冠疫情升溫，多為本土感染病例，1 月 13 日起，全國五州及聯邦直轄區再次實施 MCO；4 月 7 日，更具傳染性的變種毒株德爾塔（Delta）進入馬來西亞，確診病例再度攀升；5 月 12 日，首相宣布第三次封國，6 月 1 日實施全國封鎖，並呼籲全國人民加速接種疫苗，外出須佩戴雙層口罩及面罩等，加強自我防護。然而確診和死亡數字依然節節上升，2021 年 7 月 13 日單日確診病例首次破萬，8 月更突破兩萬；截至 8 月 31 日死亡人數已達 16,664 人，國家醫療系統瀕臨崩潰狀態。

二、疫情下的關懷

志業體防疫措施

2020 年，馬來西亞出現確診病例後，馬六甲分會及轄下據點陸續取消聚眾活動，並遵守政府所頒布的防疫措施，同時在靜思堂、各社區道場及環保站等場所，宣導相關措施。馬六甲大愛幼兒園教師定時測量孩子的體溫，鼓勵多喝水、勤洗手及進行園所內消毒；馬六甲慈濟義診中心也安排中央醫院顏再利醫師，與病患及志工分享新冠病毒的正確知識，並帶動做好防疫措施。

當政府宣布落實行動管制令，心繫各國疫情的證嚴上人多次

視訊連線大馬各分會慈濟人，關心疫情狀況及志工的救援行動；本會也從臺灣運來隔離衣，提供給前線醫護使用。全馬志業體雖然暫停營運，但援助行動不停息，各據點公布慈善熱線，讓求援者有管道。此外，志工分工關懷慈濟長期照顧戶的需求，也對外部提報的個案，透過線上會議評估，給予及時幫助。另外，培育團隊改以線上共修模式，鼓勵志工及會員在行動管制期間聞佛法安住身心，大家以虔誠的心茹素，做好防疫規範；雖然無法出門，但能邀約親友線上精進，堅固道心。

支援前線單位

2020 年 3 月，為遏制疫情擴散，馬六甲州政府設立了 2 所隔離檢疫所安置疑似病例，及 4 所隔離檢疫所安置從海外返回的本國人士，芙蓉社區也有設置隔離中心安置疑似病例。慈濟基金會為國家災難管理局（National Disaster Management Agency，簡稱 NADMA）的合作夥伴之一，

隨著確診病例攀升，馬六甲大愛幼兒園在 2020 年 1 月起展開防疫措施。
（照片：顏玉珠）

在接獲支援物資的請託後，馬六甲、芙蓉兩地志工立刻動員，以精簡人力採購和整理了數百份日常生活包、乾糧、飲用水等，分別送至政府機關轉交隔離檢疫所及隔離中心。

疫情爆發初期，防疫物資供需失衡，醫院與前線人員也面臨防疫物資短缺問題，如面罩、醫用口罩、防護衣、

行動管制期間，志工以精簡人力採購數百份日常生活包、乾糧、飲用水等，送到隔離檢疫所。

（照片：李錦樑）

頭套、鞋套、醫用手套和淨手液。慈濟志工除了採買現成的醫用物品捐給前線，也即刻採購材料和動員少數志工，輪班製作面罩，隨後捐贈給各醫療機構、政府機關、監獄、扣留營等，當前線人員的後盾，讓他們能安心投入抗疫工作。

此外，衛生部也指示塑膠公會趕製五十萬套防護衣、頭套及鞋套，供應前線醫護人員使用。福發塑膠工業的執行董事黃群瑛是慈濟會員，他號召馬六甲兩家企業鼎力支持，贊助縫紉及防水覆膜加工，並製作五萬件防護衣，由慈濟捐贈予各政府中央醫院。同時提供材料，由馬六甲、麻坡和芙蓉慈濟志工縫製頭套和

鞋套，加上州內數家小型工廠協助，共完成六萬件防護頭套和鞋套，提供給南馬各醫院醫護人員使用。麻坡志工吳肇強及居鑾志工徐國貞也發心動員自家製衣廠員工，投入縫紉防護衣的行列。

2021 年，州政府開始委任民間消毒特工隊，到衛生局指定場所及住家義務消毒。慈濟志工得悉他們資源匱乏，所有消毒器材和防護配備都需自行籌備，此外福利局工作人員在外執行任務也面臨防護面罩不足的問題，便主動聯繫，協助募集、採購配備，以行動支持前線。同年，居鑾和馬六甲監獄先後發生獄官及囚犯確診事件，衛生局實行加強行動管制，慈濟志工也多次援助獄方所需物資及防護設備。當全體人員被隔離於獄內，面臨糧食短缺問題，警監向慈濟求援，志工緊急採買乾糧食品，以解燃眉之急。

慈濟送愛關懷，受惠者感念於心，除了各地醫院紛紛頒發感謝狀回饋，2021 年 3 月 24 日，馬六甲監獄局也特別舉辦表揚會，感謝疫情期間，給予援助的十五個政府及非政府組織，慈濟受邀與會，獲頒感謝狀。

捐贈醫療器材

2021 年 5 月底，慈濟發起「馬來西亞 Covid-19 眾籌基金」，邀約十七個跨宗教組織共同集中資源，支援各醫院醫療設備的短缺，以減輕醫療單位籌募物資的負擔，也避免捐贈重複的醫療設

備。同時，各慈濟據點也陸續與當地收治染疫患者的醫院聯繫，瞭解所欠缺的醫療器材。

由於醫療系統告急，馬六甲州政府隔離中心負責人阿都卡林醫師（Dr. Abdul Karim bin Abdul Rahman）親自與志工洽談，表示隔離中心很多儀器借自其他醫院，由 4 位醫護人員輪流使用，照顧近七百位病患，需要增加心電圖描記器、血壓計、輪椅等 15 項醫療器材。志工在 6 至 7 月間分批將物資送抵隔離中心，每次志工送達物資，阿都卡林醫生一定親自在門口等待，感恩慈濟支援隔離中心醫療器材，讓醫護人員無後顧之憂，安心照護病人。

慈濟會所化為小型工廠，擅長縫紉的志工協助趕製防護頭套和鞋套。
（照片：楊秀麗）

馬六甲監獄局舉辦表揚會，感謝慈濟在疫情期間的援助行動。
（照片：劉木蘭）

2021 年 6 月，由於確診的重症病患激增，馬六甲中央醫院病房、病床及救命器材日益告急。馬六甲分會副執行長曾廣發（濟廣）於 6 月 8 日拜訪急診室主任再納阿比丁醫師（Dr. Zainal Abidin Bin Othman），得知每天大約有十位新增的病患需要呼吸機；此外除了目前急診室的 36 張病床，連普通病房增設的 78 張病床也滿額了。志工出示可捐贈的病人監護儀和呼吸器相關的器材與規格，由院方提出所需數量，慈濟經評估考量後，訂購價值逾七十萬的醫療器材和病床，於 6 至 7 月間分三批送抵中央醫院。

後續森美蘭、昔加末、哥打丁宜、麻坡、淡邊和居鑾醫院及隔離中心也陸續提出需求，由曾廣發負責協調與統籌提供南馬大小醫院所需醫療器材的援助。同年 7 月，醫療器材分兩批從雪隆載往芙蓉中央醫院；8 月 24 日，慈濟捐贈居鑾醫院一批價值八萬令吉的醫療設備，包括十套病床，氣墊及高流量氧氣鼻導管系統（HFNC）。

2021 年 7 月至 8 月，短短兩個月，南馬各據點已經合計捐贈 13 間醫院及 2 所隔離

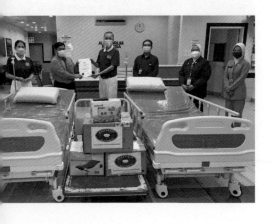

2021 年 8 月 24 日，慈濟捐贈病床等設備予居鑾醫院。（照片：鍾詠名）

中心，逾馬幣兩百萬令吉的醫療器材。志工們雖然無法出門，但也透過電話向親友籌募善款，許多善心人士接連響應，甚至從國外捐款，大家共同募心募愛，讓涓涓愛心匯成流。

慈善紓困計劃

2020 年國內疫情蔓延，政府實施行動管制令，各行各業被迫停業、學校停課，也連帶影響民眾的生計，尤其是領日薪的家庭。志業體雖未如常運作，但慈善行動並未停止，除了提供慈善熱線供民眾撥打，也援助政府福利部轉介的個案。

志工接到提報後，逐一電訪，針對面臨斷糧、沒有交通工具能外出採購的家庭或獨居長者，依據需求提供協助，並在不觸及法令和做好自身防疫措施下，以少數人力，在方圓十公里內的地區進行發放。

馬來西亞聯合國難民最高專員署（UNHCR）與慈濟合作「現金補助計劃（CBI，Cash-based Interventions）」專案，援助短期失去收入來源，或生活遇到重大危機的難民。兩年間的行動管制，讓仰賴打零工或撿拾資源變賣維生的難民生活停擺，求援人數超出預期，甚至有人從外州撥電求援。慈濟志工電訪評估後，在UNHCR 的現金補助還未送抵之前，先提供緊急物資援助，安貧扶困。

2020 年 6 月行動管制放寬，各界逐漸復工，但工商業陸續傳出倒閉、裁員及減薪，影響許多人的生計。馬六甲分會調整步伐，從緊急發放改為「慈善紓困計劃」，提供二至三個月的援助金，幫助生活因疫情受影響的家庭，陪伴大家共度時艱。10 月，疫情未見緩和，為幫助更多有需要的人，紓困計畫延伸為「慈善紓困計劃 2.0」，志工地毯式走入各社區，如市場、商店區等人潮聚集之地，或是各式住宅區等，向鄰里宣傳，或擺攤設櫃說明紓困計畫。

2021 年，疫情更為嚴峻，三度迎來全面封鎖，人民尚未從去年的經濟寒冬中復甦，如今再次受到衝擊。為此，馬六甲分會和轄下據點於 7 月推展「慈善紓困計劃 3.0」，志工前往商店、食物銀行等地張貼海報，希望更多有需要者能看到訊息，主動求援。

由於國內單日確診人數從數千飆升至逾萬宗，志工多番考量，為安全起見，採用電訪取代家訪評估。民眾大多面臨外在生活條件不足，還有家暴、心理負擔等各種難題，志工耐心傾聽，鼓勵和關懷，讓煩惱找到出口，讓心安穩。而符合申請的家庭也採用匯款方式發放，面對沒有戶口的家庭，則由志工登門發放。

疫情期間，許多依靠民眾護持的福利機構因捐款減少，入不敷出導致運作受到影響，甚至面臨斷糧危機；志工以電話一一關

懷瞭解，再轉送善心人士捐
贈、或慈濟採購的米糧及食
材，協助他們一臂之力。

面對未見盡頭的疫情和諸
多變數，慈濟一再調整慈善
援助方向，志工也克服對病
毒的恐懼，遵守防疫作業程
序，戒慎虔誠之餘擴大援助，
關懷社會，安身安心。

慈濟志工與馬來西亞聯合國難民最
高專員署（UNHCR）合作關懷難民，
發放物資。（照片：陳玉芳）

捐贈電腦　關懷弱勢學童

疫情期間，學校停課不停學，老師透過電腦進行網路教學，
但有些家境困難的家庭沒有電腦或網路設備，有些家庭則只有一
臺手機供好幾個孩子輪流使用，網上學習面臨重重障礙。

志工陳德祥於 2021 年初更新公司電腦硬體設備，將一些不適
用的桌面型和筆記型電腦捐給慈濟，再請有電腦專業背景的志工
協助檢查電腦的軟硬體，再購進欠缺的周邊配備，並依據孩子的
網課用途重新設定，確保設備完整後交給社工發放，共嘉惠五戶
家庭。

慈濟馬六甲青年小組也在短時間內，向商家籌集全新的平板

電腦，或小組青年們自己捐出二手筆記型電腦，截至 2021 年 9 月 4 日共累積了 45 臺電腦。贈送前，小組成員特別檢查測試，安裝線上課程所需的軟體及安全系統，讓孩子能安心學習。

三、多元關懷行動

急難救災發放

2021 年 1 至 2 月，柔佛州中南部地區發生水患，共有七個縣受災，其中哥打丁宜和烏魯地南災情最為嚴重。當時州內疫情持續惡化，政府宣布行動管制，限制到災區的志工人數，而且必須進行篩檢和自我隔離十四天，讓救災工作更為困難。

但由於災民急需援助，哥打丁宜聯絡處負責人周坤強向哥打丁宜警察局申請發放許可證。志工在遵守防疫安全措施下，徒步沿戶發放慰問金長達四小時。志工有溫度及誠意的發放，消除了災民心中的不安，感恩志工給予的幫助。

馬六甲分會推出慈善紓困計畫 2.0，志工向民眾說明援助內容。

（照片：李經志）

共度團圓佳節

2021 年新春佳節期間，受到行動管制令限制，方圓十公里外的遊子無法回鄉團圓，也禁止群聚，讓獨居長者愈顯孤寂。為此，慈濟志工在除夕及新年期間，邀請素食館烹煮素食便當，或自行烹調素食佳餚，再帶著福慧紅包，上門關懷獨居法親及照顧戶。長者收到志工的祝福，感動不已，一起度過不「疫」樣的農曆年。

疫情嚴峻，志工李淑清透過電訪向紓困申請者瞭解近況。

（照片：李士能）

重啟捐血活動

新冠病毒疫情肆虐，許多欲捐血的民眾紛紛卻步，導致各州血庫中心血漿存量告急。政府不斷呼籲民眾踴躍捐血，以挽救更多病患的生命。烏

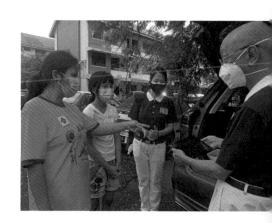

志工陳德祥和黃翠屏贈送平板電腦給照顧戶孩子。（照片：顏玉珠）

魯地南聯絡處原本因疫情取消的捐血活動,在瞭解醫院需求後重新啟動。志工和院方在做好衛生防疫安全措施情況下,邀請各族民眾挽起衣袖捐血。

支援疫苗接種中心

新冠病毒疫情告急,疫苗接種工作刻不容緩。居鑾臨時設立疫苗接種中心,剛開始接種對象多為逾六十歲之高齡長者,居鑾慈濟和另三個團體應州議員之邀,4月前往提供關懷及翻譯服務。6月得知中心輪椅數量不足,短期內連醫院也無法提供額外的輪椅,志工們趕緊前往市區二間環保站,挑選出六臺性能好的輪椅,再三檢查確保安全無礙,隨即送至接種中心。疫苗接種中心感恩慈濟的協助,減輕中心運作時所面臨的壓力。

關懷長者施打疫苗

疫情嚴峻,唯有多數人接種疫苗,形成群體免疫,才能削弱病毒的威脅性。政府鼓勵人民施打疫苗,但是許多長者從未使用網路,所以無法得知疫情資訊,還有獨居、行動不便的長者或殘疾人士,出門一趟不易。各據點慈濟志工逐一關心他們的狀況,鼓勵接種疫苗和協助註冊、載送;如沒有意願施打,則開導幫助釐清憂慮。

四、善的漣漪

上蒼派慈濟過來

一場援助，開啟了麻坡志工與吉蘭丹村（Kampung Kelantan）一間宗教寄宿學校 Madrasah Tahfizulquran Silaturahim 合作的因緣。

該校收留了數十位年齡介於五至十一歲的本地及其他

志工協助接送沒有交通工具的長者施打疫苗。（照片：戴秉汶）

國籍孤兒，校舍簡單、設備不完善，平時靠政府補助及善心人士捐贈來維持日常開銷及伙食。2020 年行動管制令讓學校面臨缺糧窘境，3 月 31 日，該校秘書洛曼先生（Lokman Bin Hj. Yahya）與理事們來到麻坡慈濟會所，希望慈濟可以給予援助。4 月 4 日起，志工多次前往學校助援，包括水淹校舍時大米的發放，學校缺糧時贈予食物，提供誦經書架（Rehal）方便學生誦讀《古蘭經》等等經籍。

2021 年，志工將宗教學校列為長期機構關懷，分享資源分類及環保蔬食概念，志工協助學校推動「開心農場」種菜活動，協

助整地，清除雜草，教學生培育幼苗，一起來學習當農夫，自給自足。希望引導學生自力更生，將資源變賣所得幫助學校開銷。

學校理事們都很願意及歡迎志工來學校分享，他們感恩慈濟多次給予協助，認為這有助於提升孩子的生活教育，他們覺得是上蒼派慈濟志工來幫忙學校。

不分你我　互助感恩

以旅遊業為重要經濟支柱的馬六甲州，因疫情遭受嚴重衝擊、賺取日薪維生的三輪車夫和計程車司機陷入經濟窘境。

2020 年，慈濟志工從媒體報導得悉三輪車夫的情況後，與馬六甲首席部長署、旅遊促進局促銷部經理約見，瞭解到馬六甲大部分三輪車夫因疫情轉行，或者打零工糊口，但年老、沒有一技之長的人，或家裡遭遇變故者，急需社會援助。志工至二十七戶進行家訪，提供其中十七戶慈善紓困金輔助。

為了紓解三輪車夫心中的壓力，志工鼓勵他們一同參與每週一次的夜間回收。因為抱持一念感恩心，車夫比志工更早抵達，幫忙載送工具，或在踩三輪車途中多留意路上資源，並送到回收點。相聚過程中，鬱悶心情得到釋放。車夫的家人也很感恩他們能參與回收工作，和眾人廣結善緣。

2021 年，志工關心計程車司機祖基菲利，因行動管制令一再

延後，讓他不得不變賣一輛電單車，來照顧三個尚在求學的女兒及七十八歲的母親。爾後，志工帶來紓困金，讓他很感動這分超越宗教、種族的大愛，隨即在臉書上傳達對上人和慈濟的感恩之心。「在此艱難時刻，仍然有善良的人，一直尋找著需要幫助的對象，並給予食物、金錢援助……我無法形容我和家人的歡喜。」

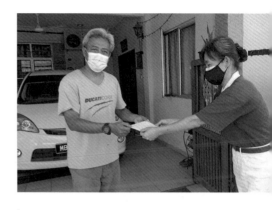

慈濟志工關懷計程車司機祖基菲利，發放紓困金，令他十分感動。

（照片：黃海珉）

虔誠茹素　靈方妙藥

自疫情爆發以來，上人耳提面命慈濟人不只要自己持續精進、茹素，還要更積極地帶動尚未茹素者一起守好口欲，以安天下，因為素食齋戒是消弭災疫唯一的靈方妙藥。

9月3日麻坡志工前往宗教寄宿學校發放生活物資及書架等。

（照片：江妙珍）

2020年首次行動管制令，馬六甲分會即啟動馬六甲及南馬據點「大哉教育・素素行動」線上勸素活動，在兩個月內募得82,680餐素。慈青無法回到校園上課，仍善用科技舉辦線上蔬食活動，發揮良能。

　　當行動稍微自由，南馬志工與素食館合作「蔬食Go Easy祝福券」活動，鼓勵民眾享用素食並得到優惠。社區志工也展開「周一無肉日」蔬食訂餐活動，每週一餐素便當，四個多月提供5,499份蔬食便當。此外，也舉辦社區蔬食烹飪，為民眾及照顧戶示範如何烹煮蔬食。

　　為加速蔬食推動腳步、擴大影響的層面，馬六甲志工將蔬食清流進一步引入校園。在志工牽線促成下，截至2021年，馬六甲共4所華小推行校園營養餐，一周響應三餐蔬食，一年估計可達十五萬餐蔬食。其中聖母小學除了在學校官方臉書宣傳，也以此作為迎新說明會的重點，希望能讓家長對孩子在校的餐食感到安心。

　　麻坡志工自2021年為照顧戶推動「開心農場」種菜活動，不但可以節省買菜錢，也可以吃自己種的無農藥蔬菜，安全又健康。為此，志工先準備一些保麗龍箱子、酵素、菜苗或種子；實業家林璀芳再結緣泥土及肥料，讓有意願嘗試的照顧戶一起來學習耕種。經過一番努力，當看到自己種的菜苗開始成長時，照顧

戶都很開心，並與志工分享
自己努力的成果和喜悅。

芙蓉志工送上愛心素食給長者。
（照片：蕭耀祖）

從 2020 年 8 月份開始，芙
蓉志工除了每個月的第一及
第三個星期六開跑「周末蔬
食有約」活動，也於每月的
農曆初一、十五，啟動愛心
素食午餐便當義賣，護持者
來自市區的華文小學老師、上班族和商家。南馬各據點慈濟志工
也積極推廣素食；居鑾、淡邊志工定期在環保站準備蔬食，哥打
丁宜志工每週舉辦素食便當義賣等等。

截至 2021 年 8 月，馬六甲分會進行的現金和物資發放共嘉惠
3,509 戶家庭，11,914 人；捐贈防疫物資，包括口罩、防護衣、
醫療器材等，共 770,914 件。

馬六甲分會各據點志工以「疫」為師，在政府行動管制期間，
面對各界、各個家庭不同的需求，誠懇地學習、付出、幫助，及
安穩人心、同時宣導茹素，用愛與大眾共度難關。

五、大哉教育

上人關心全球疫情，多次與各國志工進行連線會議。2020 年

6 月 20 日，馬六甲分會、麻坡支會、芙蓉聯絡處慈濟人，透過連線向上人報告當地的防疫行動。

上人向海外弟子殷殷叮嚀：「新型冠狀病毒，給予我們很大的教育。所謂大哉教育，是讓我們真正體會無常。慈濟人的關懷行動，安定了人人忐忑不安的心。馬來西亞的弟子們都很精進，在疫情期間仍走入人群去付出。不過疫情看不到也摸不著，大家都要提高警覺，自己要嚴格做好防疫措施。

當大家都很需要我們的時候，你們的付出何其寶貴；這一波疫情造成社會經濟的困難，任何一個國家都一樣。各位菩薩及時走入，當人人都因為禁令不能出門，你們用慈悲心與智慧的行動，讓公家機構都佩服你們。第一線的醫療單位，在這個時候也很慌張，一時之間防疫用具什麼都缺；一般的人民，口罩也缺。在這時候慈濟人就聯合其他企業單位，一起提供大家所缺的、所需要的，因為人多，網路也發達，彼此之間互相支持。媒體、社會大眾也對你們都很讚歎，從大愛臺播放馬來西亞援助的畫面時，我都看到了，也不由自己為你們讚歎。

你們也要彼此讚歎，彼此說感恩，還要彼此鼓勵，大家還是要記得師父說的，自己要嚴格防範，做好防疫措施。但願這一波的疫情能慢慢地淡化、消失，不過還是要提高警覺。未來的疫情其實非人能阻擋它，唯有心，所以要推素、茹素，不只是某一個

縣，而是全人類都要來呼籲人人茹素。透過現在的科技進步，同時要天天薰法，全球每一次都有幾千條連線。大家要薰法、瞭解法，聞法才能知法，自我覺醒，希望社會能提早淨化。」

南馬慈濟志工在新冠疫情期間，積極在網上共修精進，安定己心。

（照片：慈濟馬六甲分會文史組）

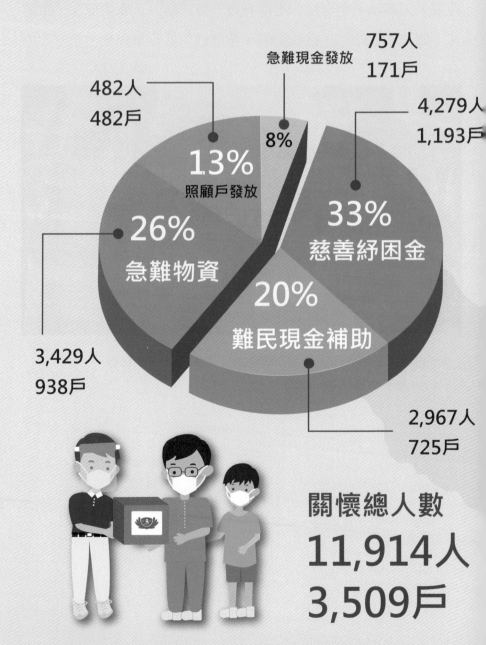

新冠疫情援助 2020年~
——編織愛的防疫網

急難現金發放
757人
171戶

482人
482戶

8%

4,279人
1,193戶

13%
照顧戶發放

33%
慈善紓困金

26%
急難物資

20%
難民現金補助

3,429人
938戶

2,967人
725戶

關懷總人數
11,914人
3,509戶

醫療口罩

283,179個

N95口罩

2,870個

布口罩

5,649個

面罩

58,262個

手套

168,820雙

淨手液

11,118瓶

醫療器材

325件

福慧床

100張

防護衣

239,817件

捐贈物資總數

（截至2021年8月）

770,917件

慈悲緣苦 扭轉生命
人物故事

一、邱觀鳳——身苦 心不苦

1959年，邱觀鳳出生於昔加末的小鎮丁能（Kampung Tenang），上有父母和三位兄姊，家中以種植橡膠樹和可可樹為業。

中學畢業後，邱觀鳳成為美容師學徒。十八歲那年，一場車禍意外導致她的中樞神經壞死，下半身重度癱瘓、上半身無力。家人為她四處尋訪名醫，花了大筆的醫藥費，進行大型手術，但僅勉強恢復雙手的功能，她長時間臥床，不能翻身，移動都需家人協助。

在妙齡驟然遭此變故，對任何人都是重大的打擊，邱觀鳳受不了種種事都得依賴他人。有一次，媽媽送飯給

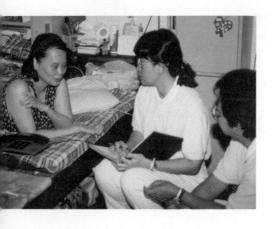

1995 年起，慈濟志工開始關懷邱觀鳳。（照片：馬六甲分會文史組）

她，心情鬱悶的她竟把飯摔了一地，讓媽媽十分心疼，事後她也非常愧疚。

癱瘓後，親戚好友悄然離去，與眼前無法改變的現實，讓她多次尋短未遂。從此，她蹓居房中，閉門不出十餘年。

邱觀鳳與父母、兄嫂、姊姊和姪子姪女同住。姊姊精神異常，因不吃藥，常導致病情惡化，打罵家人；兄嫂負責供應邱觀鳳的晚餐，但無力支付其餘生活及醫藥開銷；邱父、邱母皆已年邁，

早期馬六甲志工王玉蘭（左二）等，前往關懷邱觀鳳及其父母。

（照片：麻坡支會）

188

除了邱母勉強能將可可籽晒乾後變賣，沒有其他經濟來源。幸而當地善心人士何晉河為邱觀鳳募款，每年籌得約千餘令吉款項，勉強支撐其生活開銷。

與慈濟相遇

1995 年 6 月，王玉蘭（慈均）等志工接獲當地中醫師的通報，從馬六甲南下至邱家關懷。瞭解到邱家的生活狀況，志工開始每月給予他們生活補助馬幣四百令吉，並協助罹患精神疾病的姊姊就醫治療，安排年邁的父母就醫、清掃居家環境。1996 年，由麻坡志工接手就近關懷邱家每月訪視和援助。

與志工的相處過程中，邱觀鳳感謝志工將其視為一個「人」，而非「殘障者」看待，她說：「因為我們的心很敏感，會很在意人家怎麼看我的手，怎麼看我殘廢的身體。但玉蘭師姊和其他志工把我當做四肢健全的人；要講就講，要笑就笑，所以我感覺到有了依靠。」

志工關懷，給予她支撐的力量，讓她感覺並不孤單；體會到唯有轉心念、接受自己是殘障者，才能活出一片天。她也在殘障人協會的協助下，將房間改造成適合自己活動的空間，學習獨立，料理自己的生活起居。

在經過復健後，她靠著雙手的臂力，慢慢挪移至浴室，自行

完成如廁、洗衣等動作。

　　一個看似簡單的動作，她
卻要花費比一般人多出兩三
倍的時間去完成，雖然如此，
她仍不輕言放棄。「我必須
堅持不假手他人，才能讓父
母放心、安心。」從之前的
心情鬱卒，到現在的開朗，
前後判若兩人。

　　她形容自己的房間有如一
間雜貨店，應有盡有，所有
的東西都放在可以拿到的地
方，姪女也會協助她打理日
常事務。

淡邊聯絡處舉辦「綠色義賣會」，籌
募大愛幼兒園建設基金，邱觀鳳（坐
輪椅者）協助義賣馬蹄酥。

（照片：張尤騰）

翻轉手心

　　志工多次想方設法安排邱
觀鳳出席慈濟活動，讓她有機會踏出家門。2002 年 11 月，在慈
濟志工的鼓勵下，邱觀鳳搭了一個多小時的車程，來到慈青營
隊，與慈青分享她的生命故事。從她的經歷、豁達，讓大專生們

看到了生命的堅韌，更啟發他們善用生命的使用權，身體力行將愛化為行動。

雖然行動不便，但她堅持跟隨志工出外訪視，關懷及激勵其他癱瘓的照顧戶。她以自身經歷與人分享，以自身故事輔導個案，影響了許多殘障者走出黑暗，迎向光明。

邱觀鳳雙手無力，看似簡單的縫紉，對她而言，卻需要花費比常人數倍的時間和心力。儘管如此，她卻憑著堅強的意志力，伏著身子，靠在床邊，利用碎布拼拼湊湊；克服困難，做出一件件抹布、防燙手套、拼布床單等作品供慈濟義賣。

邱觀鳳感恩之餘，也想回饋慈濟人的愛心；2005年，邱家在家中開始做資源回收，將回收物捐給慈濟。2008年，她透過大愛新聞與節目看到各地天災不斷，災民生活困苦，在志工的鼓勵下成為慈濟會員，每月捐出善款，並向人介紹慈濟，邀約他們一同行善。

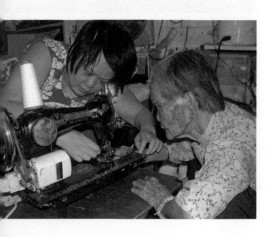

為了行善，邱觀鳳伏在床上縫製愛心棉被，雖需花費常人數倍的時間和心力，但能盡一份力量幫助別人，她甘之如飴。（照片：江妙珍）

2011 年，志工為邱觀鳳安排慶生會，這是她車禍後首次慶生。邱觀鳳多次感恩慈濟人，然而對志工而言，她們看到的是一位不屈不撓，不輕易向困難屈服、也不向命運低頭的生命勇者。

邱觀鳳捐出手工縫製的百衲棉被作為慈善義賣。（照片：黃佩思）

成為無語良師

2015 年，高齡九十五歲的邱母去世。母親去世後，邱觀鳳因胃部不適多次進出醫院，但都無法治癒，半年後因細菌感染而往生。離世前，她簽署成為「無語良師」，將遺體捐贈給吉隆坡蕉賴孝恩館的無語良師學院，作為醫學研究之用。

邱觀鳳在簽署成為無語良師的文件中寫道：「希望學生能夠在我身上，好好利用這個機會，學習和吸取最多的經驗。祈願學生能細心、用心，把此次經驗奉獻在醫學上。」

證嚴上人讚許：「邱觀鳳即便身處困頓，仍發心幫助他人的義舉，慈濟的善行就如遼闊的海水，其中也有她的一滴水，同樣也能去幫助別人。儘管命運坎坷，邱觀鳳仍抱著積極的心態助

人，在生命的最後成為無語良師，更能造福醫學研究。生命有多長，我們並不知道，但她開拓自己生命的寬度影響更多人，慈濟世界的每一位菩薩都努力付出，讓人很感動，很感恩，在生命中運用自己的價值。」

二、陳成瑞——大愛跨越心牆

2000 年 2 月，居鑾慈濟接獲通報，得知七十六歲的阿嬤黃德玉需要援助。慈濟志工上門查訪，發現黃德玉身體虛弱，無力打掃，居家環境髒亂。黃德玉以拾荒維生，雖育有兩兒兩女，但與孩子關係欠佳，少有來往，只有四十七歲的小兒子陳成瑞與她相依為命。

陳成瑞原是水喉匠，年輕時染上毒癮，從戒毒所出來後，雖斷了毒癮，但自此封閉自我，多年來不曾踏出家門，不洗澡、不理髮，過著非人一般的生活。母親黃德玉曾有數萬令吉的積蓄，但被陳成瑞花

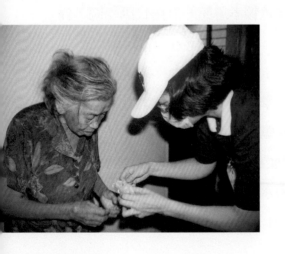

2000 年，在善心人士的提報下，居鑾志工開始關懷黃德玉。

（照片：黃佩思）

光，甚至無力償還拖欠三年的水電費及門牌稅，生活陷入困境。

瞭解情形後，慈濟志工將黃德玉一家列入長期照顧戶，先為黃家清理居家環境，幫助他們繳水電費及門牌稅。但精神異常的陳成瑞很抗拒，不僅不讓志工為他理髮、剪指甲，連打掃房間也不許。

志工定期前往關懷黃德玉一家，清掃、送熱食，定時載她去醫院治療。2002年1月18日黃德玉病逝，臨終前，她最放心不下的是幼子陳成瑞，遺願是希望慈濟能幫助孩子恢復正常的生活。為達成黃德玉的心願，志工決定加強居家關懷，用心陪伴輔導陳成瑞。

黃德玉往生後，陳成瑞依然故我。除了床邊的煙蒂、煙盒，家中還堆了十餘個盛滿尿液的鐵罐，刺鼻的異味讓左鄰右舍和志工很為難。雖然允許志工來探望，幫他沖泡飲料、代繳水電費或添補生活用品，但陳成瑞卻對打掃一事時而答應，時而拒絕。

有時，陳成瑞答應要去醫院看病，志工到了，他又不肯上車。反覆無常的陳成瑞考驗大家的毅力，志工曾有放棄的念頭，但心念一轉，就把陳成瑞當成菩薩示現，來教育眾生。

「我們不做，誰來做？」抱著這樣的信念，志工繼續輔導與關懷，鼓勵他振作。只要看到陳成瑞稍有改變，志工就很安慰。

跨出改變的第一步

　　或許是被志工的誠意感動，2003 年 4 月 17 日，陳成瑞主動告訴志工，他想剪指甲、剪頭髮；志工還三度上門確認他的意願。

　　4 月 25 日，十六位志工到陳成瑞家中，替他理髮和居家清潔，清理煙蒂、煙盒和尿罐，以及堆積的舊衣物和垃圾。當志工將陳成瑞頭上糾結盤根五六年的髒髮剪掉時，大家的心都感到喜悅，陳成瑞也感慨：「啊，我感到整個頭都輕鬆了！」

　　「謝謝慈濟師兄師姊為我剪指甲、剪頭髮，把我的屋子打掃乾淨，我感激不盡，只能說『謝謝』。或許前世我做了一點好事，今世才能遇上慈濟。若有輪迴，今生我還不了慈濟為我做的一切，我來世再報答。」一身清爽的陳成瑞向慈濟人道盡自己的感恩。

　　然而，陳成瑞的改變維持不久，才一個月又故態復萌，恢復往日的邋遢；不但衣不蔽體地在屋內走動，也不願志工為他訂餐，讓志工又陷入無奈。

考驗心志的無常

　　儘管成效有限，志工依然沒有放棄陳成瑞，繼續定期關心他。2004 年 3 月，陳成瑞身體不舒服，志工陪他就醫，這是陳成瑞

十年裡第一次坐車、第一次看診。志工苦口婆心勸他要重拾自信。

4月1日清晨，陳成瑞託人來電，希望見見志工，給大家驚喜。抵達時，見陳成瑞一身乾淨，長長的髒指甲也剪短了，正在屋外和鄰居聊天。鄰居一掃過去對他的不滿和埋怨，感動讚歎志工的努力：

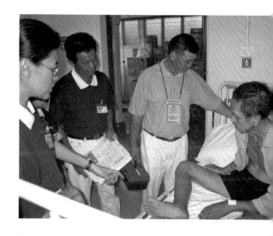

2004年陳成瑞生病住院，志工到醫院探望他。（照片：王成耀）

「你們的功勞真大，多虧你們一直來照顧他。」

陳成瑞得意地向大家說：「騙了你們很多次，這次真的沒有騙你們。我凌晨三點半開始自己剪指甲和洗澡，還把客廳和廁所打掃清潔。你們進來請脫鞋。」

進屋查看，與之前髒亂的情景確實有天壤之別。陳成瑞還提出要如何改善生活。欣喜之餘，志工為他買了一張新的床鋪。隔天早上再到陳成瑞家中時，發現他仍躺在床上，原來這是他這些年睡得最舒服的一次。

4月3日，志工帶著清潔用具再度來到陳成瑞家中，協助他大掃除和維修水電，經過兩小時的清理，載走半卡車的雜物，家中

煥然一新。清掃時，志工找到一個小鐵盒，發現裡面有黃德玉生前留下的金飾，便將母親的遺物交給陳成瑞。

幾年來，除了慈濟志工，沒有幾個人願意走進這屋子。志工備妥蛋糕為他歡慶重生，也邀請鄰居來道賀。

然而，陳成瑞的振作並不持久，才過幾周，鄰居見到有毒販出入陳成瑞家，於是打電話報警；警察進屋搜索，真的發現了毒品。原來，陳成瑞變賣了母親的金飾，把錢拿去購買毒品，又一次墮落毒海。

全程陪伴

陳成瑞雖然已放棄生活，但仍渴望被關懷，他曾因想念志工而謊稱自己病了，或是說夢到了志工，希望志工前去探望他。然而，前去關懷時，他又不理睬，只是躺著。其實，他也厭惡頹廢的自己，多次要求志工停止關懷，覺得自己不配，卻又無法改變，仍然渾渾噩噩度日。他的心頭籠罩著死亡的陰影，經常告訴志工覺得自己快死了，並曾夢見死去的母親化作蝴蝶要前來接他。

2005 年 6 月 27 日，陳成瑞又振作起來，志工帶他去買衣物、看醫生，還帶他與外界交流，去做環保分類。惋惜地是，這次的振作竟是迴光返照，他的身體越來越差。

8 月 25 日，陳成瑞病了，志工去得更勤，陪他就診，繼續送

生活物品，直到他 9 月 21 日往生。家屬將他的後事託由慈濟處理，從助念、淨身、更衣、入殮，志工全程陪伴。

陳成瑞在身體狀況允許時，隨志工到居鑾會所進行資源分類。

（照片：王成耀）

恆心毅力 六度萬行

上人讚歎居鑾志工的用心：「慈濟人從開始關懷陳成瑞，陪伴、膚慰他，幫助他適應人群，讓他發揮內在的本能。大家不只是有物質布施就好了，我們要守規矩，持戒了才能去幫助人。三年多的關懷，大家發揮內心這念清淨的愛，鍥而不捨不斷去輔導他，不斷去陪伴他，不斷去膚慰他，終於完成黃阿嬤的心願。大家一定要集合布施、持戒、忍辱、精進、禪定，然後運用我們的智慧，這就是『身行』。馬來西亞的這群菩薩，他們真的做到了守之不動，但願這個心念能永永遠遠守持！」

與陳成瑞互動過程中，讓志工深刻體會，陪伴照顧戶的同時，要做到尊重，還要細心觀察以智慧應對，只提供個案需要，而非想要的物品。案主的反覆無常，挑戰志工們的愛心與堅持，幸有

團隊接力作伴，彼此鼓勵，用恆心及耐心關懷個案。

三、鄭來娣——病苦不孤單

居住在馬六甲的鄭來娣，原本和丈夫、女兒過著平靜的生活，然而 2003 年，四十歲的她被診斷出罹患乳癌、子宮頸癌、卵巢癌與糖尿病。無法接受突如其來的打擊，鄭來娣陷入極度的焦慮中，也患上了憂鬱症。

先生張文龍對妻子不離不棄，但醫藥費昂貴，患病時間久，越是入不敷出，張文龍甚至撿拾回收物貼補家用，但憂鬱症纏身的鄭來娣卻總以言語傷害先生和女兒。

病發初期，鄭來娣需往返一百四十多公里外的吉隆坡進行治療，先生必須負擔家計，無法陪同，人生地不熟的她很苦惱。朋友黃循糧（濟糧），牽起她與慈濟的緣分，並由馬六甲及吉隆坡志工協力關懷。鄭來娣回憶：「我早上才到醫院，下午就有二十多位志工前來探視，我都嚇一跳！真的很感恩。」

三年後，鄭來娣又罹患肝癌。當時女兒還在中學就讀，憑藉先生一個人的力量，實在無法負擔醫藥費，幸而慈濟及時給予經濟援助，直到隔年女兒畢業開始工作，有了收入，才減輕家中的負擔。

鄭來娣面對病痛的折磨，輕生念頭時時浮現，使家人提心吊

膽。志工不曾間斷地關懷，但是她的心中始終困惑：「你不是我，又怎麼知道我的苦！」鄭來娣曾打求救電話給志工劉木蘭（慈霈），想以死解脫，幸而劉木蘭適時以佛法開導，及時阻斷她的輕生念頭。劉木蘭持續觀察，發現鄭來娣的憂鬱症未見起

志工劉木蘭長期關懷罹患癌症的鄭來娣。（照片：陳念清）

色，擔心之餘，劉木蘭想出一策，替她安裝「大愛臺」！

大愛臺轉心念

2009年，家中安裝「大愛臺」後，觀看大愛劇場「幸福魔法師」讓鄭來娣暫時忘掉煩惱。劇中描述罹患多種癌症的林小燕，不但未被病魔打倒，反而化痛苦為力量，成為志工，關懷其他受病苦的人們。

然而，鄭來娣還是質疑劇中情節虛構，產生排斥。有一天，「大愛會客室」節目中，鄭來娣親眼看到林小燕本尊，說出自己的心路歷程。她才轉念相信世上真的有比自己更不幸的人，原來生命發揮良能可以如此的燦爛，她慢慢改變心態從繭中爬了出來。

受林小燕的故事感動，鄭來娣非常想見對方一面，然而一身病痛的她無法去臺灣。為了圓鄭來娣的夢，志工安排兩人視訊見面，鄭來娣驚喜不已。林小燕鼓勵她：「身體已經有病了，心理更不能有病，心理有病，我們就虧大了，我們要勇敢用意志力來對抗病魔！」

膚慰他人病苦

志工曾屢次邀約鄭來娣在健康允許下參加志工服務，但她都

在林小燕的鼓勵下，鄭來娣（左）穿上志工制服到醫院服務，關懷其他病友。
（照片：吳曉紅）

以病痛為由推辭；經林小燕的鼓勵和志工再度邀約，她終於跨出第一步，投入醫院志工服務。

志工協助鄭來娣與劇中主人翁林小燕視訊見面，相互勉勵。

（照片：吳曉紅）

首次服務，鄭來娣來到臨終關懷病房，病患的痛苦呻吟，讓她心生恐懼。後來，她到普通病房服務，在那裡遇見了一名心情低落的糖尿病病友。

鄭來娣分享自己罹患糖尿病及多種癌症的經歷，並鼓勵病友要信任醫師的治療，如何調整心態，改變自己從受助者到幫助人。病友深受鼓舞，鄭來娣也信心大增，回家後將醫院志工心得撰寫成文，時時翻閱，讓自己不忘付出的感動。

此後，即使身體不適，不能久站，她仍把握機會去付出，女兒忍不住勸她：「身體那麼不舒服，為何還要出去？」鄭來娣回答：「還有人要聽我講，妳都不懂那個人多可憐！」看見別人苦，她忘記了自己的苦。

臨終病房中，乳癌末期的巫裔婦人茜拉（化名）自我封閉，

鄭來娣以同理心分享抗癌心得。聽到她成功抗癌並存活十一年，對方驚訝之餘，打開心結。多次互動後，茜拉認真把鄭來娣的叮嚀和鼓勵記在心，答應學習放下痛苦，積極生活。

茜拉說：「我堅持下去只為了她。雖然種族與宗教都不同，但我已經把她當成我的家人。無論病痛有多重，她在我面前還是表現得很開朗，把悲傷都留給自己承擔。」

生命最後一程

鄭來娣在助人中發現了生命的價值，然而過不久，無常再度考驗她。自從第一次的醫院志工服務之後，鄭來娣再累、再疼，只要還能動，她都會到醫院服務。2015 年 6 月 24 日，鄭來娣最後一次在筆記本記錄心得：「今天的我身體很痛，可是不管如何，我都要去做志工，只好用繃帶裹腰、綁膝蓋……」

6 月底，鄭來娣再度入院，病情日趨惡化，又患了結腸

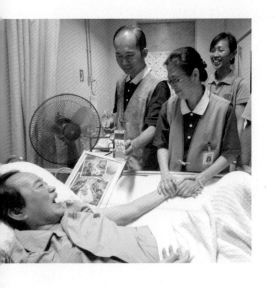

2015 年鄭來娣癌症復發入院，志工前往關懷並給予支持和鼓勵。

（照片：楊秀麗）

癌末期,轉入臨終病房。8月,先生張文龍工作、醫院來回奔波,過度疲憊,引發小中風。志工即刻協助安排交通,讓他安心到義診中心復健。

鄭來娣(右二)分享決定捐大體的心路歷程。(照片:郭巧雲)

9月,鄭來娣腦中風,導致右半身無力,無法言語。女兒張悠藍辭職照顧媽媽,還得兼顧中風的爸爸,心力交瘁。志工們輪替關懷鄭來娣一家,與鄭來娣分享承擔醫院志工時的病友近況,讓她安心養病。

鄭來娣一直有個心願,希望能領到醫院志工證。安寧療護期間,她終於領到了醫院志工證,由家人協助別在了身上,令她十分高興。2016年1月23日,傍晚七點,鄭來娣在家中安詳離世。

由於慈濟的關懷與大愛臺節目的正面影響,鄭來娣走出病痛帶來的心靈痛苦;並在生命的最後,將病苦化為助人的能量,在助人中發現生命的喜悅。

四、王玉蘭——步步踏實 一生無量

馬六甲志工王玉蘭,一生遭遇許多病痛波折,但她不怨天尤

人，而是走入人群關懷他人，她積極付出的精神影響了無數的馬來西亞慈濟人。

　　王玉蘭曾認為佛教偏迷信，只是求神、燒冥紙，佛書、佛理深奧難懂，與現實生活無法完全融合。直到1993年10月，在志工張雅蘭的邀約下，王玉蘭到馬接峇魯敬老院關懷院友。她見到一位因車禍癱瘓的中年人，大小便溺都在床上；志工不但不以為意，還親自將他扶起來去沖涼。王玉蘭感到不可思議，那一幕啟發她對志工的敬佩之情，也萌發了自己的慈悲心。她從此與慈濟結緣，積極參與訪視關懷，並在1995年受證成為馬六甲的第二位委員，法號慈均。

　　王玉蘭在付出時，總是帶著一顆慈悲、同理的心，讓對方

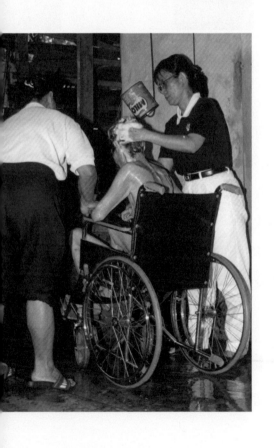

王玉蘭（右）從1993年加入慈濟開始，未曾中斷慈善訪視的服務。
（照片：馬六甲分會文史組）

感受到尊重。她認為，關懷照顧戶，是和對方的生命交匯；陪伴獨居老人，是把對方當成自己的父母。王玉蘭說：「要讓對方感覺到真誠的心，苦難人心裡都很敏感，會煩惱別人如何看待自己的困境。」

病苦的考驗

1997 年，王玉蘭身體有異狀，至醫院檢查後，發現罹患乳癌。王玉蘭說服自己，既然這樣的無常讓她碰到了，就是上天給予的磨練。患病後，她一直猶豫接受化療，還是接受自然療法？當時適逢馬六甲執行長劉濟雨欲返臺，鼓勵她回去拜見上人。王玉蘭首次拜見上人，正是她最迫切需要心理支持的時候。上人鼓勵她：「自然療法雖好，但還是需要聽從醫囑。」

經上人鼓勵後，王玉蘭鼓起勇氣進行了化療。她說：「癌症雖然帶給我無限的痛苦，但日後訪視個案時，面對其他癌症病友，能夠以同理心對待，分享抗癌心得。」王玉蘭因此而認識了許多同病相憐的好朋友。大病初癒的她，更是精進地做慈濟，期勉自己一善破千災。

傳承的使命

在關懷個案的同時，王玉蘭也傳承自己的經驗給後進志工，

為馬六甲培育許多訪視人才。

從 2002 年起，羅梅芳（慈曉）因承擔訪視幹事而與王玉蘭共事。羅梅芳珍惜機緣，用心學習其訪視精神與技巧。王玉蘭癌症復發時，即使身體不適，也願意陪伴新進幹事去做初訪，親身給予指導。羅梅芳回憶：「我很佩服她，她從來沒跟我們喊痛。有一次我們曾因擔心她過於勞累，不告訴她有會議，她知道後很生氣，跟我們說：『不要把我當病人，我的時間不多了，要盡快把經驗傳承給大家。』」

常駐斯里蘭卡

2004 年 12 月南亞大海嘯，造成嚴重災情，王玉蘭也義無反顧地參與救災。她見到斯里蘭卡災民的貧病之苦，發願要繼續留在當地，於是在 2006 年，慈濟在斯里蘭卡的漢班托塔（Hambantota）成立辦事處時，王玉蘭主動請纓前去漢班托塔，帶動當地剛起步的慈善

王玉蘭關懷斯里蘭卡安班南托塔照顧戶貝比諾娜（Babynona）。

（照片：吳瑩瑩）

志業，並常駐斯里蘭卡帶動在地志工接棒。

王玉蘭帶領當地五名志工進行居家關懷，援助逾百宗個案，包括生活補助、醫療補助、教育補助、急難救助等等。每日與當地志工奔走於漢班托塔的大小鄉鎮及偏遠村落，關懷個案、進行訪視。在漢班托塔，人人都稱她為「媽媽」。

王玉蘭駐守當地兩年，肩負使命培訓當地志工，進行慈濟濟貧工作，完成階段性陪伴，2008年返回馬來西亞。

分秒不空過

2009年，王玉蘭經診斷癌症復發；2013年年初，病情逐漸惡化，身體愈來愈虛弱，

王玉蘭（左一）與斯里蘭卡漢班托塔慈濟辦事處同仁合影。

（照片：黃崇發）

馬六甲分會為照顧戶舉辦歲末發放活動，曾是照顧戶的達爾瑪前來探望王玉蘭。（照片：楊秀麗）

但即使後期躺臥床上，她依然心繫慈濟事，也希望法親們能夠從她的病苦中獲得啟發，精進行菩薩道。同年 6 月 7 日，王玉蘭在姊姊王玉梅（慈普）家逝世。

王玉蘭於生命的最後，曾援助一位心臟異常孩子禮菲基，他在父母的陪同下，也來到靈堂，向恩人告別。孩子的父親米斯納維表示：「那時我們不知道王女士已經是癌症末期了，她沒有告訴我們。即使她的身體狀況這麼衰弱，她卻還是四處奔走幫助我們，直到孩子痊癒，她真的很好心，我很感謝慈濟。」

亞庇聯絡處舉辦訪視共修課程，邀請王玉蘭分享訪視經驗。（照片：陳貴文）

王玉蘭儘管身患重疾，但內心卻仍然充滿光明，用歡喜心接受病苦、面對死亡，牢記佛心師志，把握有限的時日做慈濟。

上人佩服王玉蘭的堅強，對她強忍病痛也感到十分不捨：「她的勇敢讓師父心疼。她用毅力、智慧看待自己的生命，分秒不空過地發揮生命，這就是智慧。在慈濟世界裡，見苦知福；在人與人之間，看菩薩如何突破生命的困境，不論是身體、人事障礙的問題，在在都是智慧。此即慈濟宗門；藉著與人人分享世間苦難，鼓勵人人走向菩薩道。」

王玉蘭即使到了生命的最後，仍把握時間，分享她投入慈善志業二十年來的心路歷程，傳承訪視精神理念。（照片：郭巧雲）

醫療志業篇

1972

慈濟貧民施醫義診所於臺灣花蓮成立

1994

馬六甲慈濟於每月發放時，為照顧戶義診施藥

2001

馬六甲慈濟人醫會成立

2002

馬六甲義診中心啟用

妙手 妙法 妙人醫

人醫會

$\boxed{臺}$灣慈濟人醫會於 1998 年成立，由一群有心為社會付出的醫護人員組成，以「醫人、醫病、醫心」為宗旨，進行義診服務，平日以關懷居住地貧苦患者為主；國際間發生災難時，也配合慈濟賑災行動，啟動醫療救援。

1994 年起，馬六甲慈濟開始為照顧戶舉辦發放活動，現場設有中西醫和牙醫義診，為照顧戶提供醫療服務。隨後，每月的發放活動皆設有義診服務，逐年接引許多醫護人員投入，因而有了人醫會的雛形。

2000 年，馬六甲分會執行長劉銘達（濟雨）攜同中央醫院婦科醫師張文富（濟勝）到臺灣參與首屆「國際慈濟人醫會年會」。張文富醫師懾服

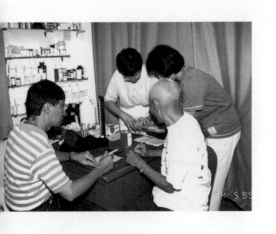

早期現場發放時，馬六甲醫護人員設立義診區，為照顧戶提供中、西醫義診服務。

（照片：馬六甲分會文史組）

於慈濟的大愛精神，回國後積極邀約同事參與慈濟義診活動，並推動馬六甲人醫會成立。

　　2001 年 4 月 8 日，馬六甲慈濟舉辦醫護人員聯誼會，邀請來自馬六甲、吉隆坡、沙巴及新加坡的醫護人員參加。在聆聽了印尼大型義診的心得分享後，二十五位醫師及三十多位醫療人員深受感動，紛紛加入人醫會行列，促成馬六甲人醫會於當天成立，由張文富醫師擔任首位召集人。

2001 年 4 月 8 日，馬六甲慈濟舉辦醫護人員聯誼會，分享義診心得，多位醫護人員受到感動，促成馬六甲人醫會於當天成立。（照片：馬六甲分會文史組）

一、多元醫療服務

2002年，馬六甲慈濟義診中心啟用，人醫會成員積極招募更多醫師，協助規劃義診中心的運作、採購醫療器材、找尋醫療儀器贊助者。

人醫會成員除了每週在義診中心排班輪值，也發揮專長，因應社會所需提供多元醫療服務，如居家往診、海外義診等等。自1998年起，馬六甲人醫會成員多次偕同新加坡人醫會至印尼、斯里蘭卡等地舉辦大型義診；也前往深山原住民部落及郊區園丘、難民扣留營，展開義診暨發放。

人醫會成員以個人的專業，讓馬六甲的醫療志業穩定成長，也參與其他慈濟志業，如國際災難的街頭勸募、為照顧戶居家打掃、手語演繹、落實環保等等，陸續接引醫護人員受證成為慈誠或委員。

黃月吉醫師（右二）到東接納社區往診，與病友溫馨互動。
（照片：郭巧雲）

往診服務

為了行動不便的貧病患者，2004 年 5 月 30 日，在護理師王瑞珊的推動下，馬六甲人醫會前往照顧戶家中往診，提供在家醫療服務。服務的項目包括：為病患進行治療，協助清洗傷口，教導家屬正確的護理方式，進行心靈撫慰；也帶動成功治癒的照顧戶一同家訪，以自身的經驗給予病患康復的信心和勇氣。

2005 年，馬六甲巫裔照顧戶哈迪（化名）遭遇車禍，癱瘓在床；護理師蔡玉美及慈濟志工每週固定往診，囑咐每項藥物的用法，示範及調整復健動作，並教導家屬為哈迪翻身、換尿袋、清洗褥瘡、做手腳復健，同時安排每週兩次到醫院進行物理治療。

短短兩個月內，哈迪竟從癱瘓到可以起身走動。重新站起來的他感恩地說：「以前我認為華人不會幫助馬來人，現在我改觀了。很感恩志工的支持和鼓勵，更感恩蔡玉美護理師，讓我恢復得這麼快，我不會忘記慈濟的幫助。」

2017 年，中學生楊辛蒂（化名）因車禍癱瘓，單親媽媽妮維莎（化名）徬徨無助。志工知悉後，醫療團隊前去往診，從基本的起身、走路、坐下等姿勢教起，展開定期的復健治療。半年後，原本全身癱瘓，無法言語的楊辛蒂，已恢復到能坐在椅子上與大家話家常，並且復學。

2019年，印裔婦女米娜（化名）罹患脂肪瘤，壓迫到神經線，動手術後癱瘓在床，無法工作，經濟陷入困頓。慈濟得悉後，將她列為照顧戶，補助生活費，緩解生活困境。人醫會蘇美娟和黃月吉醫師往診後發現米娜的腳尚有知覺，於是把握黃金復健時間，安排物理治療師協助，在物理治療師的引導和協助下，米娜在術後首次完全站立，讓她提起信心積極復健。

「苦難的人走不出來，有福的人要走進去」，馬六甲人醫會成員定期隨志工，走訪各社區訪視照顧戶，膚慰苦難，並發揮專業技能，給予病患和家屬正確的醫療觀念與輔導；使他們在慈善濟助和醫療輔助下，重燃希望。

健檢服務與健康講座

馬六甲人醫會不定期在社區舉行免費健康檢查及健康講座，照護民眾健康，期望人人建立正確的保健觀念，引導人人為健康把關，讓預防勝於治療，並藉此為慈濟招募人間菩薩。

2002年，人醫會舉辦首場健檢活動，於馬六甲義診中心提供子宮頸抹片檢驗服務，嘉惠婦女，而後每年固定舉辦。2011年健檢落實社區化後，婦科檢查與公立醫院及國家家庭及人口發展局（Lembaga Penduduk dan Pembangunan Keluarga Malaysia Melaka，簡稱 LPPKN）合作，提供三高檢驗、乳房及子宮頸抹片檢查，以及

宣導器官捐贈。

此後志工分別在不同社區，舉辦健檢及健康講座；因此與政府單位、醫療診所等保持良好互動，同時藉此機會接引醫師加入人醫會。

園丘義診

自 2003 年起，馬六甲人醫會前往馬日丹那、雙溪峇汝、魯目支那等園丘為居民看診，如有急需醫治的特殊個案就轉送至慈濟義診中心接受後續診療。

園丘內 90% 為印裔居民，以割膠或收割棕油為生，收入微薄。雖有私人診療所，但每兩週才有一位醫生前來看診，其他時間僅有一名醫藥助理。工友若有任何意外

人醫會在馬六甲萬佳市社區舉辦健檢活動，尹玉霞醫師（右）為民眾看診。（照片：錢福權）

慈濟醫療團隊前往哥文寧克魯園丘舉辦健檢活動，民眾排隊等候。（照片：朱永昌）

或重病，則會召救護車轉送至馬六甲中央醫院就診。

難民義診

流落在馬來西亞的難民沒有合法的身分，無法受到法律保護，隨時面臨被拘留、逮捕或遣送回國的風險，亦未能享有與大馬公民同等的醫療服務。

2004 年，慈濟與聯合國難民署（UNHCR）一起合作關心難民，慈濟雪隆分會更與 UNHCR 簽署諒解備忘錄，成為合作夥伴，其中一項計劃便是醫療援助。

2007 年 6 月芙蓉冷京難民扣留營轉由馬六甲分會接手，每月定期提供醫療服務。2010 年 7 月，馬六甲人醫會也前往馬接翁武（Machap Umboo）難民扣留營提供義診服務。

二、人醫年會

各國人醫會成員於每年聚首臺灣花蓮，參與「國際慈

馬六甲慈濟志工前往冷京難民營提供義診服務，嘉惠營內的女眾病患。（照片：楊秀麗）

濟人醫年會」，分享在地耕耘的成果與法喜。自 2000 年開始，
中南東馬人醫會均每年參與，從各國醫師的分享中，交流醫療專
業知識，學習慈濟人文。醫護人員返國後，將其他醫師的經驗分
享運用於治療中，造福更多患者；也把在課程中的感動落實生活
中，例如環保理念、茹素護生、行醫初發心、推動醫療人文等，
參與人醫年會成為接引醫護人員認識慈濟的重要活動之一。

　　2011 年 9 月，馬六甲仁愛醫院耳鼻喉專科的印裔威懦可巴（Dr.
R. Venugopal）醫師，在志工邀約下，到臺灣參與人醫年會。他從

馬六甲人醫會參加國際慈濟人醫會年會，與各國成員交流義診經驗。

（照片：吳寶童）

中瞭解人人都應該落實環保，慈濟把環保回收物再製成毛毯、衣服，完全不浪費資源。反觀自己任職的醫院，雖然備有環保箱收集點滴瓶和紙張，但環保意識仍然很薄弱。回國後，他決定向醫院管理階層提議與慈濟合作推動環保。

院方接納了威懦可巴的建議，於 2012 年邀請慈濟志工前來舉辦環保講座，學習環保知識，開始院內落實環保的第一步。

麻坡林欣潔牙醫師，2013 年參與國際慈濟人醫年會後，更瞭解慈濟醫療志業的精神及使命，積極投入慈濟活動。2014 年 3 月 1 日，林欣潔發心承擔麻坡支會的定期牙科義診服務，以口腔檢查及衛教為主，同時教導照顧戶以正確的方式來保護牙齒、照顧口腔健康。

三、人醫典範

張文富醫師——救苦的大願

在馬六甲仁愛醫院服務的張文富醫師，曾因一位無法支付龐大化療費的卵巢癌印裔病患，向馬六甲分會求助。短短兩天，慈濟解決了病患的醫藥費問題，令他十分感激，留下深刻印象。

2000 年，張文富醫師在馬六甲分會執行長劉濟雨的邀請下到臺灣參訪慈濟，他虔誠地請示證嚴上人：「眾生皆有佛性，那佛

性是什麼？」上人笑笑地說：「佛性就是當下的你，我，他。」

「上人的話，讓我覺得所有的妄想和貪念，剎那間消失無形。」對於這充滿禪機的對答，張文富的詮釋是：「以一顆單純的赤子心，一心一意去做慈濟，就是佛性。」

返國後，張文富把對慈濟的感動化為行動，在他的努力奔走下，馬六甲人醫會於

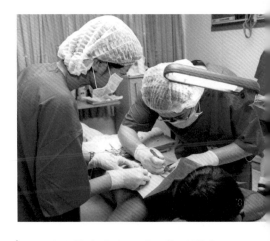

促成人醫會成立的重要推手張文富醫師，於 2002 年和新婚太太顏國慧參與印尼義診作為蜜月旅行。
（照片：黎東興）

2001 年成立。2002 年 4 月，慈濟印尼分會舉辦大型義診，新婚不到一個月的張文富和妻子顏國慧，決定參與跨國義診作為蜜月之旅。

義診結束那天，馬來西亞醫護志工準備搭機回國，團隊排定在醫院門口集合搭車前往機場；時間只剩下半小時，張文富卻抱著一個小男孩匆匆走進手術室。原來他發現孩子由於包皮過長發炎，若不趕緊動手術，細菌感染膀胱，可能導致腎臟受損。張文富只花短短二十五分鐘，就為他完成手術，讓孩子脫離危險。

張文富連續三年參加印尼和菲律賓義診，目睹人間苦難、貧病交加。他深深體會人在病中若能接觸到好醫師，即使病痛還未被醫治，心裡的擔憂恐懼也會消失許多，因此他用心、用愛對待每一位病人。然而，有時面對病人的無理要求或不合作，難免身心俱疲，但一想到地藏王菩薩度盡眾生的悲願，心念馬上一轉：「這是我自己選擇的路，我就必須面對它、接受它。」

　　若沒值夜班，張文富下班後會應志工之邀，開始他的夜間服務，到病患家中送愛──包括看診、清洗傷口、健康諮詢、臨終關懷，給病患信心面對病魔。他甚至會對家屬說：「若有緊急需要，即使半夜也可以撥電話給我。」

　　行醫至今，張文富以地藏王菩薩的大願自期，每天帶著感恩與歡喜心為眾生付出。在他的影響下，馬六甲仁愛醫院院長、軍營的軍醫、公私立醫院的醫師們也都加入了慈濟義診行列。2004年，張文富醫師成為馬六甲第一位受證為慈誠的人醫會成員，也榮獲臺灣慈濟頒發的「人醫典範獎」。

涂蓮英──篤行願力

　　1999年臺灣發生九二一大地震，志工陳惠芝（慈慎）走入診所募愛，接引涂蓮英中醫師成為慈濟會員。2016年，馬六甲義診中心透過陳惠芝再次邀約，促成涂蓮英在2018年3月開始，

每星期三及四固定在義診中心駐診半天。

年逾七旬的涂蓮英在馬六甲行醫多年，經驗老道且深具知名度，經過她的診治，眾多病患的情況獲得改善，固定每個星期前來看診。涂醫師忙上加忙，卻甘之如飴。她問診時不疾不徐，從日常生活習慣、飲食、近況等仔

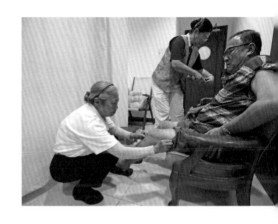

馬六甲人醫會涂蓮英中醫師為病患針灸。（照片：顏玉珠）

細詢問，為了對症下藥，絕不會因時間緊迫而草率了事。她笑說自己也生過很多病、吃過很多藥，理解病人的苦；看到病人痊癒或改善，這種喜悅無法用言語形容。

涂蓮英表示，在慈濟義診中心，志工、病患、醫師都溫言細語如同一家人，氣氛溫馨，讓她感覺自己是來學習慈濟的人文精神。涂蓮英也曾和慈濟醫療團隊前往菲律賓、柬埔寨義診。她說：「世間財，一個人花不了多少，夠用就好。與其讓時間白白流逝，還不如做利益眾生之事。」行醫四十多年，涂蓮英的人生沒有退休點，願意以自身的專業投入，回饋社會，發願為病患、為人群堅守崗位直到終老。

黃月吉——牙科仁醫

2002 年，馬六甲義診中心啟用，卻缺少牙科醫師。在張文富醫師的邀請下，黃月吉醫師發心投入，承擔輪值牙科門診。

近二十年來，黃月吉負責義診中心的牙科部，不僅主動邀約相熟的醫師加入，還自掏腰包添購牙科器材，如設備不足，她就從自己的診所帶來，把義診中心當成自己的另一間診所。

2010 年 3 月開始，黃月吉增加義齒服務，並結緣義齒所需的基本材料。她會這麼做，只因曾在國際慈濟人醫年會，兩度聽見菲律賓醫師分享，病患得到義齒後的開心、歡喜和感恩；有感本地病患對義齒也有需求，她覺得自己可以做得更多。

2012 年，黃月吉成為馬六甲義診中心牙科的註冊醫師，2014 年成為人醫會召集人，多次陪伴人醫會成員走入社區探訪貧戶，讓需要醫療諮詢的個案可以得到實質幫助。截至 2019 年末，義齒服務已嘉惠 222 名

人醫會前往哥文寧克魯園丘舉辦健檢活動，黃月吉牙醫師（右）教導小朋友養成口腔清潔的好習慣。
（照片：李凌霄）

病患。看見病患解除了困擾，開心露出一口整齊的牙齒，就是她最大的動力。她說：「我們做的只是一小部分，對病患來說卻是真正的需要，甚至改變了他們的生活品質。」

「很多醫生來慈濟付出，只要有一件事真正感動到他，就會推動著他繼續做得更多。」已投入志工培訓行列的她，慶幸自己在慈濟能不斷地開拓眼界，同時從中反省自己。放下要求，將服務他人的耐心用在孩子身上，改善親子關係。除此之外，她也投入拯救地球的行列，在診所做資源回收多年，更帶動其他醫師一同來做環保。

馬六甲人醫會多年來為貧病患者拔除病苦，幫助他們脫離「因貧而病，因病而貧」的循環。上人讚歎：「大醫王，分別病相，曉了藥性，隨病授藥，令眾樂服；生來即在貧苦環境中，又有先天的殘與病，如此多苦多難的人生，若有福緣得遇生命中的貴人——良醫，就得以轉變苦境；如國際人醫會的大醫王們時常舉辦義診，服務貧病苦難人，為他們的人生開啟光明的未來。」

施醫施藥濟眾生
義診中心

醫療技術日益發達，但由於貧窮和醫藥資源的不足，每年全球仍有一千四百萬人死於能夠治療的疾病；更有許多人因貧而病，因病而貧。有鑑於此，馬六甲慈濟人規劃義診活動，救助當地貧困病患，拓展慈濟醫療志業。

馬六甲慈濟人於 1994 年 5 月 10 日首次舉辦慈善發放，除了物資發放以外，也設有中西醫義診服務，從此奠定義診模式與基礎。有感於醫療志業應更全面開展，再加上國內洗腎病患逐年增加，但洗腎機構不足，遂於 2000 年規劃建設洗腎中心及義診中心，以嘉惠貧病患者，並透過義演、義賣等方式籌募建設費用。

2001 年 4 月 8 日馬六甲慈濟人醫會成立，同年 10 月 1 日，馬六甲分會執行長劉銘達（濟雨）回臺灣向證嚴上人請益，籌設兩座醫療中心的進度，上人慈示以啟發良醫為優先，暫緩設立洗腎中心，馬六甲先全力籌設義診中心。秉持慈濟專款專用原則，馬六甲慈濟先前籌募洗腎中心建設的款項，部分悉數退還捐款者，其餘經捐款者同意轉移為義診中心建設基金。

2001 年 12 月，劉濟雨結束製衣廠事業，擔任全職志工，並將

廠房與廠地捐贈給慈濟，原先的辦公室則改為義診中心用地。隨後展開義診中心籌備會議，人醫會張文富醫師、楊立前中醫師、黃端鴻醫師等人參與規劃。

一、義診中心成立

2002 年 5 月 19 日，馬六甲「佛教慈濟義診中心」正式啟用，是全球第三間、也是東南亞第一間慈濟義診中心。

義診中心設有西醫、中醫、針灸室、化驗室和牙科。初期於

| 2002 年 5 月 19 日，馬六甲「佛教慈濟義診中心」啟用。（照片：馬六甲分會文史組）

每週日上午提供免費診療，並不定期提供健康檢查服務、衛教宣導。爾後，也增設小型手術和各專科門診服務。2018年起至今，每週共開放四天門診服務。

義診對象除了慈濟照顧戶，也嘉惠州內法師與神職人員、低收入家庭、殘智障院、孤兒院、原住民及獨居老人等貧病患者。2010年起，擴及慈濟獎助學金學生及其家屬。自2013年，也將志工納入服務對象，為平時忙碌付出的志工們把關健康；2018年，進一步開放給一般民眾前來看診。唯志工與民眾需繳納基本藥費。

同事度接引醫護

義診中心啟用初期，看診皆由馬六甲人醫會醫師承擔。大部分醫師配合原本工作，加上隨時會被召回醫院值班等因素，值日表需至每個月底才能確認，間接造成醫師輪值不穩定的情況。

腎臟科黃端鴻醫師自願隨時候命，填補義診醫師的空缺，同時積極向其任職的仁愛醫院招募西醫來服務。婦產科張文富醫師為了招募牙科醫師，則於下班後，親自造訪熟識的牙科診所，接引牙醫加入義診服務。

楊立前中醫師在劉濟雨、簡慈露的邀請下，協助籌設中醫部。起初住在吉隆坡的他因為距離因素婉拒，但劉濟雨亢儷三顧茅

廬，不斷給予鼓勵，感動了楊立前，從此開啟了他往返馬六甲、吉隆坡的行程。楊立前原想在成立初期協助規劃和安排，待一切上軌道就引退，然而看到志工們無私的付出，心中總是有滿滿的感動，因此繼續留任服務。

在黃端鴻、張文富、楊立前等醫師用心付出、積極招募下，志願服務的醫護人員與日俱增，更有多位不同宗教、族裔的醫師加入，有的醫師甚至持續多年遠從吉隆坡、昔加末、峇株巴轄等地區，定期前來為貧病民眾付出。

深入偏鄉　膚慰貧病

硬體設施及醫護服務漸趨完備，慈濟主動致函馬六甲州福利局、各中小學、園丘管理員、民間福利中心及洗腎中心等，布達義診中心能提供偏鄉義診服務訊息，隨後接獲福利局提供近兩千名低收入家庭的名冊。

貧困的原住民居住在偏遠郊區，醫療資源匱乏，生病多選擇用草藥或土方治療，遇突發急症則束手無策。基於「苦難的人走不出來，有福的人就要走進去」的精神，2002 年 7 月起，義診中心志工每星期天固定前往各村落載送原住民前來看診，並貼心為他們準備午餐，服務門診包括婦科、兒科、牙科、眼科及 B 型肝炎疫苗注射等。

剛開始醫療服務也曾面臨障礙，信仰伊斯蘭教的原住民，因為宗教信仰不同，對於佛教慈濟提供的「免費看病」服務存有疑慮。志工鍥而不捨地透過各種方式與各村村長溝通，鼓勵他們帶著長期飽受病苦的村民到義診中心接受治療。

拉柏村（Lubok）村長阿傑（Ajeat）的親身體驗和印證，化解了原住民們對慈濟的防衛。他說：「慈濟雖是華人佛教團體，但當我走進義診中心時，沒有人向我傳教；我們一家人去看病都是免費的，這真正是一個救人的組織。」

醫療志工培訓

2002 年 5 月 11 日，義診中心啟用前，首批投入服務的四十位志工接受系列培訓課程。來自吉隆坡的退休護理師詹瑞蘭專程前來授課，分享志工的責任與病人的基本權益等，讓醫療志工時時抱著同理心與慈悲心和病人互動。當場也教授學員如何使用血壓測量器，協助建檔血壓資料，提高看診效率，嘉惠更多貧病患者。

為提升醫療志工的醫療知識，義診中心也會不定期邀請專業醫護人員授課，或參加其他團體舉辦的醫療相關照護課程，內容涵蓋如何搬動病患、中風的護理與預防、臨終關懷照護、預防慢性疾病、急救常識等等。

義診中心正式註冊

初期，義診中心僅星期日開放門診，醫務運作皆遵照一般合格診所的規範，醫護人員也都擁有合格的醫療執照，故獲政府同意免向衛生局註冊。

2011年9月12日，馬六甲州衛生局三位官員首度前來視察義診中心，認為義診中心的內部環境理想，設備完善；因此建議申辦註冊，以保障病人權益，並可增加開放時間，安排專業醫生長期駐守，嘉惠更多貧苦患者。

2011年11月，慈濟呈交西醫及牙科註冊申請文件予馬來西亞衛生部。2012年5月19日，馬六甲義診中心牙科門診獲得政府正式核准；11月30日，西醫門診也獲政府正式核准。自此，馬六甲義診中心成為國家私立醫療診所之一。

二、多元化照護

馬來西亞的公立醫院收費較為低廉，但由於許多醫師紛紛前往薪資較高的私立醫療單位任職，公立醫院長期面臨病患眾多，醫師不足的情況。許多貧困患者需要進行手術時，無法負擔私立醫院的收費，但在公立醫院卻須面臨排期數個月的等待，無法獲得及時手術治療。

義診中心啟業後，隨著病患和環境的需求，除了內科門診，陸續增設牙科、眼科、婦產科等專科門診；也為洗腎病患免費進行動靜脈瘻管手術，定期舉辦腎友聯誼會、衛教宣導，讓醫療服務更完善。

瘻管手術

　　2003 年 6 月起，義診中心為腎病患者提供瘻管手術服務。

　　四十八歲的馬來裔病患妮洛法（化名）是義診中心首宗進行瘻管手術的患者。她因罹患高血壓及糖尿病，導致腎功能損傷，需進行動靜脈瘻管手術，依靠洗腎維持生命。由於家境貧困，無法負擔醫療手術費用，經中央醫院轉介，其夫婿阿里（化名）到義診中心尋求援助。

　　2003 年 6 月 19 日，人醫會泌尿科醫師許永泰為妮洛法進行手術，過程十分順利。鑒於他們生活窮困，慈濟每月補助紅血球色素注射費及一半的洗腎費，以減輕他們的負擔，讓她安心養病。其夫婿阿里因感激慈濟，每週都到馬六甲慈濟園區參與環境清掃；孩子也一同到義診中心當志工。身為穆斯林的阿里不因宗教不同而有所芥蒂，誠心協助打掃佛堂，他說：「你我體內都流著同樣鮮紅的血液，又何須分種族、宗教，我們的心沒有距離，我們是好朋友。」

截至 2009 年止，義診中心共進行 64 宗瘻管手術，讓這些腎功能損傷的患者能接受瘻管手術，藉由洗腎維持生命功能，志工們也持續陪伴他們等待腎臟移植，恢復身體健康。

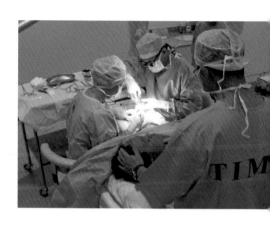

2010 年以後，轉由人醫會醫師在其所任職的醫院內進行手術。政府中央醫院也開始免費瘻管手術服務，對於

2003 年 6 月 19 日，義診中心首宗瘻管手術由馬六甲人醫會泌尿專科許永泰醫師，為馬來裔病患妮洛法操刀。（照片：劉濟雨）

其他急需到私立醫院治療的病患，慈濟會作評估援助。

白內障手術

馬來西亞每年平均有三萬四千宗白內障手術，不過仍有許多貧困民眾沒有得到及時治療。

2012 年起，人醫會林友良醫師承擔起義診中心的眼科檢驗服務，其後更促成慈濟義診中心與班台醫院合作，經由馬來西亞國庫控股基金（Khazanah Fund）補助，免費為低收入病患進行白內障手術。林友良也主動擔任手術醫師，利用星期日週休為病患

動手術。這項合作讓貧困病患無需長時間在公立醫院等候手術排期，能更快獲得及時治療。

班台醫院執行長黃恩忠表示：「慈濟深耕社區，比較容易接觸到需要幫助的人，合作方案由慈濟轉介病人及給予關懷服務等，而醫院則提供醫療協助。」同年 12 月 1 日，慈濟與班台醫院展開首次合作，推薦首批三名慈濟照顧戶進行白內障超音波乳化手術。

「我被醫生診斷出眼睛患白內障，但我連吃都成問題了，原本想說先去工作，等賺夠錢才能去就醫，幸好有慈濟幫助。」接受手術的七十五歲印裔照顧戶麗絲維卡（化名）感謝地說。

截至 2016 年，慈濟和馬六甲班台醫院合作，轉介 37 名病患至班台醫院進行免費白內障摘除手術。2016 年後，馬來西亞國庫控股基金停止撥款予班台醫院，故相關合作計劃暫緩。

義齒手術

2010 年 3 月開始，義診中心增設義齒裝置服務，由人醫會黃月吉牙醫師負責。她為了到義診中心服務，通常會將自己診所的預約另行排期，或配合其他醫師門診時間。她從義診中心服務中見苦知福，病患能裝設義齒，解決進食困擾，恢復生活中最基本的飲食功能，令她十分高興。

病患曾淑芳的牙齒只剩三顆，多年來只能利用牙齦磨食物。她當保姆賺取微薄收入，生活入不敷出，製作義齒對她來說太遙遠。2010年，女兒獲得慈濟的助學金補助，讓她得以尋求援助；她在慈濟的幫助下裝上義齒，改善面容與進食方式，也改善了她的生活。

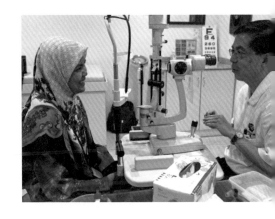

照顧戶麗絲維卡接受白內障手術後，回診時向林友良醫師致謝。

（照片：羅秀蓮）

截至2020年為止，義診中心共進行229件義齒裝置，讓貧苦患者不因為牙齒疼痛影響生活，能及時得到幫助，避免小毛病演變成大問題。

三、善念循環

義診中心營造與一般診所不同的環境，讓病患和醫護人員走進來，就能感受慈濟

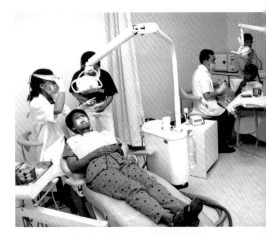

義診中心內的牙科室，空間寬敞，設備先進，具有一般牙科診療所的水準。（照片：馬六甲分會文史組）

人文氣息，透過境教及活動，啟發愛心，締造善的循環。

募心募愛

國際間發生重大災難，志工把握候診時間播放慈濟援助的即時訊息影片，採用華巫雙語解說，讓病患能瞭解災情，並凝聚眾人善念。

2009 年，莫拉克颱風侵襲臺灣，造成嚴重水患，義診中心即舉行祈福會，帶動病患祈禱，同時募心募款。照顧戶蔡良宇（化名）發心捐款，希望災民像自己一樣，在困難時能有人提供援助。

2012 年桑迪颶風肆虐美國東岸，義診中心三位醫師——葉泓勞、陳德麟及吳彩麗向病患募愛心，捐助災民，來自昔加末的葉泓勞醫師表示這股善行的循環令人感動。

義診中心既「教富濟貧」，同時也「濟貧教富」。許多病患經志工解說，瞭解慈濟義診中心的營運費用皆來自十方善心人士的捐款後，大家都

葉泓勞醫師捧著愛心箱為美國桑迪風災在義診中心募款，玄善法師響應獻愛。（照片：陳聯喜）

很願意盡一己之力，每月存竹筒，成為慈濟會員，希望能夠幫助更多有需要的人。

醫療人文

許多前來義診中心服務的醫療人員，將義診中心大愛氛圍也帶入原本工作的醫院，改善了院內的職場氣氛。

醫藥助理劉志成看到義診中心溫馨的醫病關係，開始學習同理病患，體會付出無所求的單純喜悅。無論在馬六甲中央醫院急診室的工作有多忙碌，即使值班到天亮，他依舊準時到中心為病患服務，一個月僅四天休假，其中三天都去義診中心報到；有時候還會跟隨志工去做訪視。

護理師張球妹從服務中，很認同慈濟以人為本的理念；從前由於醫院病人多、工作又忙碌，沒有太多時間跟病人互動，有時候急起來聲音還不自覺提高。在慈濟，她感受到滿滿的愛，也希望把這分愛傳播給更多人。後來她漸漸改變自己對待病患的方式，更有耐心、更貼近他們的心，陪伴他們完成整個療程。

同精進　同修行

「在我學醫的過程中，從未被教育醫病時也要醫心，直到認識慈濟才恍然大悟！」馬六甲中央醫院醫師蘇麗雅（Suriyakmaton）

在參與義診服務後，不僅改變對待病人的態度，也學會跟病人說「感恩」。

蘇麗雅說，義診中心的設備相當齊全新穎，中西醫的處方也都使用療效最佳的藥物；從志工的笑容中，可以感受到他們都很快樂地在付出。

「在我國的公立醫院中，儘管醫師醫術很高明，但普遍欠缺的就是大愛的溫馨氣氛和志工服務精神，這是我們必須努力的方向。」馬六甲中央醫院院長嘉華（Jaafar）受到妻子蘇麗雅的影響，兩人到臺灣參加國際慈濟人醫年會，希望將慈濟的大愛文化帶回馬來西亞落實。

從 2012 年開始，每個月的第二個星期日，蘇巴斯醫師（Dr. Subhash）及妻子牙醫師娜欣（Dr. Naseem）都會從芙蓉到馬六甲義診中心服務。

2015 年兩人結伴到臺灣參與國際慈濟人醫年會，聽著各國人醫分享不同的善念故事，茹素齋戒、護生惜生，蘇巴斯醫師化感動為行動決定茹素，返國後積極向病人及朋友們分享慈濟。蘇巴斯表示：「慈濟所做的事都有超越宗教、種族等的無私大愛在其中，因此我們希望能更接近慈濟，未來能參與志工培訓。」

義診中心截至 2020 年，累計看診人次達 53,092 人，動員 25,245 人次志工和 7,466 人次醫護人員投入。

馬六甲慈濟義診中心的成立意義重大，不僅凝聚了所有善心人士的愛心，透過免費醫療，希望能一點一滴打破貧病相依的循環，落實慈濟醫療理念，啟發良醫良護、醫病又醫心。

上人對義診中心表示肯定：「在馬來西亞，有感偏遠地區民眾缺醫缺藥之苦，慈濟成立馬六甲義診中心。起初，有許多信奉伊斯蘭教的民眾，

2013 年的人醫會感恩聯誼會上，劉志成護理師、蘇巴斯醫師及娜欣醫師（從左至右）分享在慈濟醫療服務中的感動與成長。（照片：陳聯喜）

對於佛教成立的義診中心抱持著懷疑的態度。慈濟人將誠懇的愛化為行動，耐心地走入每一個村莊；哪怕路途遙遠，危險偏僻，也一而再、再而三地去關懷互動，終於將坎坷的道路走成平坦的康莊大道。人間菩薩無處不有，不論哪一個國家、哪一片土地、哪一個角落，哪裡有困難，只要眼睛能看得到、雙腳能走得到、雙手能伸得到，就有慈濟人在付出，真的很感恩。」

義診中心 2002年－2021年

——施醫施藥濟眾生

1994	於慈善發放現場首次義診服務
2001	馬六甲人醫會成立
2002	馬六甲義診中心啟用
2003	首次瘺管手術
2004	啟動居家往診
2010	增設義齒手術及耳鼻喉科
2011	增設中醫及心理輔導
2012	增設眼科、語言治療、脊椎及關節護理
2013	與班台醫院合作白內障手術
2018	為難民提供義診

 醫護人員
7,466人次

 醫療志工
25,245人次

 心理輔導

 內外科

 眼科

 耳鼻喉科

 牙科

 中醫

 居家往診

 語言治療
A文

每年服務約**3,000**人次　　歷年共 **53,092**人次

跨國接力護生命
海外義診

一、印尼義診

馬六甲與印尼的蘇門答臘地區距離相近，兩地語言、文化也相似，且馬六甲擁有專業醫療資源，故常吸引印尼病患前來求醫。馬六甲人醫會也經常聯合新加坡團隊至印尼義診，為當地貧困病患拔除病苦，或協助嚴重個案跨國進行手術治療。

2002 年 4 月 19 日，馬六甲執行長劉銘達（濟雨）帶領馬六甲人醫會八位醫師，及十四位醫療志工，前往印尼參與慈濟海外義診活動，是馬六甲團隊至印尼義診的開端，直到 2007 年因印尼衛生署政策調整而停辦義診。

馬六甲慈濟人參與了七次慈濟在印尼的巴淡島、北干巴魯等地舉辦的大型義診。期間志工發現許多無法在現場進行手術的個案，評估新加坡法律對跨國醫療援助有所限制，且醫療費昂貴，因而將醫療個案轉介至馬六甲。

此外，許多印尼病患常常來比鄰的馬來西亞求醫，治療過程中，若無力支付醫藥費者，醫院會酌情轉介給馬六甲慈濟；或有熱心人士，會介紹病患到慈濟求助。

及時的愛——董浩宏

印尼巴淡島男嬰董浩宏（Jimmy）患有先天性心臟疾病，鑒於島上醫療設施落後，2000 年 8 月，媽媽莉莉安‧卡瑪（Lilian Kamal）及姑姑帶著他到馬六甲仁愛醫院求醫。醫師證實董浩宏病情危急，需立即進行手術，然而手術費高達兩萬四千令吉，莉莉安卻僅從親友處籌到馬幣一千令吉。

絕望之際，仁愛醫院公關海倫小姐獲知此事，致電馬六甲慈濟代為求助。志工前往關懷，並與醫師作深入瞭解後，經醫師推薦由吉隆坡鷹閣醫院（Gleneagles Intan Medical Centre）的心臟外科醫師李榮昇協助。

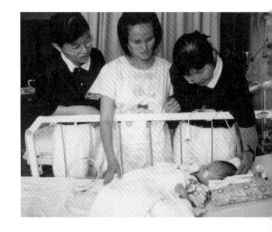

心臟病男嬰董浩宏手術後，志工前往醫院關懷。

（照片：馬六甲分會文史組）

董浩宏於吉隆坡鷹閣醫院開完刀恢復健康後，志工於馬六甲分會為他慶祝。（照片：馬六甲分會文史組）

李榮昇醫師診斷後，認為孩子若不立即手術，存活機率不高；且手術成功率有百分之九十，建議盡快進行手術。志工團隊緊急會商後，決定全額補助醫療費。李榮昇醫師得知慈濟協助素不相識的印尼病患後，答應減低手術費，於 8 月 14 日進行手術。

　　手術十分成功，留院觀察期間，莉莉安及姑姑暫住志工家，志工就近給予生活協助，輪流準備三餐。當董浩宏順利出院，莉莉安感動地泣不成聲，說：「等浩宏長大懂事後，一定要帶他回來這個生命重生的地方。」

　　四年後，近四歲的董浩宏來到馬六甲靜思堂，活潑地蹦蹦跳跳，與一般健康的孩子無異。志工王玉蘭（慈均）哽咽地說：「當我第一眼看見孩子受苦時，我很想哭；現在看見孩子可以健康成長，真的很欣慰。」

用心關懷——胡絲欣

　　2005 年 1 月，印尼石叨班讓（Selat Panjang）初中三年級的女孩胡絲欣（Devi Yulianty）高燒不退，經診斷為心房中隔缺損併發細菌感染。6 月初，父母帶著她至馬六甲班台醫院（Pantai Hospital Ayer Keroh）求醫。醫師建議進行心門調整手術，以保生命。然而手術費逾四萬令吉，職業為散工又育有六個孩子的父親胡新強，積蓄只夠孩子兩星期的住院費。

胡新強打算返鄉籌措醫藥費，一名計程車司機得知他們的遭遇，將他載至馬六甲分會求助。經志工接洽後，吉隆坡鷹閣醫院李榮昇醫師與他的兒子、馬六甲仁愛醫院鄭新煇醫師，以及麻醉醫師群，免費為胡絲欣動手術。而父親胡新強透過印尼一家基金會（Yayasan Patriya Darma）補助逾馬幣兩萬令吉的醫藥

志工吳桂花(左三)、黃玉鳳(左四)陪伴胡絲欣辦理出院返家。

（照片：甄子豪）

費，慈濟另外補助七千多令吉支付住院及藥物費用。

手術成功讓胡絲欣重拾健康，住院期間，志工排班關懷、送餐，照護她如自己的孩子，讓胡絲欣直呼她們「阿嬤」。胡新強十分感激：「你們都是好心人，我會一輩子把你們放在心中。願我的子孫以後會跟你們一樣，我也會做好事給大家看。」

痊癒後，胡絲欣一家搭船返鄉。臨走前，她以印尼文寫給醫師一封感謝信，也寫信向慈濟志工道感恩：「我不會忘記您們的恩惠，因為有上蒼的庇佑和慈濟志工的幫助，我今天才能病癒且健康。」

拔除病苦——卡羅斯

印尼巴淡島小男孩卡羅斯（Carlos Bruno Rio Aldino），罹患先天性肛門閉鎖症。他的父親尤哈尼斯（Yohanes San Fransisco）是巴士司機，日薪三十萬至四十萬印尼盾，微薄的收入尚可維持生活，但無法支付龐大的醫療費。

2007 年 3 月間，慈濟醫療團隊在印尼巴淡島義診現場，發現卡羅斯的病情，6 月安排卡羅斯前往馬六甲仁愛醫院治療，由慈濟全額補助醫藥費。

仁愛醫院伍樹法醫師為卡羅斯進行兩個階段手術，第一階段為灌腸及植入「人造肛門」手術，第二階段則進行縫合體外排泄口手術。兩階段手術皆順利完成，期間志工全程關懷陪伴。8 月 4 日，卡羅斯順利出院，媽媽開心的表示，孩子已能正常排便。志工在馬六甲會所準備蛋糕為卡羅斯慶祝重生。

爸爸尤哈尼斯很感謝慈濟的幫助，減輕了他們許多的負擔。在術後關懷期間，馬六甲志工曾帶尤哈尼斯夫妻當志工，鼓勵他們回到家鄉後，也能行善付出。

慈濟志工面對來自印尼的求援病患，以「尊重生命，肯定人性」為出發點，盡可能瞭解對方的情況，提供協助，拔除病苦。

二、斯里蘭卡義診

2004 年 12 月，南亞海嘯造成斯里蘭卡嚴重受災。由於地理位置較近，馬來西亞及新加坡慈濟人主動承擔起斯里蘭卡災後重建工作，並於南部重災區漢班托塔（Hambantota）成立辦事處，帶領當地志工展開中長期援建計畫。新加坡與馬來西亞的醫療團隊也前往當地舉行義診，關懷海嘯中受傷及患病的災民；如遇嚴重的醫療個案，也會酌情轉介至馬來西亞或其他國家治療。

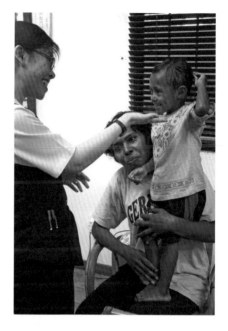

卡羅斯接受治療三個月後，返院複診，與志工快樂互動。

（照片：李詩蕾）

斯里蘭卡政府雖免費提供民眾一般醫療服務，但如需特殊藥物或手術，需自行負擔昂貴的醫療費用。除此之外，因醫護人員短缺，特別是外科手術，有些病患排程等待長達數年，因此耽誤治療的黃金時期。

「脊椎側彎」是斯里蘭卡普遍的病症，患者除了體態上的變化，亦面對長期腰痠背痛的困擾，嚴重者會影響心肺功能，必須靠外科手術矯正。然而當地醫療資源不足，加上每兩個星期只能安排一人手術，部分患者拖延數年依舊未獲得醫治。

愛的接力——瑪都煦及米都昀

　2008 年，漢班托塔有兩名女孩——十五歲的瑪都煦（Madushi Nisansala）及九歲的米都昀（Faisha Mithushi），由斯里蘭卡及馬六甲兩地志工接力，送往馬六甲接受脊椎側彎手術。

　瑪都煦在小學時，被發現脊椎扭轉變形，復健一年並未改善，醫生建議只有開刀才能有效治療；米都昀小學時，也發現有脊椎問題，被列入手術等待名單中。

　由於手術排程遙遙無期，瑪都煦的父親在朋友介紹下，到慈濟漢班托塔辦事處求助；米都昀和媽媽也前往慈濟義診現場求助。2008 年 7 月，慈濟安排瑪都煦與米都昀前往馬六甲的仁愛醫院治療。

　醫師帝魯古瑪蘭（Dr. Thirukumaran Subramaniam）為瑪都煦矯正脊椎，擴大肺部空間，再以連接杆與骨螺絲固定脊椎位置，歷經八小時，手術成功。母親珊蒂（D. M. Shanthi）獲知女兒已度過難關，安心回到居所，向置放於客廳的證嚴上人法相頂禮感恩。

米都昀來自單親家庭，自幼和母親相依為命，手術順利與否成了母親內心的煎熬。眼見女兒被推入手術室，全程強顏歡笑的古蘇瑪拉姐，終於按捺不住煎熬痛哭失聲。在五小時的手術順利完成，母親才放下心中擔憂。

瑪都昀的住家距離慈濟漢班托塔辦事處約一小時多的車程，但只要時間允許，她都會到慈濟舉辦的捐血活動及發放日當志工。

由於米都昀尚未發育完全，在慈濟志工接力關懷下，於手術後多次前往馬六甲和新加坡進行後續療程。在等待治療期間，米都昀母女都會隨同志工一起進行訪視，關懷照顧戶，見苦知福。米都

米都昀在進行脊椎手術前，曾在馬六甲大愛幼兒園當「愛心姐姐」，幼兒園孩子前往醫院探望。

（照片：楊秀麗）

志工關懷剛動完脊椎手術，轉入普通病房的瑪都煦。（照片：楊秀麗）

昀也至大愛幼兒園擔任愛心姊姊，媽媽古蘇瑪拉姐更發心承擔福田及香積志工。

瑪都昀及米都昀皆成功接受脊椎矯正手術，在馬六甲期間獲得充足的療養；她們陸續投入不同的慈濟活動，從受助轉為助人，心靈因付出而富足。

除了印尼與斯里蘭卡以外，其他鄰近國家發生大型災難時，馬六甲醫療團隊也經常前往義診，嘉惠當地貧苦病患。截至2019年，醫療團隊共至菲律賓三次、越南兩次，緬甸一次，柬埔寨六次等義診；並協助二十七宗跨國醫療個案，包括從外國至馬來西亞治療，及從馬六甲到臺灣慈濟醫院治療的案例。

上人讚許：「印尼、新加坡、馬來西亞三地慈濟人多年來合力舉行義診，解救許多貧病之人，為他們原本絕望的人生帶來光明。人醫會發現到罕見棘手的個案，就由各地慈濟人用愛接送就醫，譜寫許多溫馨故事。慈濟人在巴淡島改變了多少人的命運？他們為苦難人運命，

巴淡島第九次大型義診活動中，約有四十位新馬醫護人員在手術室裡為病患診療。（照片：林翠蓮）

讓病患能夠像一般人一樣走入人群、走出未來的希望。」

　　跨國義診藉由各國人醫會的串聯，將慈濟醫人、醫病、醫心的人本醫療推廣到貧病國家的角落，讓大家有志一同加入救人的行列，也教育了志工與病患，讓大家彼此感恩。義診結束了，但慈濟大愛仍在印尼、斯里蘭卡、菲律賓、越南等地傳播善漣漪。

越南第十一次大型義診，兩天的活動聚集人醫會共六十位醫護人員。

（照片：李文傑）

以情繫緣 切膚之愛

生命良能 大捨無求

證嚴上人說：「人生只有使用權，沒有所有權。」馬六甲慈濟除了義診以外，持續推動血液、骨髓、器官、大體捐贈，成就了捐贈者的善行，也造福許多極需援助的病患。

一、骨髓捐贈

1993 年 5 月，血癌病患溫文玲小姐請求上人呼籲骨髓捐贈，救助血癌患者。10 月 20 日，慈濟成立「臺灣骨髓捐贈資料中心」，呼籲「救人一命，無損己身」。

1994 年開始，新加坡分會與當地骨髓中心合作舉辦骨髓捐贈推廣活動，馬六甲慈濟人也積極響應，參加驗血活動，宣導骨髓捐贈觀念，協助本地病患和臺灣骨髓捐贈資料庫進行配對。

跨國捐髓援助——吳素蓓

馬六甲少女吳素蓓，自幼罹患「嚴重型再生不良性貧血」，飽受病痛折磨，需要接受骨髓移植。由於馬來西亞尚未建立全國性的骨髓資料庫，家屬將希望寄託在香港、日本、新加坡等骨髓

資料庫，然而七年來一直未
能找到合適的捐髓者，吳家
經濟也因龐大的醫療費，從
小康之家到需親友資助。

1994 年，家屬透過馬六甲
慈濟的協助，向臺灣慈濟骨
髓資料庫尋求配對。7 月時吳
素蓓的病情一度惡化，所幸
在以最速件處理下，終於在
四萬多位捐髓者的資料中，
找到相合的骨髓，並於 9 月

1994 年 9 月，由馬六甲、新加坡、臺灣三地志工接力，首例跨國非親屬骨髓移植手術在新加坡中央醫院完成。（照片：新加坡分會）

在新加坡中央醫院進行移植手術。

吳家父母非常感謝關懷探視的馬六甲與新加坡慈濟人，表示
若再不進行骨髓移植，女兒的病情將難以控制，幸而找到愛心人
士捐髓，使女兒獲得一線生機。吳素蓓的哥哥感謝的表達：「我
們真的很感謝那位捐髓者，還有慈濟那麼多愛心人士的幫忙。」

在臺灣、新加坡、馬六甲三地志工接力合作下，跨國骨髓捐
贈移植成功。不幸地是，吳素蓓卻在數月後感染肺炎病逝。不
過，吳素蓓的父母與哥哥仍在一年後，專程搭機來臺，向捐髓者
致謝，更感激慈濟骨髓資料庫，在他們焦急萬分時配對成功，給

予鼓舞及希望。

捐贈者陳雯琪表示很高興有機會捐髓助人，如果再度被配對成功，仍樂意捐贈。吳素蓓的母親則含淚說：「素蓓知道臺灣有一位愛心人士願意將骨髓捐給她後，曾說：『她就好像我生命中的太陽，給了我希望。』」

吳素蓓在受髓後發願：「日後每年生日收到的紅包，將捐給慈濟作為骨髓捐贈基金。」這個願望也由她的父母代為實踐。

首位捐髓志工——林秋麗

除了協助跨國骨髓配對以外，馬六甲志工也以身作則，積極響應骨髓捐贈。

1995 年，馬六甲志工林秋麗（懿絢）與培風中學女學生伍蘇菲配對成功，至新加坡中央醫院進行骨髓移植。移植手術非常成功，移植後尚與同學在院內慶生。可惜因照顧不當，住院期間受細菌感染而往生。

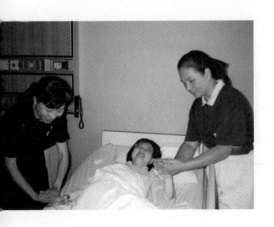

1996 年，馬六甲志工林秋麗（中）至新加坡為白血病患做取髓手術。

（照片：新加坡分會）

1995 年，慈濟新加坡分會舉辦捐髓驗血活動，馬六甲慈濟人前往共襄盛舉，林秋麗同樣與新加坡十六歲白血病男孩配對成功，1996 年 1 月 18 日於新加坡中央醫院完成移植手術。

骨髓資料庫的資料愈多，病患配對成功的機率也愈高，為使血癌患者多一分生機，慈濟持續舉辦大型捐髓驗血活動，邀請愛心人士共同加入捐髓的行列。

二、捐血

根據 2010 年統計資料，馬來西亞國內血液供應有百分之九十九來自自願捐血者。然而，自願捐血者卻只佔馬來西亞人口的百分之二至二點五，仍然是供不應求。由於穆斯林在齋戒月時無法捐血，而馬來西亞的穆斯林約占總人口百分之六十，每年 6 到 7 月時醫院血庫都會發生血荒。

為緩解醫院的血荒問題，自 1995 年開始，馬六甲慈濟即不時舉辦捐血活動，鼓勵志工和民眾前來捐血。1997 年更與馬六甲中央醫院合作，每三個月聯合舉辦一次捐血活動。

南馬各地醫院也會在齋戒月時，和馬六甲慈濟合作，舉辦捐血活動，緩解各醫院血荒的燃眉之急。

志工為捐血者做資料登記、協助檢驗，並確認捐血者的健康狀況是否符合捐贈資格；此外也趁著空檔時間，向醫護人員及捐

血民眾分享慈濟志業，讓他們瞭解慈濟是不分宗教、不分種族的慈善團體。

印裔民眾拉赫曼（化名）曾因車禍受傷，成為慈濟照顧戶。傷癒後，他得知慈濟舉辦捐血運動，主動參與捐血助人。「其實我很早就想來捐血，可是一直沒有行動，如今能捐血做個手心向下的人，我感到很開心。」拉赫曼說道。

建築業者巫鴻龍，從社交網站看到哥打丁宜慈濟舉辦捐血活動，前來響應。已捐血二十四次的他，經過檢查後，毫無畏懼地伸出手讓護士抽血。多年前，一次因為血太濃稠而被拒後，巫鴻龍就勤加運動，確保自己有健康的體魄，能持續捐血救人。

醫護人員莫哈末諾（Mohd. Nor Bin Samion）說：「一包包的血液是另一個生命延續的資糧，血液是人體最重要的成分，至今仍無法被取代。非常榮幸多次與慈濟聯辦捐血活動，為中央醫院血庫增加血液量。希望彼此的合作可以持續下去。」

當發生急難時，慈濟仍協助舉辦捐血活動，供應醫院

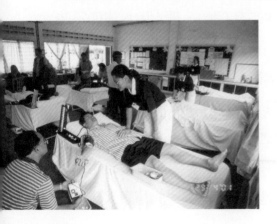

2001 年，居鑾慈濟於會所舉行首次捐血活動。（照片：馬六甲分會文史組）

血漿。就如 2007 年，哥打丁宜豪雨成災，水患導致病患人數爆增，中央醫院血庫發出血荒警告。志工一邊忙於發放物資予災民，一邊與醫院合作，在中央醫院捐血部門舉辦捐血活動。雖然下著大雨，但仍有不少民眾冒雨前來捐血，助人精神可嘉。

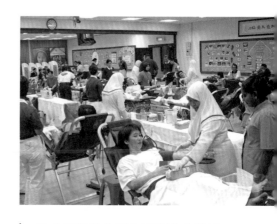

許多民眾前來馬六甲慈濟志業園區響應捐血活動。(照片：何星煌)

多年來馬六甲慈濟及轄下據點，為善心民眾提供捐獻愛心的機會，也為醫院緩解血荒問題，不僅救助急難病人，同時也在活動中，將慈濟行善助人的理念傳播給更多人。

三、器官捐贈

1985 年，為籌募慈濟醫院建院基金，上人於臺北講述《藥師經》，當時即有推動器官捐贈之意。

2011 年 4 月 10 日起，馬六甲慈濟與中央醫院合作，在每三個月定期舉行的捐血活動中，同時推廣器官捐贈，向民眾解釋器官捐贈的概念，鼓勵民眾理解生命能發揮更多良能。

二十歲的青年周志興和友人一同參與慈濟捐血活動時，亦簽下同意書，表示若有那麼一天願意捐出全身器官，果斷的舉動令解說的醫護人員印象深刻。沒想到四個月後，他竟成為馬六甲慈濟第一個捐贈器官的人。

2011年7月24日，周志興騎電單車的途中發生車禍，經中央醫院搶救後，仍因傷勢過重而與世長辭。

周志興的朋友李成文突然想到他的遺願，於是鼓起勇氣問周志興的父親周德良：「阿興在慈濟有簽署器官捐贈同意書，他有這樣的心願，我們是不是可以成全他？」

傷心的周爸爸怔住了，當下致電馬六甲慈濟，確定真有此事後陷入掙扎：「他要捐出全身器官，包括骨頭，但是華人的習俗是要保留全屍。」

幾經考量，周爸爸最後還是以孩子的遺願為重，把孩子的肝臟、腎臟和眼角膜捐出。由於家人的理解與成全，周志興捐出身上的器官，這分善心，幫助了五位患者恢復健康。

「聽到這消息，我又悲又喜；悲是一個大好生命的青年往生，喜是他的器官拯救了五個人，也是他生命的延續。」馬六甲中央醫院加護病房的護士趙紫瑛，就是當初在捐血活動中負責解說器官捐贈，並對周志興印象深刻的醫護人員。

根據馬來西亞國家器官移植資源中心的數據顯示，有高達百

分之五十的死者家屬拒絕捐出已逝捐贈者的器官，原因包括家屬無法接受親人離世，不知道死者意願，以及不想死者再次受苦。因此周家的捨得尤其令人動容。

周志興的爸爸周德良（左）向志工展示醫院的感恩信函，表示兒子的器官已經在他人身上發揮良能。

（照片：羅秀蓮）

國家器官移植資源中心對周家的大捨表達敬意，馬六甲中央醫院的來信則言：「因為您慈悲的義舉，如今兩位病人的眼睛重見光明，他們都非常感激您與您的家人。」

「想到他的器官還在人世間，就想到哥哥還是活著的。哥哥一個人可以救很多人，雖然不知道是誰，但是希望他們都健康。」妹妹周智虹儘管面臨喪親之痛，但依然含淚表示祝福。

年輕的生命驟逝，但他善良、勇敢，樂於助人，留給家人和朋友許多的驕傲與思念。

四、大體捐贈

1994 年，慈濟醫學院成立，當時尚未有捐贈大體的觀念，學校缺乏合適的教學用遺體。1995 年，慈濟委員林蕙敏志願捐贈

大體予慈濟醫學院，經上人呼籲「化無用為大用」，陸續帶動慈濟志工響應大體捐贈作為教學使用。

大體捐贈者被慈濟尊稱為「無語良師」，他們的無私奉獻，讓醫學生得以實際練習手術；或從大體上取樣，分析疾病的成因。此外無語良師奉獻的大愛精神，為醫學生立下良好示範，也讓他們在重視人文關懷的學習氛圍裡，努力成為視病猶親的良醫。

在馬來西亞，人們普遍知道「器官捐贈」，但「大體捐贈」的概念則較少為人所知。馬來亞大學與慈濟大學簽署合作協定，於 2012 年馬來西亞各慈濟分會正式對外推廣無語良師概念，讓馬來西亞人瞭解捐贈大體的良能，也關懷捐贈者家屬；後續在各分會的推動下，許多照顧戶和志工紛紛發心響應。

放下生命的執著──王福星

2013 年，馬六甲民眾王福星從報章閱讀大體捐贈的相關報導後，即一同響應，簽署捐贈同意書。王福星思想開明，不忌諱談論死亡，也不執著於往生後需保留完整遺體、入土為安的傳統觀念。他認為「大體捐贈」一事是對的、有意義的事情，決定以行動支持。

2017 年 2 月 1 日，王福星清晨健行時，不幸被電單車撞傷，送往馬六甲中央醫院後不治身亡，享年七十一歲。

兒女接獲訊息、悲痛處理身後事時，想起父親捐贈遺體的遺願，趕緊與院方聯絡，因院方需要解剖遺體，查明意外死因。在一番努力之下，他們成功保住父親完整的遺體，並在身亡後八小時內送往吉隆坡馬來亞大學無語良師中心。

　　中心負責人和醫學系學生協助處理大體，除了持續向家屬彙報，更新訊息動向，也保證學生進行模擬手術後，會仔細縫合大體才入殮，這番承諾讓家屬感到安心。

　　喪禮上，王家只是進行簡單的火化儀式，焚燒一些紙紮品。不少來瞻仰遺容的親友感到驚訝，因為現場只有往生者遺照，沒有棺木，也沒有出殯儀式等等。在子女向眾人轉達父親的遺願後，人人雖感到不捨，對其大捨精神卻有更多的祝福和敬佩。

　　馬六甲慈濟志工在喪禮後也前往家訪關懷，讓家屬十分感動。外甥梁文強認為，一般華人在往生後會選擇保留完整的遺體；舅舅捐贈大體的行為，他一開始比較難接受，後來明白這是為社會奉獻，他轉為敬佩，認為舅舅很偉大。

　　王福星的弟媳吳玉美表示，曾經聽說過器官捐贈，卻沒聽過「大體捐贈」。在聆聽侄子的分享後，她感覺這是一件很有意義的事，心想醫生若沒有一具實體，要如何做研究？因此打動了她，想要響應。

　　王福星因一念善心布施，大家一致認為「大體捐贈」是在行

善做好事，用行動轉變了身邊許多人的觀念。

把握人生到最後——鄭秋群

幼稚園老師鄭秋群在參與慈濟教聯會活動後，於 2006 年成為志工，在住家附近成立社區環保點，與姊姊鄭秋萍（慈杭）、妹妹鄭秋鳳（慈昕）攜手投入慈濟志業。

鄭秋群看似瘦弱溫和，但心志異常堅定。巴也明光（Paya Mengkuang）和瓜拉（Kuala）地廣人稀，年輕一輩紛紛出外工作，留在村內多是老人婦孺。她不捨孩子無處可去，堅持籌辦社區親子成長班，更為推廣慈濟人文教育，將好的理念，植入孩子心田。罹患癌症後，即使身體病痛，鄭秋群只要能行動，仍然積極前往馬六甲分會參與各項志工服務活動。

2018 年 12 月，鄭秋群病情惡化，不得不放下慈濟事，並在家人的祝福下，簽下大體捐贈同意書。2019 年 4 月 11 日，鄭秋群在親友的陪同下於家中往生，得年四十九歲，身故後遺體依照遺願，捐贈給無語良師學院。如同她的法號「慈時」一樣，把握了短暫的人生做好事，直到最後一刻，仍選擇捐出大體，遺愛人間。

妹妹鄭秋鳳表示：「上人說『對的事，做就對了』，而且堅持下去不停歇；這是最契合姊姊精神的一段話，不只活出生命價值，慧命的光芒也將照耀人間。雖然只有短短的四十九年，但姊

姊活出有價值的人生，她的愛，會一直都在。」

鄭秋群的遺體被移送到吉隆坡的無語良師學院，在2020年的「無語良師工作坊」研習課程中啟用。課程結束後，醫學院師生為鄭秋群及其他捐贈者舉辦感恩會暨送殯儀式，在親友及志工的陪同下，將遺體送往孝恩園火化。鄭秋群生前是幼兒園老師，如今則成為醫學生、教授們的無語良師。

鄭秋群（後排左二）協助舉辦靜思語繪畫比賽，推廣靜思語教學。
（照片：馬六甲分會文史組）

上人緬懷無語良師時曾說：「許多大體老師，生前積極造福人群，堪為人品典範；生命最後還將遺體布施，促進醫學教育，成就妙手妙法妙人醫，真正是充滿智慧且有價值的人生。」

教育志業篇

1989
臺灣慈濟護專創校開學

1994
馬六甲慈濟舉辦快樂兒童精進班

2001
馬六甲慈濟大愛幼兒園啟用

2003
馬六甲社會教育推廣中心啟用

耕耘心田護種子
兒童班、親子班

品格教育、生活教育、生命教育是慈濟的教育目標，期望培育出為社會、為人群奉獻的人才。

一、快樂兒童精進班

1992 年，馬六甲慈濟人林玉招（慈恬）除了常常參與慈濟濟貧訪視，也對幼兒教育有很大的熱忱，身兼人生佛學中心老師，教導兒童佛學班。基於「孩子應從小種下善根」的初心，她萌生推動慈濟兒童教育的構想。

馬六甲慈濟負責人劉銘達（濟雨）與簡淑霞（慈露）十分支持，毅然借出上橋製衣廠樣品間作為場地。在志工符秀蓉、孫慧珍、紀麗雲等人的努力

1994 年，馬六甲快樂兒童精進班開班初期，在上橋製衣廠樣品間克難進行。（照片：劉濟雨）

下，1994年6月5日「慈濟快樂兒童精進班」（簡稱兒童班）正式開辦，是馬六甲慈濟教育志業的起步。

初始，兒童班以慈濟會員、志工的子女為招募對象，招收五至十二歲的學童，每週的星期日進行兩小時的課程。剛開始，學員未超過十人，志工親自接送他們上下課，更自掏腰包準備點心，在用心運作下，一年後學員增至六十多人。

1995年，兒童班學員人數持續增加，場地從工廠樣品間改到會客大廳，甚至借用工廠的食堂舉辦活動。1996年由於場地有限，馬六甲靜思堂還在建設中，只能暫緩招生。

1997年，馬六甲靜思堂落成啟用，兒童班因此有了合適的空間作為場地，得以容納更多學員，至1998年學員倍增至140人。

班爸爸、班媽媽

兒童班由班爸爸、班媽媽陪伴上課，他們是一群經過培訓的慈濟志工，除了陪伴學員上課，也是親師生的溝通橋樑，更是傳達慈濟訊息給家長的重要管道。他們會在聯絡簿回覆每次課程進展及需配合的事項，讓家長瞭解孩子學習進度，也時時以電話聯絡、關心孩子在家的生活習慣，即時給予建議，並轉達老師探討課程方向。每月進行一次兒童班檢討會，調整教學內容、活動場地、學員流動、接送等問題，互相交流心得，並討論解決方案。

1998年，兒童班擴大招募，讓照顧戶的孩子一同參與，希望讓他們瞭解慈濟人文。同年，慈濟教師聯誼會（簡稱教聯會）加入兒童班的導師陣容，擬定全年教學計劃，每月擬定主軸題目，搭配相關課程，如孝順、感恩、關懷等，讓孩子有更多元的學習方式。

　　2004年，馬六甲兒童班人數已達210位學員，雖然都是小學生，但年齡長幼不均，需要的授課內容不同，於是以年級分班，每班由一位班老師與數位班爸爸、班媽媽負責。隨著各地志業會務發展，兒童班亦分別於麻坡、居鑾等地成立，帶動各地慈濟人文理念，紮根幼兒教育。

二、轉型快樂親子成長班

　　1999年，有鑑於親子共成長，臺灣本會舉辦第一屆親子成長班。2005年2月，馬六甲分會也跟進舉辦說明會，向家長闡明，每個孩子都必須由一位家長陪同上課，親與子一起成長。同年3月6日，馬六甲兒童班正式轉型為「快樂親子成長班」（簡稱親子班），同時開始招收社區民眾的子女。

　　轉型親子班後，家長不只是處於陪伴的角色，而是親身投入參與課程。最受家長歡迎的是「家長心靈加油讚」環節，搭配每次的課程，總是用心設計另類主題，剖析夫妻、親子相處之道；

引導家長自我觀照，多面向思考相處模式，讓家庭成員共同成長。

2006 年，馬六甲慈濟園區內共有兩個親子班；2007 年逐步落實推動社區教育，借用不同場地，如共修處、幼兒園、民眾會堂、學校等，進一步拓展至四個親子班。2007 年起，馬六甲分會轄下各據點也陸續轉型為親子班。截至 2019 年，馬六甲所轄據點共開辦 73 個社區親子班，共 9,309 人次參與。

三、課程規劃

兒童班、親子班課程由靜態課程和戶外教學交替進行，靜態課程包括《靜思語》教學、佛典故事、學佛行儀等；

親子透過遊戲，以合心、和氣、互愛、協力的團隊精神，共同完成任務。
（照片：錢福權）

兒童班小朋友與班媽媽開心互動。
（照片：馬六甲分會文史組）

戶外教學則包括環保站、敬老院探訪，發放日為照顧戶表演等，藉機啟發孩子、家長的愛心。

見苦知福　引善念

戶外教學多次安排學員到馬接峇魯敬老院關懷，協助清掃敬老院，與老人溫馨互動；老人們把小朋友當成自己的孫子一樣疼惜，分享人生故事及做人的道理。或是安排關懷殘智障院，院友行動不便，孩子們見苦知福，感恩父母給予自己健康的身體。

院中的殘智障者多無法用言語表達，且都躺或坐在病床上，孩子們透過表演慈濟歌曲及手語，傳達心中的關懷。親子班學員透過關懷苦難的人，啟發心中的良知和愛心，進而懂得知福、惜福、再造福，學習到行善、行孝要及時。

學員們也前往探訪直望原住民村，村內設施簡陋，沐浴處以四塊破板圍成，廚房以枯枝、樹葉搭建，只用三塊石頭圍成爐灶。隨行的家長應機境

親子班師生訪視峇株安南社區照顧戶，關懷苦難的人。(照片:何星煌)

教，教育孩子生活中擁有的物質要知足，友愛他人，有餘力要多幫助他人；讓孩子懂得知福、惜福，將帶來的糖果、餅乾與村內的孩子們分享。

　　有形的服務，讓學員從知福中培養感恩，也在耳濡目染下啟發愛心，參與賑災募款或義賣會。全球性災難發生時，老師會透過播放影像，講解慈濟人如何幫助當地災民，帶動孩子們虔誠祈禱，捐出自己的零用錢，盡一分力量幫助災民重建家園。

| 芙蓉親子班學員關懷小甘密老人院，幫老人搥背按摩付出愛心。（照片：石忠財）

力行環保　愛地球

　　環保教育是每屆兒童班、親子班學員的必修課，讓孩子瞭解大地萬物是生命共同體，從而學習珍惜資源、愛護地球。透過參訪慈濟資源回收站，學員學習到環保分類的正確方式。學員：「原以為只要將紙類、玻璃瓶及塑料分類就可以了，殊不知紙類還可細分為黑白紙、電腦用紙、雜紙等，玻璃瓶得依據形狀及其用途逐一分類。」

兒童班及親子班的教學內容涵蓋了生活教育、品格教育及生命教育，蔡寶蓮老師指導孩子用餐的禮儀。（照片：馬六甲分會文史組）

除了在生活中資源分類，並帶動學員友愛環境，舉辦淨灘、淨街活動，讓學員撿拾街上或沙灘上的垃圾，再加以回收、分類。透過實際清掃境教，啟發學員瞭解環保回收的重要性，不可亂丟垃圾，更以行動親身守護環境。

禮儀之美　習人文

日常生活中，從整理居家環境到與家人的相處、待客禮儀等，無不都是慈濟人文的一環。因此，四威儀「行如風、坐如鐘、立如松、臥如弓」也是兒童班的慈濟人文入門課。學員必須在課堂中演練行住坐臥四威儀，並學習「龍口含珠，鳳頭飲水」食的禮儀與學佛行儀等。

此外還有花道、茶道、書道等，不但能展現美的型態與涵養，也能陶冶心靈；期望他們能將人文素養落實在生活中，做一個知理懂理的好孩子。

盡孝道　感親恩

靜思語教學引導孩子從孝順父母、尊重師長做起，落實知足、感恩、善解、包容，懂得自愛愛人，尊重自己、關懷別人。

課程中舉辦孝親感恩晚會，孩子跪著奉茶給父母，捧溫水，為父母洗腳，並磕頭拜謝父母賦予生命、養育之恩。家長們因為

孩子的懂事，欣慰地眼眶含淚。

在生命體驗課程中，學員腹部綁著一公斤重的白米，脖子上
掛著一顆雞蛋，體驗媽媽懷孕期間的艱辛與擔憂。綁著「胎兒」
上下樓梯、提重物時，多數的小朋友都會用一隻小手牽著旁邊的
家長，另一隻小手小心翼翼護著「胎兒」。身上綁著一公斤的白
米，就覺得很辛苦；何況媽媽在懷孕時，卻要身負超過一公斤的
重量。孩子們因而深切體會到媽媽懷孕時的辛苦，懂得感念母

孩子為父母浴足，感恩父母辛勞的養育。（照片：陳聯喜）

恩。而每個月在慶生會上，也透過講解讓孩子瞭解，生日即母難日，要感恩母親十月懷胎之苦。

躬身演繹　近佛法

　　人人皆有佛性，年紀愈小，單純的心愈容易親近佛法。

　　2012 年 11 月，馬六甲親子班結業典禮以《法譬如水》經藏演繹為主題，演繹〈一性圓明自然〉、〈一一悉懺悔〉以及〈改往

馬六甲親子班首次和慈少聯辦圓緣，透過《法譬如水》經藏演繹，引導人人提起戒慎虔誠的心，懺悔與改過。(照片：郭巧雲)

並修來〉等曲目，希望透過經藏演繹，引導人人自省與懺悔。

2013 年 11 月，麻坡支會及昔加末共修處的親子班圓緣，全體小朋友呈獻《父母恩重難報經》手語及話劇。演繹中，小朋友體會父母養育子女的辛勞，也教人反觀自照，讓臺下的家長們感受至深。

四、人物故事

蔡寶蓮──靜思語教學的推手

馬六甲教聯會老師蔡寶蓮（慈瑛）在執教的平民小學推動靜思語教學，深獲學生愛戴。起初校長不瞭解何謂靜思語教學，直到學生因學習靜思語而改變，校長也給予肯定。

1998 年，蔡寶蓮加入兒童班推動小組，她表示，如果組員在推動過程遇到問題，她一定會給予協助承擔責任。敢於承擔的勇氣，令大家無後顧之憂，全力以赴。她把組員當成家人，充分實踐法親關懷。除此之外，她堅信若能凝聚團隊的力量，即可把壓力化成助力。

「教育工作很重要，現在不做，將來一定會後悔。」她鼓勵更多親子一同加入兒童班，她認為只要有耐心、愛心就可以陪伴孩子，把教育落實在生活中。蔡寶蓮的三個孩子從兒童班到慈少

班，再到大學時期成為慈青，
一路護持媽媽蔡寶蓮做慈濟，
親子在慈濟一起成長。

曾廣發、唐藜菱——爸媽變得不一樣

2002 年，唐藜菱（慈誠）
帶著大女兒參加馬六甲兒童
班，原本經常與女兒發生爭
執的她，從靜思語中找到與
孩子相處的方法。「脾氣嘴

巴不好，心地再好也不算是好人」，「生氣是短暫的發瘋」，每
一句靜思語都讓唐藜菱受益良多。

唐藜菱從兒童班學習到「字條傳話」，開始天天寫一些正面、
鼓勵的紙條給女兒。「記得有一次考試，我沒什麼信心，沒想
到一早就收到媽媽的字條——用平常心面對考試。我馬上放輕鬆
了，因為媽媽不再把考試分數看得太重。」唐藜菱每次回到家，
第一件事就是到冰箱前看女兒回覆的紙條，母女倆從字條中讀懂
彼此的心事，學會相互體諒。

後來唐藜菱覓得教職，也積極投入慈濟的教育志業，忙碌程

度讓丈夫曾廣發無法認同。當時懷孕七個月的她，鼓勵丈夫到兒童班代替自己當班爸爸。曾廣發一開始由於聽不懂華語，又不懂得如何照顧他人的孩子，而不知所措；但在付出中，他逐漸學習到如何與孩子互動，與女兒的相處情形也有所改善。如今，大女兒總是說幼妹是最幸福的孩子，因為在她出世前，爸媽參與了慈濟，都變成溫柔的好爸爸、耐心的好媽媽。

張澤鴻──環保小尖兵

2011 年，五年級的張澤鴻在媽媽的安排下參加馬六甲親子班。課程中「瓶子阿嬤做環保」的影片深深吸引了張澤鴻，他說：「阿嬤年紀那麼大了，還每天彎腰去撿瓶瓶罐罐，我也要來拯救地球。」

媽媽每天載送張澤鴻上學，途中只要看到回收物，他就會請媽媽停車，蒐集回收物帶回家。

2013 年，張澤鴻升上中學，邀約侯翰清等一群朋友，以及街坊鄰居一起做環保，守護社區的整潔。他們也會參與馬接峇魯敬老院每月的環保日，大家愈做愈開心，這群環保小尖兵隊伍也日益壯大。他開心地說：「做環保，只靠我的一雙手是不夠的。愛地球的心必須恆持運轉，一旦停滯不前，垃圾將愈來愈多。」

自 1994 年至 2020 年為止，馬六甲慈濟轄下各據點的兒童班、

親子班學員累計已有 9,309 人次。

　　教育能滋潤孩子們的心田，每個孩子都是善的種子；教育者用愛勤灌溉，讓種子發芽成長，使愛心與善念在心中紮根。多元課程，既生動又饒富意義的帶動方式，貫徹靜思語教學，讓孩子們感受到關懷與愛，更重要的是讓孩子們從小就有機會接觸慈悲教育，在善的環境中家長與孩子共同成長，締造充滿愛與善念的家庭。

即使一開始遭到嘲笑，張澤鴻（中戴眼鏡者）和朋友仍然堅持繼續做環保，換來村民的肯定。（照片：吳雅蓮）

教育志業 1994年－2021年

——培育人才 發揮良能

環保

品格

靜思語

素食

自1998年
大專青年聯誼會

約**650**人次

自1997年
青少年團

4,455人次

自1995年
教師聯誼會

2,133人次

自1994年
兒童班、親子班

9,309人次

自語

自2005年
大愛媽媽

1,888人次

自2003年
社會教育推廣中心

5,627人次

自2001年
大愛幼兒園

2,247學生

志為人師傳慧命
教師聯誼會

1992 年，慈濟教師聯誼會（簡稱教聯會）在臺灣成立，致力推動靜思語教學。證嚴上人期勉「慈悲喜捨清淨愛，教師宏願育英才」。願老師們能以智慧追求善法，以清靜的愛搭建與學生的溝通橋梁，擔負起任重道遠的教育使命。

簡慈露透過《慈濟世界》錄音帶及《慈濟》月刊，瞭解到臺灣慈濟有教聯會的組織，老師們把靜思語融入正規教學。她一心想把這種教學方法帶到馬六甲，但是身為臺商，當地人脈不廣，更沒有管道入校園。

一、早期發展

1995 年 4 月，簡慈露回臺參加「全球慈濟人精神研討會」，致電臺灣志工喬秋萍（靜萍），請教如何讓更多人認識慈濟，喬秋萍建議走進校園。於是，簡慈露鼓起勇氣，向馬六甲培風中學陳國華校長與輔導老師，分享靜思語教學。這次分享，得到校方的肯定，同意由輔導主任江新慧（慈蒂）安排一次靜思語講座。

同年，臺灣教聯會團隊到檳城支援慈青大專生活營。簡慈露

與志工們珍惜此因緣，邀請團隊 5 月 16 日到馬六甲培風中學舉辦第一場「慈濟校園清流講座」，馬六甲與芙蓉有 150 位教師出席。

馬六甲教聯會成立

在芙蓉教師們的促成下，慈濟受邀參加芙蓉教育局舉辦的「道德教育研討會」，主講靜思語教學；為此，簡慈露請示證嚴上人，獲得上人慈允，由臺灣教聯會團隊於 1995 年 8 月 4 日展開首次馬來西亞巡迴演講，陸續在吉隆坡、芙蓉、馬六甲等地進行靜思語教學講座，推動慈濟人文入校園。

為了讓更多人瞭解靜思語，除了在中文報刊登講座訊息，

1995 年 5 月 16 日，馬六甲慈濟於培風中學舉辦「慈濟校園清流講座」，分享靜思語教學。

（照片：馬六甲分會文史組）

1995 年 8 月，臺灣資深教聯會成員首次巡迴馬來西亞演講。

（照片：馬六甲分會文史組）

簡慈露積極奔走馬六甲各校，因而結識馬六甲州華小督學張佛生（濟行）。張佛生和劉濟雨、簡慈露會談後很認同慈濟的理念，促成 8 月 6 日慈濟與馬六甲華小校長聯誼會合辦「靜思語教學講座」，當天馬六甲近七百位中小學老師等教育工作者出席。講座結束後，張佛生與各校校長及老師們交流，大家也希望能再邀約校內老師一起來參加座談。

1995 年 9 月 2 日，馬六甲慈濟舉辦「教師交流會」，當天馬六甲、吉隆坡、芙蓉、麻坡 78 位校長和老師參加，與會者皆認同慈濟推行靜思語教學，為了能有組織性擬定共識，大家一致決議正式成立馬六甲慈濟教聯會，這是慈濟在海外第一個教聯會，並由張佛生承擔教聯會組長。當天，老師們規劃每月聚會一次，分享在學校教學靜思語的教案，相互勉勵。

馬六甲教聯會成立後，同年 11 月馬六甲教聯會組成首批海外教聯會尋根團至臺灣取經，37 位教師和 13 位志工親身體會慈濟人文教育，返馬後更努力在校內落實靜思語教學。

1995 年 9 月 2 日，馬六甲教聯會正式成立。（照片：馬六甲分會文史組）

講座推廣

早年，馬六甲教聯會推動靜思語教學，最常用的方法就是講座。教聯會老師不辭勞苦，善用假日積極向教育工作者及家長們分享靜思語教學的精神，散播愛的種子。

馬六甲教聯會老師南北奔走，到麻坡、淡邊、芙蓉、吉隆坡等地，甚至遠赴東馬，拜訪中小學、師範學院、佛教會，辦講座分享靜思語教學與教學成果。

1995 年 11 月，馬六甲首批海外教聯會尋根團到臺灣取經。

（照片：馬六甲分會文史組）

1996 年 6 月 22 日，馬六甲慈濟於吉隆坡光漢華小舉辦靜思語講座，馬六甲峇章華小陳茵蓮老師分享她以電話關懷，傾聽家長的意見，深入瞭解學生在家學習情況，拉近與家長的距離，適時在課程中融合生活內容，讓孩子能反思並改善自己的缺點。類似講座在各區展開，帶動更多對教育充滿熱忱的教師，將靜思語以手語、話劇等教學方式，讓孩子能種下一顆顆良善的種子，期待未來能成長茁壯。

營隊研習

　　馬來西亞靜思語教學推廣逾二十年，無論是大馬教師返臺取經，或是臺灣教師團隊到馬國分享，幾乎每年都有交流的營隊。自1995年起，馬六甲教聯會老師每年組團到臺灣進行研習、培訓。初期，臺灣本會舉辦的國際教育研習營，是特別為馬來西亞與新加坡而設；讓大家體會靜思語的實用性，由臺灣的老師分享

首批海外教聯會尋根團到臺灣取經，證嚴上人為簡慈露點心燈。

（照片：馬六甲分會文史組）

教學上的經驗，與如何用智慧將靜思語與慈濟人文融入教學中。

臺灣教聯會團隊陳乃裕（濟淵）、曾裕真（慮玫）老師等，也常到馬來西亞進行靜思語教學巡迴交流，合辦教師研習課程，協助接引本地教師。1997年5月馬六甲靜思堂落成啟用，22日至25日即首辦教師生活營，邀請臺灣教聯會團隊前來分享授課;同年8月再次邀臺灣教聯會團隊巡迴分享。

1997年5月22日至25日馬六甲慈濟首辦教師生活營。

（照片：馬六甲分會文史組）

1997年後，教聯會陸續舉辦教師生活營、靜思語教學一日或半日培訓課，透過經驗分享、模擬教學、手語教唱、戶外活動等，讓老師瞭解靜思語教學的方法。

推動靜思語教學的腳步不停歇，1997年到1998年間，芙蓉、淡邊相繼成立教聯會，麻坡也於2004年成立。各據點教聯會，因時制宜，就地編組，讓愛的種子落地生根。很多老師在接觸靜思語教學後，體悟真正的教育之道──不僅要當授業的「經師」，更重要是成為傳道的「人師」。

二、走入校園

1996年，教聯會老師在執教過程中，發現很多學生因家境困苦，無法支付學雜費，甚至被迫輟學，需外出謀生補貼家用。馬來西亞當時正面臨區域性金融危機，故馬六甲慈濟於1997年展開「清寒學生助學金」發放，減輕家長學雜費支出的壓力，開啟慈善教育的第一步。

靜思語競賽

1996年9月，馬六甲教聯會首辦中小學靜思語寫作比賽。此後，教聯會借用學校場地或在慈濟園區內，搭配志業成果展、義賣等，每年舉辦靜思語寫作、繪畫、書法、手語、講故事等競賽。2003年，因馬六甲慈濟志業發展調整，未能再年年舉行，但靜思語已深耕校園，在老師與學生之間發揮良能。

定期聯誼

2004年，為了整合與共享資源、人才互補，馬六甲慈濟將各自運作的教聯會、大愛媽媽、慈青、慈少、兒童班等教育單位，統整編入教育功能團隊中，並訂定「教育日」。

為接引更多老師加入，教聯會每月舉辦一次聯誼，分享靜思語教學過程及成果。馬六甲連辦了十年，老師們藉此交流，紓解

困惑,這成為他們面對教學、家庭壓力最有力的互助小組。

2006年起,馬六甲教聯會開辦「種子老師成長教室」,讓新加入的老師能理解何謂靜思語教學,分享教材製作技巧;瞭解如何加入志工行列,如機構關懷、訪貧等。成長教室還帶動戶外教學、團康活動,也加入情緒管理課程,幫助老師調適。

2007年,教育功能團隊歸併教聯會帶動,主要推動各類教育活動,同時負責召開每月一次的大組會議。

教材規劃

臺灣教聯會編著的《大愛引航》,是慈濟教師靜思語教學的指南,馬六甲教聯會

教聯會舉辦靜思語相關競賽,如寫作、繪畫、講故事等,藉此向民眾展示靜思語的多元呈現方式。

(照片:馬六甲分會文史組)

來自臺灣的教聯會老師除了舉辦講座外,也帶來大量靜思語文宣品與大家分享。(照片:馬六甲分會文史組)

早年還自製教師手冊，提供本地老師最適用的教學資源。

2009年，「菩提種子編輯委員會」成立，進行課程與教案內容的整合，由兒童班、親子成長班、慈少班、大愛媽媽及教聯會的編輯志工組成，教材以佛教經典為主軸，按經文意涵訂定課程主題，設計靜思語教學、靜思劇場、人文團康、分站體驗、專題分享五類。同年，馬來西亞教育團隊赴臺參與菩提種子編輯委員會教案觀摩。

2011年11月12日，雪隆、馬六甲及新加坡三個分會首次與臺灣菩提種子編輯委員會進行連線會議，共識2013年課程規劃。2012年初，馬來西亞菩提種子編輯團隊開始依不同地區的人文背景調整教材；在編輯2013年教案時，以深入淺出的方式呈現，讓不同年齡層的孩子都能夠攝受，進而落實於生活中。

培風中學賴興祥校長回憶服務初期，曾經一邊撿拾地上的垃圾，一邊在心裡嘀咕。直到閱讀《靜思語》，才知道要以身作則；心念一轉，把撿垃圾當作運動，積極在校內推動環保，陸續帶動老師、家長及孩子們成為大地園丁。除此之外，校長每天早晨在學校播放慈濟歌曲《祈禱》、《普天三無》，他覺得這有助於學生沉澱心靈；老師們的教學態度也有所改變，不論學生成績好壞，都給予同樣的尊重與關愛。

三、人物故事

陳淑環——締結環保情誼

馬六甲教聯會老師常帶動校內學生做環保，在教室裡設置分類箱，將回收所得作為學校基金；有校方的支持，推動環保教育自然事半功倍。

陳淑環老師於 2005 年至士蘭道全寄宿綜合中學執教，這是一所以馬來裔為主的校園。她積極推動環保，藉由講故事讓他們認識環保，從同事開始，逐漸推及學生。

2006 年，她調任至武吉峇汝國中，持續推動環保，教導學生做分類，帶學生參訪垃圾場與慈濟的環保站。環保理念不僅獲得校方認同，後來還成為學校環保學會的顧問老師，帶動全校師生實踐。2012 年始，學校落實環保到每一班級，學生們自製環保箱，放置在教室，將環保回收所得捐給慈濟，除了愛護地球，也能累積點滴愛心。

陳淑環經常帶著學生巡邏校園，親身在垃圾堆中撿拾可回收資源，剛開始還被冠上「垃圾老師」的綽號。爾後學生終於瞭解「垃圾變黃金，黃金變愛心」的理念，改稱她為「黃金老師」。

陳淑環帶領學生投入環保，只希望能在他們心中播下愛的種

子。「什麼時候會發芽我不曉得，可是總有因緣成熟的一天；無論學生在世界的哪個角落，當他想起我的時候，就會想到環保。」

羅綉甄──以愛代替藤鞭

羅綉甄（慈瑞）於 1990 年開始執教生涯，她對待教學十分認真，但在升學壓力之下，採取嚴格的藤鞭教育；甚至訂下測驗必須滿分的高標準，少一分就打一下。

1995 年 8 月她參加靜思語教學講座，臺灣教聯會老師分享班級經營心得與兩句靜思語「只有孩子的問題，沒有問題的孩子」、「嘴巴、脾氣不好，心地再好也不能算是好人」，給羅綉甄一記當頭棒喝。她終於明白為什麼打罵教育，總有學生屢犯不改，而成績好的孩子，卻對自己敬而遠之，因為她對孩子缺乏「同理心」。她認為：「這就是現代很需要的教學法，感恩上天只讓我做五年壞老師就遇到慈濟，我一定要跟上腳步，全力護持靜思語教學。」

羅綉甄老師分享，自己經由參與教聯會活動，改變對待學生的態度。

（照片：楊秀麗）

她在赴臺尋根旅程中，認識到慈濟竹筒歲月精神，見證以靜思語教學經營的班級充滿著和樂的氛圍。最讓她驚訝的是，臺灣老師使用「家庭聯絡簿」，方便師生討論課業，分享生活趣事，家長檢查簽名，更瞭解孩子的學習狀況。回國後，她也在班上推行，並請學生每日抄寫一句靜思語。許多家長在接觸聯絡簿不久後，紛紛回覆：「謝謝老師，多虧有您的提醒，讓我更清楚孩子在學校的狀況。」也有家長認為，靜思語很有道理，對孩子的人格成長很有幫助，使她更肯定自己的轉變沒有錯。

羅綉甄也參與訪視與醫院志工服務，她首次走進照顧戶家中，看見大家席地而坐，屋內家徒四壁。她想起過去自己嚴厲對待貧困學生，被撕碎的習字本，還有藤鞭落在學生掌心。她落淚懺悔：「我天真地以為送文具，就能改善貧窮孩子的學習情況，卻沒有考慮過學生的能力與自尊，只是一味要求成績，忽略原來『問題的孩子』背後，都有很多『孩子的問題』。」

羅綉甄與其他老師一同設計靜思語繪本，帶著聯絡簿、華文課本、靜思語繪本到鄰近的六十五所華小分享；甚至遠至東馬的亞庇，也都有他們的足跡。

1997 年，她調往晉巷華小，承擔訓育組主任。她認為若能在處罰前，先用靜思語故事導正孩子的價值觀，或許對他們更有幫助。訓育與靜思語結合，打破刻板印象，讓學生不再望之生畏。

羅綉甄慶幸有靜思語教學的因緣，得以轉變師生間的關係，她經常以靜思語來提醒自己，更要用愛和關懷陪伴學生。羅綉甄也持續深耕慈濟志業，於 2019 年接任馬六甲分會執行長，以同樣的熱忱帶領馬六甲慈濟人走在志業道路上。

四、慈悲喜捨清淨愛

靜思語教學進入校園後，學生的改變顯而易見，家長給予正面評價，校方也樂見其成。對於學校引進這種新教學法，教育界也多予以好評。

透過報章對靜思語教學的大篇幅報導，靜思語潛移默化融入民眾生活當中，讓更多人感受到好話的美妙之餘，也有助於推廣靜思語教學，為教聯會接引老師製造良機。

瑪琳華小陳月馨校長也表示：「向學生教授靜思語錄，等於給學生上道德教育課，起到潛移默化的作用，所以靜思語教學真的值得推廣。」

馬六甲教聯會更於 2010 年開始，承接教育部推行「在職教師培訓」（Latihan Dalam Perkhidmatan, LADAP）的計劃，合作舉辦教育人文分享，在慈濟園區向校長與老師推廣靜思語教學。課程強調老師的身心靈發展，也融入生命教育，教聯會還會為聽不懂中文的老師即席翻譯。

靜思語教學推動，並且有效落實，要歸功於教聯會老師的無私付出。許多教聯會老師也是醫院志工、訪視員、校園環保和大小活動協調、甚至帶動學生參與發放；可以說是身兼數職，以身體力行做孩子們的表率。多位教聯會老師也被肯定，榮獲教育部的「傑出教師服務獎」。

　　1996 年馬六甲成立教聯會，上人也給予鼓勵：「馬六甲教師聯誼會成立了，老師們教學生，不只是在課本上唸一唸，讓學生學一學、背一背，真的是要當『人師』，不是當『經師』！老師的品行好、氣質好，教出來的學生一定好，所以常說老師是學生的模。老師們要如農夫，孩子像一畝田，要時刻把他的心田耕耘好，在早期趕快播下種子，不能放著一畝心田被荒廢掉，這是農夫的責任！」

慈青信願行
慈青聯誼會

1992年5月31日，慈濟大專青年聯誼會（簡稱慈青）在慈濟臺北分會成立，證嚴上人期勉「慈青悲智行，聯誼啟慧根」，每一個國家的有志青年都能用生命走入人群。

一、早期發展

李宗富（濟瑯）是馬來西亞的第一位慈青，他在新山就讀馬來西亞工藝大學（Universiti Teknologi Malaysia）時，與同學至檳城參與慈濟活動。1994年，在檳城慈濟志工葉淑美（慈靖）及郭秋明（濟航）的鼓勵下，李宗富推動舉辦第一屆慈濟大專青年靜思營（2005年更名為慈濟大專青年生活營）。

慈濟大專青年靜思營

國民大學（Universiti Kebangsaan Malaysia，簡稱國大）的學生謝倩儀（懿映）及謝美鳳於1995年參與第二屆慈青靜思營後，將慈濟種子散播於國大校園；然而國大位於雪蘭莪州，距離檳城較遠，參與慈濟的活動不易。1997年1月，馬六甲及吉隆坡聯絡

處負責人劉銘達（濟雨）及簡淑霞（慈露）造訪國大校外的學生宿舍，與謝倩儀、謝美鳳及陳厚梅（懿芯）等人交流，慈青就此與中南馬慈濟結緣。

1997 年 6 月，中南馬大學的慈青舉行了「第一屆中南馬慈青交流會」。12 月，三位慈青曾宥福、謝美鳳及謝倩儀到臺灣參加第一屆海外慈青幹部訓練營隊，與各國慈青交流學習。

慈青推動小組

1998 年初，許冰秋（慈睦）及楊國剛（濟和）擔任慈青推動委員，而劉濟雨和簡慈露則擔任中南馬慈青指導委員，由慈青學長策劃各大專慈青活動。

同年 8 月，中南馬的《慈青會訊》創刊號正式出版，刊載中南馬慈青資訊及慈青校園活動紀實。12 月，簡慈露帶領慈青黃章威（濟威）、梁秀蘭及張慧娟，回花蓮參加第二屆海外慈青幹訓營，學習組織架構建立；後來增設了慈青總幹事、文書組、活動組和總務組。

2008 年，慈青推動小組跟隨慈濟社區志工四合一架構的腳步，重組落實「合心、和氣、互愛、協力」四合一架構，積極部署社區志工與慈青的結合，區域幹事皆由該區輔導志工承擔。

2009 年慈青推動小組改名為「慈青慈懿學長會」，2015 年更

名為「慈青聯誼會」，並凝聚慈青、慈青學長姊、慈誠懿德爸爸媽媽三方；希望能提升學長姊傳承的角色，慈懿爸媽也不再只是陪伴和提供香積，而是實際參與、協助慈青會務推動。

二、校園推廣

第一個慈青社──馬六甲多媒體大學

馬六甲多媒體大學（Univerisiti Multimedia）學生莊魏鋒（誠記），參與 1998 年 3 月的「臺灣陳俊宏老師團康帶動」營隊而認識慈濟，隨後與李仕海等同學一同參加馬六甲分會活動，如慈善發放、社區環保等。

當時沒有行動電話，為了邀約校內學生，莊魏鋒常騎著電單車，到同學的家去分享慈濟活動；李仕海則是使用宿舍電話，約定時間召集大家，一起布達活動訊息。每月慈善發放，固定有十幾位同學參加，協助發放活動進行。

1998 年 6 月，馬六甲多媒體大學慈青社正式成立，是馬六甲地區的第一個慈青社，由李仕海承擔聯絡人。

第二個慈青社──馬來西亞馬六甲技術大學

2001 年，馬來西亞馬六甲技術大學（Universiti Teknikal Malaysia Melaka）學生夏喜貴參觀馬六甲分會八周年志業成果展，被慈濟助人的事蹟所感動，邀約崔佩雲（懿雲）等同學參與慈濟活動。

當時學校才創校一年，校園規劃不盡完善，且離市區較遠，交通不便，社團活動也有限，學生的校園生活除了宿舍，學校圖書館就是電腦室。因此不少同學對夏喜貴提出的邀約很感興趣，其中最多同學參與的活動是每月慈善現場發放服務。

草創期慈青人數不多，沒有交通工具，缺乏聚會地點，幸好有懿德媽媽黃淑華（慈琚）、王玉蘭（慈均）和慈青學長姊葉桂蘭（懿蓁）、楊嘉佩等人護持，促使發展趨向穩定；2002 年正式成立慈青社，共有十三位慈青幹部，夏喜貴擔任第一屆聯絡人，是馬六甲地區第二間正式成立慈青社的大專院校。

三、慈青悲智行

1999 年 5 月，慈青推動小組提出「慈青行」概念，鼓勵慈青深入體悟慈濟的內涵，參與慈濟活動，同心為志業付出。

除了配合慈濟環保活動外，慈青也開始在附近社區進行資源回收，引導居民提升環保意識；也向同學們宣導「垃圾變黃金，黃金變愛心」的理念，並從自身做起攜帶環保餐盒，鼓勵大家用實際行動，帶動良善的循環。

此外，為了接引新的種子，每一年的新學期，慈青都在校園舉辦迎新茶會，向來自不同地區的同學介紹慈濟。

由於中南馬慈青日益穩健，慈青推動小組重新調整腳步，成立精進組，取代活動組。精進組除了繼續進行慈青行以及與各校協調活動事項外，也成立培訓小組，傳承慈濟精神理念。文宣組則著手建立中南馬慈青文宣檔案處理系統，加強慈青會訊，擬定中南馬慈青簡章；同時著手設計中南馬慈青網站，建立聯絡網。

輔導課業

2009年4月，隨著馬六甲志工將每個月第一個星期天訂為「慈善日」，馬六甲慈青善用學識背景，以領養個案方式，擔任照顧戶孩子的課業輔導小老師。為此，慈青在課輔前舉行小組會議，蒐集教材備課，按照孩子的考試時間表，編排課程進度，讓孩子們提前預習考試。

面對年幼的孩子，慈青會在補習過程中穿插團康、比賽、獎勵等較活潑的方式，

馬六甲慈青組成課輔小組，定期為照顧戶家庭的孩子課業輔導。
（照片：李詩蕾）

讓他們快樂學習；遇見注意力薄弱的孩子，則想方設法讓孩子對課業提起興趣。

看著一群弱勢的孩子，慈青林欣霓回想到從前不愛讀書的自己，慶幸遇到了生命中的貴人提拔。如今她也把這分愛與關懷傳播給其他人：「就好像我現在把以前所學的、被提醒過的，都傳授給我們課輔的弟弟妹妹一樣，這就是一個善的循環。」

馬六甲多媒體大學慈青晨起薰法香。（照片：黃婉琦）

晨鐘起 薰法香

2007 年 9 月，臺灣慈青賴曉逸有感於大學生作息紊亂，遂帶動臺中地區慈青晨起觀看大愛電視《靜思晨語》，希望大家早睡早起，聞法精進。這股風氣帶動全球慈青，中南東馬共有十三所大專院校的慈青一同響應。

馬六甲慈青初期由於宿舍網路不穩定，響應人數只維持在四、五人左右。在解決網路問題，及經過大力推廣後，參與人數慢慢

增加。慈青學長姊組成推動小組，下載大愛臺不同的影片，以主題帶動分享，讓同學們瞭解慈濟，同時改變作息習慣。在過程中人人慢慢反觀自身，向眾懺悔不好的習氣；對佛法也愈生信心，建立正信的因果觀念，學習安排自己人生的時間。

晨起薰法天天不間斷，2009 年起慈青展開週末晨起聚會，鼓勵沒辦法常常上網的同學參與，大家相聚看完《靜思晨語》影片後，再一起分享心得。

2010 年以「晨起‧薰法‧炊素」為號召，利用週末在不同地點晨起聚會。慈青一同觀看《靜思晨語》，分享心得後再享用早餐、午餐。大家一同探討素食餐點的營養價值，鼓勵發願持素，由已持素者分享心路歷程，並邀約喜愛烹飪者一起來發揮才能，每一次聚會均有二十位慈青幹部和同學出席。

慈青參與每日「晨鐘起‧薰法香」後，發覺一天之中可利用的時間增加，早睡早起，生活變得規律；且看《靜思晨語》受用無窮，從中獲得心靈的啟發。

經藏演繹

2010 年 8 月 13 日，馬六甲多媒體大學和馬來西亞馬六甲技術大學慈青，在慈青人文營中演繹《水懺》音樂手語劇，呈獻悟達國師作《慈悲三昧水懺》的因緣。

音樂手語劇動員了九十三名慈青、幹部、學長姊演繹。畢業慈青盧子康承擔導演重任,對他而言,兩個月排練期間是最大考驗,他必須驅車前往學生宿舍陪伴練習,隨時準備上人開示影片,提升夥伴們演繹的道心。雖然行程排得密密麻麻,有時一個月僅能休息一天,但他甘之如飴。

慈青們在排練過程中發願茹素,以示虔誠,還特別構思了「蔬國護照」,記錄吃素和勸素的次數。排練期間,慈青陳順祥因病入院,期間多次被抽血。他記錄心得:「既然抽血都會痛,何況

| 慈青人文營中演繹《水懺》音樂手語劇。(照片:雪隆分會)

宰殺牲畜的時候呢？為滿自己的口欲而剝奪牠們的生命，於心何忍。」一次難忘的經歷，更加堅定他茹素的心念。

環保推動

2006 年的海外慈青幹部精進研習營以「環保」為主軸，全球慈青對上人許下承諾，大家回到各自的故鄉後，必定努力推廣環保，為疼惜地球不遺餘力。2007 年，馬六甲慈青首度在校園內舉辦系列環保活動，由馬六甲多媒體大學慈青主力籌辦，包括環保展覽、環保晚會、學生宿舍資源回收及街道清掃。由校園開始帶動，宣導、力行環保，同時接引更多大專生加入慈青的行列。

自此，馬六甲慈青不定期於校園內舉辦環保宣導活動；也積極響應慈濟環保相關計畫。如因應花蓮本會 2012 年全球慈青「環保日不落 · 接棒愛地球」計畫，2012 年 7 月 15 日，馬六甲分會帶動慈青前往淨灘、掃街，落實環保回收、記錄環保物和垃圾重量，並實行「素食八分飽，兩分助人好」。

馬六甲慈青也參與其他團體所舉辦的環保會議，分享慈濟理念。如 2019 年，慈青參與世界青年基金會在馬六甲舉辦「青年、海洋與永續發展目標 14」研討會，分享慈濟環保志業的付出及理念，及慈濟志工在社區推動環保概況。

四、聯誼啟慧根

馬來西亞慈青自 1994 年開始舉辦慈青靜思營,將「大愛與感恩」、「尊重與關懷」的人文清流注入青年學子心中。營隊參與人數從一年約百位,到最高紀錄一年千餘位學員,造就慈青於一年內舉辦兩梯次生活營的紀錄。

2000 年 6 月,舉行第一屆中南馬慈青幹部研習營,每年一棒一棒傳承慈青幹部,跟隨懿德爸媽實踐慈濟人文理念。截至

2007 年第十一屆慈青生活營,吉隆坡與馬六甲一百多位慈青參與。

(照片:許秀愛)

2015 年，中南馬慈青聯誼會已經舉辦三十屆慈青生活營及二十屆慈青幹部研習營。

慈濟清流傳遍中南馬各大專院校，接引數千位莘莘學子走入慈濟，同心協力在校園內用心推動慈濟志業。慈青自我期許成為年輕人的楷模，心中有愛，言行舉止間展現慈濟人文；讓人一聽到是慈濟教育出來的孩子，就與人品、氣質劃上等號，這是上人「教育完全化」所期待的菩提種子。

慈青之家

早期慈青社非校園正式團體，因此學校未分配固定社團場地。當時慈濟會所空間不足，每次慈青會議、活動都需要尋覓場地，因此成立「慈青之家」。

1998 年 10 月，博特拉大學學生黃章威承租一間位於博特拉大學附近的單層房屋，取名為「慈青舍」；前兩個月，由黃章威及方莉霞承擔租金，家具一部分由志工捐贈，另一部分則來自資源回收。慈青舍除了作為慈青居住地點外，也作為博大慈青固定活動及聯誼的據點。

1999 年 1 月，慈青舍更名為「慈青之家」。此後博特拉大學慈青人數及會務顯著成長，更加凝聚慈青向心力。博大慈青之家的成功，促使中南馬各院校的「慈青之家」相繼成立。

學長之家

隨著慈青紛紛畢業、就業，在彼此默契共識下，2000 年 6 月於八打靈再也和沙登兩地成立「慈青學長之家」。慈青學長結合經驗與力量，繼續陪伴一屆又一屆的菩提種子，與慈青輔導志工及慈青相互護持，成為親密的法親家人。

五、人物故事

方莉霞──挑天下米籮

慈青肩負傳承慈濟的使命，助人濟世的責任。因為慈濟的大愛，讓年輕的生命找到人生的價值。

方莉霞（懿蕙）家境清貧，自幼為了減輕生活負擔而去當童工，她卻沒有任何埋怨，並奉行了父母親刻苦耐勞、樂善好施的教誨。1997 年 9 月 28 日，方莉霞參與博特拉大學校內首次慈青茶會，非常認同慈濟實踐佛法的精神，從此積極推動慈青活動，發願將大愛清流撒播校園，與夥伴開展博大慈青克難草創期。

1998 年，中南馬慈青籌辦第二屆中南馬慈青營隊，從未參與慈青生活營的方莉霞，與慈青黃章威，憑著手上唯一的一本《慈青幹部手冊》及《慈濟》月刊，走訪學生宿舍，介紹慈濟。

在電話不盛行的年代，電話邀約相當耗費心力；方莉霞從課

堂點名錄、學院或宿舍紀念冊等不同管道獲取聯繫方式，到公共電話亭排隊打電話邀約。由於不能佔用電話太久，不僅耗費電話費，無數次排隊也相當耗時。

將慈青帶入校園，方莉霞沒有覺得辛苦，心中只有單純的一個念頭：「你只要給我三天，來參與營隊，我就可以給你全世界！」因為她深信參加慈青是最好的選擇。

方莉霞醒覺到，如果有更多人能及時去關懷苦難的人，很多時候，悲劇就不會發生。因此方莉霞帶著同學去幫助苦難人，「用生命教育生命」就是教育年輕人最好的教材。

1999年，方莉霞大學畢業之後，回到慈濟志業體上班。然而因需負擔弟弟的大學教育費，只能離開志業體，前往吉隆坡一家公司任職營養師。在吉隆坡工作的一年半時間，雖然換得物質上的肯定及酬勞，但總是缺少心靈上的寄託。

2002年10月，方莉霞的弟弟大學畢業後，她再也沒有

慈青方莉霞畢業後持續投入慈濟志業，成為馬六甲全職同仁。曾參與立百病毒賑災的她，以親身經歷解說素食護生的重要性。

（照片：黃玉花）

後顧之憂，毅然遞上辭呈並回到馬六甲慈濟志業體上班。

在大學畢業後，很多慈青也像方莉霞一樣，因為在大學時期參加慈青活動，瞭解到志業體需要年輕人一同耕耘。因此下定決心，回到慈濟志業體服務。

馬來西亞慈青人數眾多，亦皆精進，每月共修經典以堅定道心；馬六甲慈青學長從 2012 年起展開每月讀書會，除搭配上人開示影片，還用心安排導讀者，例如請上班學長導讀對工作心態的開示，事理印證，從而自我調整。上人稱許慈青共修「以法相會」，大家都是靜思法脈的種子，也都是慈濟宗門的慈青，一定要瞭解佛法，具有正信、正知、正見，將聞法的體會落實於生活。

海內外慈青道心堅定且立定誓願，把握每一天，就地投入、用心精進，共同呵護地球，為人間承擔責任。全球慈青遍佈在不同的國度，期盼代代傳承，以共同的理念，合和互協——合於佛心、行菩薩道，悲智平行，呵護天下眾生，法髓入心、慧命成長。

馬六甲慈青在各大專院校輔導志工的用心帶動之下，大愛力量擴散，理念共識凝聚，成就如今的慈青組織規模。這不是一蹴可就，而是幾年來慈青幹部們的用心投入，積沙成塔、滴水成河，如今匯百川入大海，凝聚成一股扭轉校園風氣、淨化社會人心的中流砥柱。

以善導之勤實踐
慈少團

一、創辦緣起

1996 年 11 月 17 日，馬六甲慈濟教師聯誼會（簡稱教聯會）舉辦「馬六甲州中小學手語觀摩賽」，吸引各校青少年參與。看著這群活力十足的青少年，簡淑霞（慈露）希望把他們組織起來，成立一個類似「慈濟大專青年聯誼會」（簡稱慈青）的組織。

「慈濟青少年團」（簡稱慈少團）的構思於現場提出後，引起青少年迴響，紛紛報名參加。於是符永萍（慈銍）、何星煌（濟登）等志工組成推動小組，為慈少團規劃一系列活動和課程；教聯會老師也協助在各校鼓勵學生參與慈少團。

1997 年 1 月 19 日，馬六甲慈少團嘗試性開辦，活動吸引 109 名青少年參加。由於

1997 年 1 月 19 日，馬六甲慈濟第一次試辦慈少活動。

（照片：馬六甲分會文史組）

反應熱烈，推動小組決定慈少團每月定期聚會一次，並根據試辦經驗規劃課程方向。

4月27日，慈少團首次機構關懷，組成八十人的服務隊，前往「新古毛殘智障院」送愛。在志工的引導下，慈少學習為院友餵食、洗澡、穿衣，從中啟發青少年的慈悲心，瞭解院友們雖然身體有缺陷，但同樣需要用愛心平等對待。孩子們深受觸動，一致表示：「一定還要再來！」

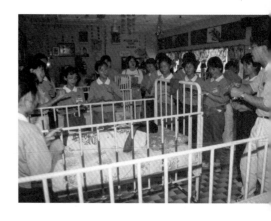

1997 年 4 月 27 日，慈少團到吉隆坡展開新古毛殘智障院愛心之旅。

（照片：馬六甲分會文史組）

二、慈少團成立

歷經五個月的試辦，1997 年 6 月 22 日，馬六甲慈少團舉行正式成立典禮，招收十三歲至十八歲共 126 名學員。

慈少團是兒童精進班的延續，讓學子在兒童班結業或小學畢業後，有機會持續接受慈濟的人文教育。慈少團每月舉辦一次課程，以靜思語為教材，教導生活教育、親子溝通、環保等，教育青少年學員懂得付出愛心，關懷生活中的人事物，惜生、護生累

積善念。初期只開放志工的孩子報名，後來陸續擴大招募社區民眾的孩子。學員長期投入慈濟活動，隨年齡增長而成為慈少學長及幹部，協助承擔隊輔帶動新進學員。

中南馬青少年生活營

除了每月一次的課程以外，慈少團每年定期舉辦營隊活動，透過密集式的營隊課程，融合慈濟慈善、醫療、教育、人文、環保等志業發展，讓學員有更深刻的體驗。

1997 年 5 月，慈少團在臺灣慈濟本會派員協助下，首次舉辦「中南馬青少年生活營」（簡稱生活營），共 150 名學員參加。

首屆生活營開放給各校中學生參與，推動小組一開始就面臨有些學員要求離營回家、深夜不安睡等紀律問題，所幸最後都一一化解；營隊結束後，志工還與學員保持聯絡，繼續給予關懷。

1998 年舉辦第二屆生活營，共有 252 位學員參加。志工特別規劃才藝學習課程，包括舞蹈、電影欣賞、手工藝、手語、心靈輔導及合唱團，貼近年輕人的期待。

2001 年以後，慈少營隊由中南馬志工承擔起策劃工作，每屆學員人數保持在 150 名左右。自 2004 年起，慈濟大型活動漸增，為期數天的生活營轉型為一日營隊，課程更為重點緊湊。2012 年起，改為舉辦「親子人文營」，邀請家長與孩子一同參與，課

程加入親子相處、對話談心等，讓家長能與孩子在參與活動中有共同話題，減少家庭中的摩擦，增進親子間的情誼。

隊輔爸媽

　　早期的慈少團推動小組成員皆為年輕志工，不曾為人父母，課程缺乏人生經驗的分享、生活問題的開導。因此，教聯會老師設計課程時，也邀請慈青來和學員互動，分享經驗，發揮同儕影響力；同時接引家長承擔隊輔爸爸媽媽，讓親子同步成長。

　　「隊輔爸媽」是慈少團的特色，約五位慈少會由一位隊輔爸爸或媽媽關懷。隊輔定期舉行共修，交流與學員互

馬六甲慈少團於 1997 年 6 月 22 日正式成立，由林宗雄、何星煌、符永萍、申進輝、陳傳光（前排左起）組成推動小組。

（照片：馬六甲分會文史組）

生活營成為學員每年期待的活動。

（照片：馬六甲分會文史組）

動的模式，改善檢討課程缺失；並不定時安排聚餐聯誼，增進與孩子的感情，關注他們心靈的成長。面對青春期的孩子，隊輔與家長保持密切互動，進行家庭訪問，關懷孩子生活近況，鼓勵家長可以一同參與慈濟活動，親子共同成長。每月固定的課程外，隊輔也會帶著慈少投入社區環保、居家訪視及慈善發放等活動。

慈少團負責協調的志工何星煌說：「不同年齡的孩子，對事情各有不同的反應。譬如你給他一把米，大專生獨立、有主見，會自己把米煮好；幼小的孩子不會煮，你煮什麼他們就乖乖吃；青少年卻是處在兩者之間，你把米交給他，他未必會煮，你煮好，他也未必會吃，而且還很想要發表意見。」

團隊陪伴這群青春期的孩子，不離三要領：耐心、愛心和放下身段。在團隊用心之下，慈少孩子從不合作變成懂得溝通，扮酷的臉上也開始有了笑容。

許多家長被接引為志工後，不但承擔起輔導爸爸媽媽，也受證為慈誠或委員，負起

慈少團新學期開課，隊輔爸爸媽媽與各小組學員相見歡。

（照片：劉素方）

推動慈濟志業的重任。

馬六甲慈少團於 1997 年成立後，陸續拓展至其他慈濟據點成立慈少團；淡邊於 2001 年成立，麻坡、居鑾、芙蓉、哥打丁宜、烏魯地南也相繼成立當地的慈少團。

三、多元課程

2002 年，慈少團以《大愛引航》為依據，透過靜思語教學啟發孩子。2005 年之後，課程設計以親子活動為重點，透過親師生「聯絡簿」，促進老師、隊輔、孩子及家長四方的溝通。2012 年，參考「菩提種子編輯委員會」所設計教案，將佛教經文融入靜思語教學中。

課程設計因應青少年特性，逐年作出多方嘗試，引導孩子認識自己、關懷社會；或藉合作遊戲，訓練團隊精神；或舉辦親子活動，給予發揮平臺，培養自信。大部分青少年邁入青春期，對父母的依附性減弱，獨立性增強；同儕看法的影響力增加，與父母的觀念有認知落差，親子之間容易產生代溝。有鑑於此，在課程規劃中，特別加強父母與青少年溝通的內容。

自我探索

青少年時期是身心發展的重要階段，課程規劃傾向自我探知，

引導孩子正確的人生方向。

2002 年麻坡慈少團首度開課時，邀請心理諮商師來為慈少講解「自我探索」課程。運用方法讓慈少瞭解內在人格特質，分析瞭解外在、隱藏、潛在等不同樣貌的自己。

2019 年，馬六甲慈少團也舉辦「Alpha 計劃工作坊」，讓青少年在慈青學長姊陪伴下完成微電影、工程、漫畫、烹飪等任務，從中創造同儕學習互助機會，啟發內在學習動機。

「網路遊戲」、「角色扮演」對年輕一代充滿吸引力，慈少課程以此為題材，藉《勇闖大魔域》影片，引導青少年戰勝網癮。帶動馬六甲慈少的志工鄭幃崙（惟崙）也現身說法，他曾網路成癮，在虛擬遊戲中尋求成就感，花費大量時間與金錢；直至跟著父母一同薰法香，篤定做慈濟的心，放下過去沉迷的網癮，回歸正常作息，在善行付出中找到生命的價值。

合心協力

除了個人的自我認同，為了增進與他人協力的團隊合作，在慈少團的「合作」課程中，安排團隊溝通技巧學習。學員分成一組四人，每人領到一張空白畫紙，再互相討論、攜手畫出指定主題，最後共同拼成一幅完整的畫才算成功，遊戲旨在考驗年輕人合作的智慧。

溝通過程中，面對意見不一時，應該要「理直氣壯」，還是「理直氣和」？課程體驗活動中，請一位學員飾演滔滔不絕的罵人者，另一位飾演被罵者。被罵者不能回嘴，只能將心中的不滿吹向氣球，而氣球就像是壓在人人胸口的一股氣，愈漲愈大。學員從中瞭解到，唯有尊重每個人的觀念，溝通達成共識，執行才會一致。

生活營課程引導青少年瞭解自己的個性、興趣、專長等，再根據自己的能力去作生涯規劃。

（照片：黃玉花）

親子同理

鑒於家庭需要有良好的親子溝通，慈少團為家長、孩子設計雙向互動體驗課程，家長能互換立場，設身處地感受孩子的心情，孩子也能體會父母的用心。

每年雙親節，設計不同體驗活動，例如父母蒙上雙眼，聽聲音辨認孩子，藉由趣味遊戲增進親子互動。畫手遊戲讓慈少們有機會握著爸媽的手，透過父母生繭的雙手，感受從爸媽手心傳來

的溫暖。慈少符芊芊說：「媽媽的手是世上最美、最好的一雙手，弱小的手可以做千萬件事，所以叫作神掌。」

慈少觀賞《父母恩重難報經》之〈子過〉手語音樂劇，伴隨著〈內疚〉歌曲的播放，慈少藉由愛心卡，寫下心中的話，向父母表達心聲；同一時刻，父母也在「給孩子的一封信」環節裡，提筆將內心話寫給孩子，希望孩子能明白天下父母心。相信親子之間彼此多一些互動與溝通，就能多一些包容和善解。

經藏演繹

慈少在慈濟舉辦的活動中，總是展現活力，呈獻舞蹈、歌唱、手語等。慈濟志工後續推動經藏演繹，慈少參與之際，也從佛教經典中得到教育。

2007 年，麻坡慈少結業典禮中，首次演繹《父母恩重難報經》之〈懷胎〉。練習期間，學員一改平時的玩鬧，認真投入。2012年，馬六甲親子班和慈少首次聯辦圓緣，演繹《法譬如水》不同曲目，透過讀書會，瞭解《水懺》意涵，身心入法，學習反省過往的錯誤。

見苦知福

慈少團課程將時事結合慈濟事，讓青少年開拓眼界，敞開心

胸，與世界接軌，體會「無緣大慈，同體大悲」的精神。每當發生災難，慈濟發起籌募賑災基金，慈少都會積極參與，除了自己捐款，也捧著募款箱上街向群眾勸募。

慈少體驗甘肅居民找水、挑水之苦，藉此懂得感恩珍惜水資源。

（照片：何星煌）

在中國甘肅缺水實況短片中，當地村民每天要走十里陡坡去打水。慈少扛起扁擔，前後各挑一桶十公升的水，體會村民的無奈與艱辛；從而省思水資源得來不易，要珍惜用水。

在《我們需要希望》紀錄片中，看到阿富汗難民在天寒地凍的環境生活。慈少赤腳踩在冰桶中雙腳受凍，啃硬麵包，體會阿富汗孩子長期乾旱缺糧食，只能忍受寒風，吃草當飯的苦境，進而啟發孩子們的同理心，見苦知福，感恩爸爸媽媽給予自己溫暖的家。

藉境教育

鑒於青少年容易受到外界誘惑，誤入歧途，馬六甲慈少團於

1998 年 7 月參訪吉隆坡半山芭監獄舊址。半山芭監獄囚友早已遷離，但藉由紀錄片，放映鞭刑、死囚留言種種情境，讓慈少更堅定地告誡自己「做好事不能少我一個人，做壞事不能多我一人」，凡事都要三思而後行。

芙蓉慈少參訪不叻士鎮（Pedas）得勝之家福音戒毒生命塑造中心（Home of Victory Drug Rehabilitation），中心設有反毒展覽，展示吸毒和患病後的照片、毒品類別，以及吸毒工具的樣本。工作人員都曾是癮君子，他們的現身說法，讓慈少瞭解毒品的害處，深深體會生命的可貴。

環保茹素

淨山、淨灘、參與社區資源回收等，是各據點慈少團員的例常活動之一，希望透過實際的環保行動，帶動守護環境的觀念，並讓慈少瞭解環保的重要性。

如 2003 年 3 月居鑾舉辦一場慈善義跑活動，現場提供礦泉水，會後大量寶特瓶散布會場。甫成立不久的居鑾慈少團承擔起撿拾寶特瓶行動，把場地還原。2003 年 7 月，麻坡慈少前往組屋做環保，回收了四百多公斤的報紙、一百三十六公斤的衣服等。

除了回收資源，面對氣候變遷、地球資源不斷被消耗，要保護環境，選擇素食也是一種有效的方式。2011 年 11 月馬六甲慈

少舉辦「超級 V 廚神」比賽，他們在隊輔陪伴下烹煮料理，招待親子班學員和家長，讓他們瞭解素食也可以簡單又營養。

慈少、慈青以淨灘來響應「環保日不落，接棒愛地球」行動。

（照片：甘浩禎）

四、改變與影響

每一次的慈善發放，不論是布置場地、清洗碗碟、清掃及善後場地，服務老人家等，都可以看到慈少投入其中。2003 年馬六甲分會十周年成果展暨大愛園遊會，慈少和慈青共同承擔了十個遊戲站，從事前籌備、準備禮物到事後檢討，全權負責。慈少從初期的被動化為主動，提供的助力成為慈濟活動中不可忽視的力量。

培養責任感

慈少團還建立小隊輔、慈少學長和慈少幹部制度，給予平臺讓年輕孩子承擔發揮，從中培養責任感及自信。

慈少學員承擔小隊輔，協助處理組內事務，帶動組員參與活

動。慈少學長是參與慈少活動兩年以上，全年活動缺席不超過兩次，經隊輔與推動小組推薦的中學高年級學員。他們在活動中協助維持秩序，籌備課程。慈少幹部則是曾擔任兩年以上的慈少學長，全力配合每月慈少課程，生活營籌備及課務承擔。

許多畢業慈少仍回來承擔攝影、團康組等工作人員，協助營隊進行，並將自己的經驗傳承給新進學員；當看到學員很用心在學習，不僅感動也很安慰，期待課程都能帶給學員不同的收穫。

第一屆畢業慈少吳傑龍，當初是媽媽為他報名的，原本還擔心會很沉悶，但上課後，發覺課程很有意義；隊輔爸爸媽媽用心陪伴，讓他深受感動，因此，吳傑龍認為身為學生的他更沒有權利說「沒時間」而不參與慈濟活動。2008年5月在麻坡公演的「清淨‧大愛‧無量義」音樂手語劇，他負責掌控燈光；雖然課業忙碌，但是他仍不會放棄能付出的機會。

吳淵傑十六歲獲選為馬六甲慈少學長，媽媽原本並不看好孩子能勝任，可是他以行動來證明自己，收斂玩心，主動幫媽媽分擔家務、溫習功課，完成所賦予的任務等，不讓旁人操心。同年的慈少課程圓緣，平常話不多、中文不流利的他，勇於承擔大會司儀。接下任務後，積極配合、練習講稿，遇有不會唸的詞彙，也請媽媽幫忙用拼音註明。看到他的成長，媽媽也感到欣慰。

增進親子情誼

　　馬六甲人文真善美志工錢福權，承擔攝影志工兩年後，發現人文教育對人性的影響極大。錢家的親子關係不是很融洽，其中大女兒天天與電腦為伍，平常足不出戶；兒子脾氣暴躁，一向跟爸爸不和。錢福權因而希望藉慈少活動，讓兒女多與人互動，學習相處之道。

　　最初，兒女不滿爸爸安排他們參加慈少團。然而參與一段時間後，女兒認識了許多好朋友，愛上慈濟活動，個性也變開朗了；兒子也慢慢體會父母的苦心，體恤媽媽辛苦，會幫忙做家事，有機會就跟家人一起參與環保。數年的耳濡目染，慈濟教育深入孩子心田，也使家庭關係得到改善。

　　馬六甲慈少杜家軒自從參加慈濟後，變得比較獨立，自動自發溫習課業，幫忙做家務、照顧弟妹等，犯錯後會自我反省、承認錯誤。杜家軒在《父母恩重難報經》音樂手語劇裡，飾演叛逆的孩子。經過演出後，感受到媽媽懷胎的艱辛。他為平時與媽媽爭執懺悔道歉，表示要好好孝順父母，才不會後悔莫及。他的真心流露，讓媽媽聽了非常感動。

五、人物故事

劉渼嬌母子──耳濡目染的善效應

劉渼嬌（慈茹）經營酥餅外銷的食品工業，忙碌於事業。孩子稍有不順心之處，她就嚴厲打罵，親子關係日益疏離。兒子林鑒威瞞著父母，流連遊藝場所。

志工蘇美貞（慈諧）是劉渼嬌好友，說服林鑒威加入慈少團，帶他一起做訪視。一次做訪視時，林鑒威幫忙背一位老婦人上樓，回家後跟媽媽分享：「我們很幸福呢！」原本不知人間疾苦的他，開始懂得珍惜自己擁有的幸福；從一個不愛讀書、叛逆的孩子，慢慢蛻變成懂得感恩、有禮的慈少。

劉渼嬌參與慈濟後，轉變自己的態度，多一點關心、少一點擔心。林鑒威深覺不可思議，耳濡目染下也跟著改變習氣。他坦言當時家庭關係惡劣，如果繼續接觸一些行為偏差的朋友，現在的自己可能已經誤入歧途。而今，林鑒威不但考上大學，與家人的感情更加緊密，也熱愛學習，常常熱心助人。

陳采雁──成長茁壯的種子

陳采雁（懿晴）從小母親早逝、父親另娶，家人忙於工作，

無暇陪伴。初三那年，父母為她報名參加第二屆中南馬慈少生活營。營隊活動期間，她受到臺灣隊輔們真誠和親切的關愛；活動結束後，臺灣的隊輔還不斷地與她以書信來往，促使陳采雁畢業後把感動化為行動，加入慈少團成為推動小組成員。

最初與慈少互動時，陳采雁不瞭解孩子的想法，認為很難溝通，因而萌起退出的念頭。所幸在徬徨期間，得到許多資深志工的陪伴與指導，她學習轉念解決問題。她深感一個環境的好壞，會影響孩子的一生，於是用心規劃課程，在孩子的心中撒下愛的種子，相信這些種子有一天會萌芽並成長茁壯。

從慈少、慈少學長至慈青，陳采雁一路循序漸進到學習帶動慈少，她漸漸多了一分使命和責任感，因而參與培訓，並於2009年受證為慈濟委員，負起大小型活動策劃與協調的重任。

馬六甲慈濟除了在慈少團課程設計費心思，也建立各種平臺，讓孩子從臺上表演、幕後承擔的過程，培養責任感；在與人互動中走出自我的世界，得到他人認同，進而產生自信，這對他們未來走入社會人群有著相當大的幫助。

令人欣慰的是，許多從小薰習在美善環境中的慈少長大後仍堅定其志，從慈少一路至慈青，畢業後也選擇回歸慈濟志業體服務，如顏佐樺、姚欣妤、蘇心怡、李偲寧（懿寧）、王及文（誠碲）等人，分別投入慈濟志業體，發揮各自的良能。

人文品格育幼苗

大愛幼兒園

馬六甲慈濟人謹記證嚴上人叮嚀「社會的希望在人才，人才的希望在教育」，幼兒教育是向下扎根的品格教育，生根萌芽要從幼教開始，著重「品德教育、生活教育、全人教育」的理念，教孩子學會照顧自己，透過服務付出，讓孩子從做中去學習感恩、尊重、愛。

馬六甲分會為落實慈濟以人為本的教育完全化，籌備馬六甲大愛幼兒園，在 2000 年 8 月 21 日設立幼教籌委會。籌委會教材研究小組以臺灣慈濟靜思語教學為藍本，配合馬國學前教育，設計幼兒教學教材；同時將上橋製衣廠的食堂前方空地，改建為幼兒園教室。

簡淑霞（慈露）期許：「慈濟教育志業能往下扎根，期待這群在愛心灌溉下成長的孩子，自小接觸美善的大愛教育後，能成為一顆顆淨化人心的菩提種子。」

一、大愛幼兒園開課

2001 年 6 月 6 日，馬六甲大愛幼兒園正式開課，招收兩班

三十六名五至六歲的兒童。
2003 年增至四個班級，包括
兩班四歲孩童。

隨著學生人數增加，又將
上橋製衣廠倉庫改建，新增三
間教室、一間音樂室、一間
美勞室、一間同仁行政中心、
國際會議廳和四間社教課室。
並結合靜思堂裡的軟硬體設
施，進行視聽教學，而廣大
的靜思堂草坪即最佳戶外教
學場地。

2001 年 6 月 6 日，馬六甲大愛幼兒
園正式開課。
（照片：馬六甲分會文史組）

2007 年至 2009 年，配合家長上班時間，除了半日制，也提供
全日制及托兒服務。2010 年全面施行全日制，落實慈濟人文教
育及實踐生活教育。

繼馬六甲大愛幼兒園開課後，2016 年 7 月 11 日，淡邊大愛幼
兒園也正式開課，肩負起以人文教育培育孩子的任務。

課程規劃

大愛幼兒園的教學綱要，符合政府學前教育規範，為了將慈

濟教育理念融入課程，每週各有兩節生活教育及靜思語課程，注入慈濟人文素養和生命教育。老師每週利用時間和孩子互動親子聯絡簿內容，鼓勵孩子和同學分享自己的生活趣事及課程心得；使老師能掌握孩子的學習進度，作為調整課程的依據，制定每月學習評量表。

教材以《大愛引航》為藍本，根據年齡選用適合的靜思語和故事，進行靜思語教學；另參考《慈濟托兒所單元教學書》以及《幼兒園教材系列中班教師手冊》、《信誼教師手冊》等資料，設計不同主題課程。老師們提出各自班級教學規劃，進行小組會議，達成共識及共享資源。

2006 年起語文和數學科採用《學前閱讀計劃》單字讀本，自編作業本與習字簿，依年齡教導華、巫、英三種語言聽寫。同年 2 月 6 日至 10 日，慈濟大學師資團蒞馬舉辦「幼兒教育專業理論與實作研習會」，老師們參加後，調整課程，讓孩子在學識外有更多遊戲時間，快樂學習，發揮創造力。

馬六甲大愛幼兒園採用小班制，以慈濟人文及靜思語為教學媒介。

（照片：馬六甲分會文史組）

2019 年 11 月，淡邊大愛幼兒園園長馬永珍（慈銘）赴檳城及臺灣大愛幼兒園取經，深深體認到幼兒教育是以孩子為本，老師為輔；老師與孩子互動討論課程，培養孩子的生活教育和儀軌，內容需符合孩子們的需求，激發他們自主學習的興趣。

2020 年，淡邊大愛幼兒園開始全面採用主題教學模式，以烹飪、繪畫、繪本、積木四個工作坊，讓全園學生混齡一起完成任務，由年紀較大者協助和帶動年幼孩子。主題教學落實了約三個月，孩子們在紀律上有所進步，也提升了自我學習的信心。一些害羞、不擅於表達的孩子，在老師和同學的鼓勵下，也願意站起來跟大家分享媽媽的做菜秘訣，大家分工合作煮出營養美味的蔬食佳餚。

師資培訓

為了讓大愛幼兒園老師們充實專業知識，除了定期召開教學共識會議，並舉辦慈濟人文營隊，讓老師們瞭解慈濟理念。

2002 年大愛幼兒園老師參與「中馬幼兒生命教育國際合作與交流」研討會，探討如何讓幼童認識生命的價值和意義，學習珍愛生命及培養大愛品德。同年 11 月 30 日至 12 月 7 日，林玉招（慈恬）、姚美婷（懿璔）、甄若麗（慈勝）老師隨「新馬教聯會尋根團」參訪臺南大愛幼兒園觀摩。

2003 年 4 月 26 日，馬六甲分會舉辦的「生命教育研習營」，培養幼兒園老師們對生命教育研討與分享。2004 年 3 月，姚美婷老師參與教育部學前教育課程（Kursus Orientasi Kurikulum Kebangsaan Prasekolah）的培訓，提升規劃幼兒教育教材課程。10 月 19 日至 28 日，幼兒園全體老師赴臺參與「全球慈濟人文教育研習營暨全省志業體巡禮」，參訪慈濟教育志業體巡禮，讓老師們看見慈濟人文教學下，學生懂禮又懂事，更加認同以人為本的教育理念。

除了上述精進課程，老師們也會固定出席每月慈濟教育日的聯誼，從 2013 年起參加每月教聯會在職培訓課程（Latihan Dalam Perkhidmatan, LADAP），輪流參加州教育局舉辦的國家學前教育標準課程綱要（Kurikulum Standard Prasekolah Kebangsaan, KSPK）培訓。此外，還會不定期參加臺灣慈濟靜思語教學研習營，將靜思語融入教學中；老師們互相分享靜思語教學經驗，精進慈濟人文，充實投入教育熱忱。

愛心媽媽入校園

愛心媽媽是由大愛幼兒園的家長承擔，從校園美化、環境清理到準備點心，都由愛心媽媽從旁協助。在班上，她們配合老師陪伴孩子學習，引導他們落實生活教育，課餘輔導功課，成為老

師的得力幫手。

此外愛心媽媽們也發揮所長，陪伴孩子學習美術、花道、茶道、瑜珈、烹飪、音樂、英文故事等，豐富了幼教的課程。家長們在承擔愛心媽媽後，從認同慈濟到投入志工行列，形成一股愛的循環。

幼兒教育專業理論與實作研習課程中，學員認真觀察老師如何帶動，從中學習。(照片：甄子豪)

親師生交流

大愛幼兒園新生入學前，定期舉辦學生家長說明會，讓家長進一步瞭解慈濟辦學的特色和方針、班級經營理念、教學方法，並提出希望家長配合的事項，讓雙方取得共識。

每學期舉辦數次的「親師交流會」針對孩子的課業、生活學習態度交流改善方式。家長分享孩子在家中的行為，老師提出在校的表現，帶動家長關心孩子，掌握孩子成長的過程。

大愛幼兒園的《親子橋》聯絡簿改編自《大愛引航》，內容規劃靜思語學習及教育家建議的親子互動資料，是家長、老師和學生的心靈交流橋樑。靜思語教材，讓家長在家引導孩子將聽到

的故事畫成圖，看圖說故事給爸媽聽，增進親子的互動。居家生活禮儀，家長以身作則常說「請」、「對不起」、「謝謝」，讓孩子養成在吃東西前先洗手，維持良好衛生習慣，用餐前感恩農夫辛勤耕作、感恩媽媽烹煮飯菜；在「親子共談」的專欄，家長和孩子能寫上想和對方說的話，記錄每天親子的相處過程。

良好的親師生溝通，是班級經營成功的首要秘訣。老師和家長保持聯繫，定期進行家訪，關懷學生的家庭狀況。就像有孩子在學校常有推人的行為，老師前往家訪時發現孩子一再推倒坐在沙發上的爸爸，而爸爸卻毫不介意，沒有制止孩子不正確的行為。父子倆的「遊戲」看在老師眼裡，終於明白孩子推人的原因，隨即和家長溝通要改變相處方式，導正孩子的行為。

二、人文教育

教育不只是為學生傳授知識，最重要是啟發心中的良

《親子橋》聯絡簿內附靜思語及一些教育家建議，並記錄孩子的一言一行，是親師生的心靈交流道。

（照片：楊秀麗）

知。慈濟教育的軸心是「人文精神」，透過以人為本的人文教育涵養，啟發悲心善念，建立人品典範。

惜水如金

2014 年 3 月，馬來西亞面臨二十年來最嚴重的旱災，十一州逾兩個月未降雨，水庫儲水量不足，限縮民生用水。大愛幼兒園宣導珍惜水資源，帶動師生投入愛護地球，讓學生探索水資源的重要等課題。

園長陳彩珠說：「現在的孩子一打開水龍頭就有乾淨的自來水可用，不知道水資源的可貴，趁著限水的因緣，培養他們懂得感恩和珍惜資源的好習慣。」

學生把每天洗手後的水承接在桶子，用來灌溉各班認養的花草樹木；孩子必須提著沉重的水桶走上一段路，但他們異口同聲：「不累。」因為他們都明白久旱無雨，天氣異常不僅人類受不了，連植物也漸漸枯黃，此時每滴水都很寶貴。節約用水的生活體驗，讓孩子們懂得珍惜，點滴慎用不浪費，啟發善念愛護地球資源。

送愛小天使

2007 年的「愛心小天使」活動中，老師帶著即將畢業的孩子

們，到照顧戶家中送愛；孩子們討論後決定用一年來存在竹筒中的善款，為照顧戶添購生活物資。10月中，小朋友提前在家長陪伴下考察物資價格，並在老師和大愛媽媽引導下進行小組討論，瞭解個案的狀況，擬定照顧戶所需物資清單，外出採購、包裝、寫祝福卡。

11月8日，四組小朋友分別前往照顧戶家送物資。善解組小朋友準備了鄭金龍阿公喜歡的小吃豬腸粉；知足組為患肌肉萎縮症的謝雅蓮（化名）選購了她喜歡的佛教叢書；感恩組帶著蛋糕，為行動不便的吳麗梅（化名）慶生；包容組則備妥自製環保手鏈，送給林美珠（化名）與孩子。幼兒園孩子唱歌、帶團康、猜謎語、講故事，與照顧戶同樂；在關懷過程中，孩子們也感受到付出的喜悅。

經藏演繹

大愛幼兒園自 2011 年起，將佛典意涵融入主題教學。

孩子們藉挑水體驗，瞭解水資源得來不易，從而懂得珍惜、節約用水。
（照片：楊秀麗）

該年度畢業典禮籌備會，園長鄭淑貞（慈琊）建議：「上人開啟懺悔法門，呼籲大家入經藏，我們何不在畢業典禮演繹《法譬如水——懺悔業報障》偈文，送給孩子一份帶得走的禮物？」於是各班老師互相配合，共同籌劃於畢業典禮時呈獻《法譬如水》音樂手語劇。

2011 年 10 月，馬六甲大愛幼兒園進行《法譬如水》經藏演繹共修，孩子們用心學習手語。（照片：楊秀麗）

8 月始，老師在週會逐句解釋歌詞，把偈文轉為簡單的童言童語，以生活實例、體驗活動等解釋其中涵義。像是艱澀的因果觀，老師就以日常行為提醒他們，舉手投足會造成不同的結果。老師們教孩子「懺悔」口訣：「做錯事，要認錯；有勇氣，要改過。」孩子們皆朗朗上口，並日日反省自己的行為，還掀起一股懺悔風潮，孩子常彼此提醒、懺悔過錯。

並於經藏演繹期間推行蔬食運動，安排小小廚師體驗課程，讓孩子知道素食也能營養又美味。同時推出「素食行願」卡，推廣蔬食「我愛地球、健康素」，孩子只要響應蔬食，可在卡上記

錄蔬食的餐數，每月表揚素食行願的孩子。以及「力行三好」卡，在家由家長記錄孩子的言行，在校由老師記錄他們的表現。每做一件好事，在卡上依號碼填色，鼓勵孩子們行善。孩子們回到家，也和家人們分享經文的內涵，茹素愛護地球，進而影響家長一起茹素。

2011 年 11 月 18 日，馬六甲分會大愛幼兒園第十屆畢業典禮，畢業班的孩子們透過背誦經文手語演繹《法譬如水》，希望這一念懺悔的種子能烙印在他們心靈，當未來孩子碰到問題時，會喚起他的記憶，提醒著他要走對的路。三個多月下來，老師用心帶領孩子蔬食、入經藏，孩子從中培養正確的道德價值觀，以虔誠大懺悔心投入經藏演繹，學習自我反省、勇於認錯、孝順等美德。

2014 年 11 月 28 日幼兒園畢業典禮，由全校師生與家長歷經長達七個月的演練，呈獻佛典故事《父母恩重難報經》音樂手語劇。從學期課程中融入佛典經文，以淺顯易懂的方式搭配靜思語，作為教學指南。老師們透過故事向孩子們講解孝道的觀念，讓孩子們體驗身前背著一個背包模擬懷胎，裡面放一瓶五百毫升的礦泉水，循序漸進至三瓶水，代表「嬰兒」逐漸長大，從中體悟媽媽懷孕的不便。孩子們在一系列生命教育課程中，體會母親生產時的辛苦和危險，領悟生日是母難日的真正含義。演繹《父母恩重難報經》音樂手語劇，不僅是啟發大人們對於孝順的反

省，同時也帶領小朋友深入
孝道的真諦，進而落實於生
活中。

三、愛的善循環

素食小尖兵

　　2016 年 7 月，馬六甲大愛
幼兒園推行一系列齋戒活動，
引導學生瞭解素食護生的意
義與好處；學生們紛紛響應，
進而影響家人。

　　五歲的羅馨語拿到齋戒卡
後，發願要完成一百零八餐素
食，透過行動拯救動物。羅馨
語原先喜歡吃麥當勞的雞塊，
討厭吃青菜；然而在發願後，
她克服習性，轉為素食，意
志力令家人佩服。

　　圓滿一百零八餐以後，她

大愛幼兒園生命教育課程中，孩子
不論是上課、運動、上廁所等，都必
須帶著氣球「寶寶」，體驗母親懷
孕的辛勞。（照片：楊秀麗）

小朋友向家長們宣導素食的好處，
希望更多人加入拯救地球的行列。
（照片：楊秀麗）

更拒絕回復葷食，表示：「我還要再吃一千餐。」即使五歲的她，並不清楚一千的定義，但也代表著她茹素的心意。為配合她，阿姨陳燕妃也減少烹煮葷食，改為料理素食。

羅馨語更與父母、鄰居分享素食，影響眾人觀念。夫妻倆都受到女兒影響，決定一同茹素；媽媽陳麗明深表贊同，爸爸羅慷凱也認為，素食並不只是宗教議題，而是鼓勵大家從小培養慈悲心；如果人人都有慈悲心懷，世界就能更加和諧。

環保素家庭

四歲的黃楷朋性格比較急躁，令爸爸黃福源（濟鴻）與媽媽陳淑萍（慈源）十分操心，進入大愛幼兒園就學後，在老師用心的陪伴下，楷朋懂得多觀察事物，放慢步調，漸漸改變自己的行為；老師也時常和父母溝通，提供在家中如何與孩子相處，改善了親子關係。

在家中楷朋常分享學到的靜思語，提醒父母調整言行舉止，茹素是愛護眾生的生命，進而影響全家持素護生。妹妹楷琦四歲時也進入幼兒園就讀，在家中實踐環保理念，經常提醒家人減少使用塑膠袋、珍惜水資源愛護地球；若爸媽到鄰近商店購物，以步行或騎腳踏車取代開車，避免排放二氧化碳，造成溫室效應！

黃福源從孩子的轉變，醒覺身教及言教何其重要，因而加入

慈濟志工的行列，全家力行「口說好話、心想好意、身行好事」，帶著孩子一同訪視原住民村，讓孩子見苦知福。楷朋、楷琦也響應竹筒歲月的精神，日日存善念，每天將零錢存入撲滿中捐給慈濟，全家人一同行善付出，感恩惜福。

教育界肯定

2012 年 11 月 28 日，馬六甲州教育局官員巴哈里（Bahari bin Abu Mansor）帶領柔佛州居鑾教育局官員莫哈末再尼（Wan Md. Zaini）和四十位幼教老師，參訪馬六甲大愛幼兒園。巴哈里曾親臨參訪，留下深刻印象，因此帶領更多老師前來，讓他們瞭解慈濟幼教注重生活教育的特色。

慈濟的孩子在製作點心時，戴口罩和穿圍裙維護良好的衛生習慣，用餐後自己能清洗餐具，物品使用後歸回原位的生活教育；以竹筒撲滿培養善念，帶動口說好話、心想好意、身行好事等，讓參訪老師深表讚同，紛紛表示回到學校也要帶動學生加強他們的自理能力、培養善念。

同年 12 月 26 日，居鑾二十一所華文小學的校長與副校長參訪馬六甲分會，在瞭解慈濟教育志業體的運作，及大愛幼兒園著重生活和品德的人文教育理念後，這群校長讚歎不已。居鑾華小校長聯誼會主席余德才說：「幼兒園孩子能自行整理玩具、教室，

我覺得是其他幼教所缺少的，我們必須要加強。」居鑾縣華校督學黃秀南則表示：「慈濟教育理念就是由愛出發，就是我們所講的，有愛的話，教育就沒有障礙。」

菩提種子萌芽

天真的幼兒如同初冒出土面的新芽，需細心呵護、灌溉；而如白紙般純潔的心靈易於吸收，能將師長所灌輸之愛的人文深植心中，對日後的成長有至大影響。上人說：「馬來西亞的孩子們，皆生長於幸福家庭，老師們很用心，要讓孩子從小就認識社會的生態，體會同樣的生命卻生活於不同的環境，感受到社會中形形色色的貧、富、健康、殘病等真實人生。

老師帶孩子到關懷的機構之前會放映影片，先為孩子做心理建設，並教導他們如何互動。孩子們到殘智障院，見到與自己年齡相同的孩子，卻因身心障礙，不能像自己一樣

幼兒園孩子在姚美婷老師的帶領下，到武吉峇汝敬老院關懷長者。
（照片：陳麗瓊）

自由活動，即能起悲憫心，主動去擁抱院童；智慧苗隨之萌芽，能珍惜自己的生命，知福惜福，感恩自己擁有好家庭、好父母。

這是生命與生命相互啟發與教育，『養不教，父之過；教不嚴，師之惰』；教育要好好用心，從家庭、學校，到社會的整個大環境，都要具有良好的教育功能，要先啟發他們的悲心，這樣才能啟發真純的智慧。」

2002 年，馬六甲大愛幼兒園第一屆學生畢業。(照片：馬六甲分會文史組)

大愛幼兒園 2001年—2021年
——人文品格育幼苗

2000	為籌設幼兒園，成立幼教籌委會
2001	馬六甲大愛幼兒園啟用
2007	提供全日制及托兒服務
2010	全面施行全日制
2016	淡邊大愛幼兒園啟用

生活教育

環境打掃

孝順父母

用餐禮儀

靜思語

經藏演繹

手語教學

生活實踐

齋戒茹素

蔬食推廣

愛護動物

環境保護

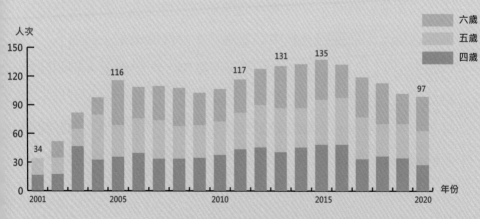

六歲
五歲
四歲

人次

150

120

90

60

30

0

34

116

117

131

135

97

2001   2005   2010   2015   2020   年份

馬六甲大愛幼兒園　歷年學生人數

終身學習有法度
社會教育推廣中心

臺灣慈濟大學設置社會教育推廣中心（簡稱社教中心），推廣社會教育，重點規劃人文課程，藉由學習的潛移默化，深植真善美的人文精神。

一、設立社教中心

2003 年 1 月 20 日，慈濟大學張芙美副校長帶領社教中心同仁，前往新加坡、馬來西亞分享慈濟社會教育的概念，探討在當地開辦社教中心的可能性。馬來西亞董教總顧問拿督沈慕羽、甲州晨鐘夜學校長沈慕堯等教育界人士，亦出席此交流會。

馬六甲分會執行長劉銘達（濟雨）表示，「社會的希望在人才，人才的希望在教育」是慈濟長期推動的教育理念，教育工作絕對不能忽略，因而期盼社教中心在馬六甲慈濟園區率先開辦。

同年 2 月 15 日，慈濟大學團隊返臺後，向證嚴上人說明交流概況，上人以園丁比擬老師，期許老師們：「我知道教育很不容易，大家都是發心立願要替師父挑起教育志業的老師，因為我們志同道合，明知很辛苦，但還是要投入，挑起教育志業的重擔。」

2003 年 10 月 18 日，「慈濟大學馬六甲社會教育推廣中心」正式成立，是慈濟在海外的第一間社教中心。

多元課程

社教中心提供社會大眾終身學習與進修的機會，鼓勵人們不限學歷、年齡，快樂學習；同時分享慈濟，深植真善美的人文精神，啟發善念。

2003 年 10 月 18 日，馬六甲社教中心成立。（照片：林妍君）

課程包含人文、體能、音樂、語言、藝術、生活應用等不同系列，一年兩個學期，每學期八至十二堂課不等。課程結束後，學員將獲頒社教中心的結業證書。

2014 年起，社教中心開設更多元的課程，例如素食韓式料理、手工皂及手作天然防蚊液、愛相縫等課程，鼓勵學員茹素護生、簡約生活。

截至 2019 年，馬六甲社教中心共開辦了茶道、花道、書法、韓語、剪紙、瑜珈、國畫、繪畫、烏克麗麗、手工護膚品、攝影、二胡、勾針等 347 項課程，吸引 5,627 人次參與，最高紀錄一學期有近三百位學員。

培育師資

馬六甲決定開辦社教中心以後，開始培訓有教學經驗的在地師資和隨班志工。社教中心以靜思茶道、真善美花道、手語、素食料理等慈濟人文課程為主。慈濟人文，需要培養講師從自身的修養和行為中展現，讓學員能在淺移默化中，漸漸認識慈濟的真善美。

2003 年 8 月 18 日至 24 日，馬六甲社教中心安排擁有花藝基礎的朱美華（慈御）、廖美華（慈礫）老師，及開設茶莊多年的余治明老師與太太賴秀鑾（慈晏）到臺灣參加第一屆種子教師培

訓課程，為培養師資打下基礎。

馬六甲社教中心正式啟用之前，2003年9月6日，第一屆茶道及花道課程率先開課。同年11月，馬六甲社教中心安排志工到臺灣研習慈濟手語課程，並於隔年開課；陸續開辦素食烹飪、書法班、瑜珈班等。

除了到臺灣接受培訓，2005年至2007年，臺灣社教中心團隊也巡迴新加坡及馬來西亞授課。2006年11月24日，馬六甲、吉隆坡和新加坡社會教育推廣中心的講師到臺灣展開尋根之旅，共同探索慈濟精神源頭和社會教育推廣的理念。

隨班志工

「人文」看不見也摸不著，卻展現在每一個人的言行舉止或環境教育中。社教中心在每學期開課前，都會為隨班志工提供培訓課程，瞭解職責，學習如何陪伴學員、輔助老師，傳遞慈濟人文訊息。多年來，不少學員也持續保持學習熱忱，隨後成為隨班志工，進而深耕慈濟志業，受證為慈濟委員。

對於教育的理念，上人認為：「有形的教育在學校，無形的教育則在社區，慈濟四大志業、八大腳印要落實在社區，期待啟發人人的良知良能，以達淨化人心的目標。藉生活教育涵養品性、提升人格，是慈濟辦學的理想。」

慈濟大學社教中心曾漢榮主任勉勵隨班志工：「大眾走進社教中心，不但能學習到人文和技能，更能找到一個身心安寧的所在，志工們能用愛將每件小事做好，就是很了不起的事。」

推廣招募

初期，社教中心招生多靠志工口耳相傳邀約。此外，社教中心也與機構團體合作宣傳，例如 2007 年受邀至馬六甲英雄廣場參與新年展銷會，講師現場示範手作陶藝、攝影等，讓觀眾對各項課程有進一步認識。2011 年，馬六甲皇冠百利廣場（Mahkota Parade）舉辦美食展銷會，也邀請社教中心設攤，由著名餐館廚師及烹飪班老師示範素年菜。

2012 年，「慈濟大學馬六甲社會教育推廣中心」臉書粉絲專頁上線，通過網路與學員互動，推廣最新的課程資訊，許多民眾透過臉書來跟進社教中心訊息及報名。

2019 年 8 月 21 日，馬六甲行政議員劉志良拜訪社教中心，瞭解課程和運作。他認同慈濟推動人文教育的方針，多次在公開場合，邀請民眾申請政府資助，至社教中心上課，藉以提升終身學習的風氣與人文素養。

二、感動與回饋

學員成長

十歲的劉永康是水墨畫學員，他的性格好動，媽媽廖光玉擔心他坐不住，常陪同上課。沒想到課程啟發了永康的興趣，讓他專心上課，進行創作，在水墨畫中揮灑創意。

老師在課程中播放環保主題相關影片，永康在畫中表達環境被污染，空氣間瀰漫著毒氣，地球生病了。老師們將環保、愛護地球的理念融入在課程中，讓學員瞭解為了減輕地球的負擔，要愛惜資源不浪費。

二十多歲的林佳誼患有弱視，左眼完全看不見，家人介紹她到社教中心串珠班學習。長達數年間，她不曾錯過任何一堂課，即使串珠時，視線需非常靠近才看得見，她都設法克服，內向的性格也慢慢放開，結交到一群好朋友。身邊同學、志工疼惜她，蔡秀桂老師也肯定她自發性學習、不自我設限。

師恩情深

社教中心日語老師青木三岐子（Mikiko Aoki）在社教中心執教長達八年，成就了二百三十二人次學員學習日語。她擁有豐富的教學經驗，為了讓學生對日語產生興趣，她將日本文化如茶道、歌曲、摺紙等帶入課程內，加強學生的印象。

「只要你一天是我的學生，我就會對你負責到底。」認真、負責的教學態度，是呂俊賢對青木老師最深刻的印象。呂俊賢因日文班認識青木老師已超過十年，後來成為老師在慈濟的助教。在老師一再的鼓勵下，他考獲日語能力考試（JLPT- Japanese Language Proficiency Test）文憑。對學員來說，青木老師教導的不僅是日文語法、文化，還有人生道理。

青木老師後來由於罹患乳癌，於 2014 年 11 月把工作交棒給女婿李錦明授課。隨班志工李美珍（慮勵）與日文班學生時常探訪關懷，協助清理住家，載送她至醫院複診。

2015 年 7 月 27 日臨終前，青木老師拉著李美珍直叨念著「慈濟」。李美珍說：「請老師換一個健康的身體來，繼續當我們的日文老師。」她釋懷應允，在家中安詳往生。

花道體悟妙法

「以簡單生動的方式分享靜思語，讓學員容易吸收；

青木三岐子在社教中心執教長達八年，指導無數學員學習日語。

（照片：楊秀麗）

藉由瞭解花開花落反觀人生無常的道理，這就是慈濟真善美花道的特色之一。」2003年開始在社教中心承擔花道課程師資的朱美華，由於身邊至親的驟逝，對無常有深刻體會。受英文教育的她，要在課程中分享靜思語是一大挑戰；為此，她都提前一星期備課，再找資深志工陳麻楨（慈協）協助翻譯。

朱美華認為，花不只能供佛，也能美化家中環境，讓家人心生歡喜。學員留意周

花藝課老師朱美華教導學生研習花藝之美。（照片：陳聯喜）

邊的大自然，就地取材路邊的花草，展現它們最燦爛、亮麗的時刻。人生也是一樣，若能把握時間去付出，發揮良能，就能為自己的人生留下美好的篇章。

走出家庭為人師

2004年，身為家庭主婦的劉美姣（慈僑），因烘焙手藝優秀

被志工朱美華賞識，邀約她擔任社教中心烘焙班的代課老師。

後來她正式成為烘焙班老師，將畢生知識及經驗一一傳授給學員。學員的回應熱烈，她在課前備課、課後找資料，從中提升自己，教學相長。學員對她烘焙的肯定及尊敬，促使她增強信心，還進一步加入慈濟助人的行列，今已受證為慈濟委員，希望能接引更多學員加入志工行列。

培育傳承種子

資深手工藝老師賴碧雲，2007年經由社教中心志工邀約，毅然答應授課。她認為手工藝應該要傳承，而自己一人的能力有限，所以著手培訓種子老師，直到他們可以獨立教學，在社教中心開設課程。

當遇人事磨合時，上人的話「對的事情，做就對了」，總是浮現在她腦海裡。賴碧雲將帶著種子老師來做志工，嘉惠更多人的過程視為「送愛任務」，認為把自己懂得的事物、手藝分享出去，就是一種送愛的方式。

廣結善緣

2003年社教中心啟用，志工何翠英（慈翠）加入首批隨班志工，兩年後進一步成為社教中心會務推動的志工之一。

面對早期師資或學員不足的難題，何翠英並不氣餒，透過報章刊登，或在夜市、停車場等發傳單，在慈濟各活動中宣導，試辦體驗課程，鍥而不捨接引更多人走出家庭，快樂學習。

談起社教，何翠英有感「這條路不好走，但是很值得」，從當初只有幾個人，到後來

馬六甲分會執行長羅綉甄（左一）頒發感恩狀給社教中心的老師們。
（照片：郭巧雲）

的魚貫人潮，社教中心對馬六甲市民來說，已不陌生。「一個人做不了很多事，需要很多人一起來做」，她希望廣結更多眾生緣，一起來推廣社教。

社教中心隨著社會發展趨勢，開設多樣化的課程，藉此向大眾傳達，學習是一條永無止盡的路。課程中老師與志工們如同農夫，把愛與善散播在每一個人的心中，社教中心不只是學習的地方，更是啟發善念的道場。

無私大愛入校園
大愛媽媽

2002 年開始，臺灣慈濟結合志工與教聯會老師的力量，規劃家長入校園，推廣生命教育與講述靜思語故事的「大愛媽媽（爸爸）成長教室」。

2004 年 12 月 17 至 19 日，臺灣教聯會團隊將經驗帶到海外，在馬六甲分會舉辦為期三天的「靜思語教學研習營」，首次與馬六甲慈濟人分享「大愛媽媽」。

馬六甲志工有感於孩子在大愛幼兒園或兒童班接觸靜思語教學，接受人文教育薰陶，大有改變；但孩子進入正規學校後，即與靜思語脫節。有鑑於此，林玉招（慈恬）經多方瞭解「大愛媽媽」的運作方式後，馬六甲慈濟在 2005 年 2 月 21 日舉辦大愛媽媽新春聯誼暨說明會。3 月 23 日，開辦首期「大

2005 年 3 月 23 日，第一期馬六甲大愛媽媽成長班開課。（照片：林俊偉）

愛媽媽成長班」（簡稱成長
班），共有十八名學員。

一、發展與推廣

大愛媽媽成長班以走入校
園為孩子說故事為目標，培
訓內容參考《大愛引航》，
靜思語五段教學：體驗、講
故事、省思、靜思、生活實
踐。此外還有手語團康，活
潑、帶動性強，是拉近大人
與小孩距離的妙法。

2004 年 12 月 17 至 19 日的「靜思
語教學研習營」中，臺灣教聯會成
員首次與馬六甲慈濟人分享「大愛
媽媽」的功能和角色。

（照片：馬六甲分會文史組）

大愛媽媽著灰色上衣及白色長褲的制服，進入校園。由於馬
來西亞教育部規定，學校不宜宣教，有校方顧忌宗教敏感，禁止
宗教團體入校；有些學校另提供該校的活動制服，甚至有學校唯
恐觸及法令，希望志工勿以「大愛媽媽」名稱入校園。志工多次
與校方溝通，校方經過長期觀察，化擔心為安心，發現大愛媽媽
的真誠與用心，以及孩子的改變後，這才轉為支持的態度。

大愛媽媽掌握講故事技巧和教材的運用，也進入大愛幼兒園
練習講故事，實際體驗走進校園的情況。成長班安排學員到敬老

院、殘智障院、原住民村關懷送愛,用動物娃娃呈獻故事劇情,讓靜思語增添趣味性。

招募大愛媽媽

為了接引更多家長加入,除了報章刊登招生訊息以外,大愛媽媽有機會即與家長互動,分發傳單,邀約他們參加大愛媽媽成長班。2005 年為了積極招生,大愛媽媽開辦三期課程;2007 年,納入教聯會老師帶動,培養學員教學實踐的方法,成為各班親師生之間的溝通橋樑。2010 年為了在社區就近接引家長,馬六甲市共修處及瑪琳共修處也相繼開辦成長班課程。

大愛媽媽也是接引家長認識慈濟的一扇門,家長成為大愛媽媽以後,進一步接受志工培訓,承擔幹部職責,投入慈濟志業。

傳承經驗

2005 年 7 月,臺灣教聯會前來馬六甲分會舉辦「小太陽的微笑——文化新芽知性遊」研習課程,為大愛媽媽傳承經驗。同年 12 月,馬六甲大愛媽媽十四人到臺灣,參與海外靜思語教學研習營,與臺灣大愛媽媽交流分享,汲取帶動經驗。

2006 年 9 月,新加坡教聯會首辦「靜思語教學研習營」,馬六甲教聯會和大愛媽媽支援課務,分享如何進入校園帶動靜思語

教學。2007 年及 2008 年，新加坡團隊二度到馬六甲，觀摩與學習大愛媽媽的理念。

擴及其他據點

2005 年末，麻坡教聯會老師吳金蒂向育英華小校長馬金枝分享大愛媽媽的精神，希望能進入校園推行靜思語，獲得校長認同。2006 年 2 月 14 日，大愛媽媽走入麻坡育英華小講故事，校

第一屆的大愛媽媽進入大愛幼兒園練習講故事，實際體驗走進校園的情況。
（照片：甄子豪）

方大力配合推動，令她們信心倍增。

2006 年 4 月 29 日，曾經參與馬六甲成長班的志工吳依璇（慈璇）、楊淑茹（慈峁）等人，正式開辦麻坡大愛媽媽成長班。

2008 年居鑾平民華小校長邱畑菘在校內推動「講故事角落」計劃，教師以講故事分享好人好事。邱校長也邀請居鑾慈濟參與講故事計劃，以每星期輪替的方式合作。爾後陸續有學校邀請大愛媽媽走入校園講故事。

2011 年居鑾志工為提昇教學效果及培養人才，多次赴馬六甲、麻坡和當地大愛媽媽交流，每星期前往馬六甲參加成長班課程。4 月 6 日居鑾首屆成長班開課。

2005 年至 2020 年，馬六甲、麻坡、居鑾三地大愛媽媽共走入三十三間華文小學、一間幼兒園、一間啟智班，為孩子們講故事、傳達善念。

二、愛的漣漪

大愛媽媽帶動豐富生動的靜思語課程，藉多元化的呈現，傳達人文教育，讓學習更有趣，並對孩子們產生正面影響。

一位家長表示，兩個孩子在家中，會用大愛媽媽教的靜思語，互相交流、警惕，讓她十分驚訝。馬六甲文化小學音樂老師楊玉荃，也見證了兒子的改變：「孩子在耳濡目染之下，將靜思語實

踐在生活中。當看見需要幫助的人，就會啟發他們的悲心，讓他們自發將身上的零錢捐出。」她因而更加肯定靜思語的教學，在課堂上為學生複習靜思語，也把慈濟歌曲選入音樂課作為教材。

善的效應

舉凡國內外募心募款行動，志工經常總動員，校園師生也在大愛媽媽的引導帶動下，為受災者祈福，及捐獻愛心幫助他們。

大愛媽媽為日本強震災民，向馬六甲培二家長、學生募愛。

（照片：李獻雄）

如 2008 年緬甸風災和四川大地震，大愛媽媽與培二華小聯辦祈福募款活動。校方以行動護持志工走入校園募款，更呼籲其他學校一同加入募心募愛的行列。

2009 年，臺灣遭受莫拉克颱風侵襲，培二華小與文化小學師生在大愛媽媽帶領下，以各自的宗教信仰，虔誠為遠方災民祝福祈禱；大家也共同捐出善款，為賑災盡一分綿力。

2010 年，大愛媽媽藉大愛臺新聞，傳遞海地災難的訊息。培二華小師生默哀和唱誦〈愛和關懷〉，將祝福遠傳災民，學生們也帶來竹筒撲滿，將愛心捐入募款箱。2015 年，大愛媽媽再度走入校園，帶動學生為東海岸水災災民祈福，及捐獻善心。

環保教育

面對氣候變遷，四大不調的現況，大愛媽媽也將環保納入進校園推廣的重點。大愛媽媽徵得校方同意後，在學校舉辦環保講座，帶動全校師生正視環保課題，落實環保回收。

自 2007 年起，在大愛媽媽的推動下，馬六甲文化國小將每周五早上訂為「環保時間」。在這個時段，學生和家長從家中帶來回收物，到學校進行分類，並由慈濟志工協助，統一進行回收，所得收益充作學校福利基金，造福清寒學子。

大愛媽媽為了鼓勵孩子們參與資源回收分類，製作集點卡分給孩子，每次拿回收

在鼎華華小，大愛媽媽陪伴孩子成為環保小尖兵，每逢學校的環保日，孩子們都主動幫忙做分類。

（照片：黃福泰）

物來就蓋一個印章，集滿可以換小禮物；並在班級之間舉辦環保競賽，頒獎鼓勵推廣環保理念。大愛媽媽吳碧雲回憶第一次環保時間：「學生帶來的袋子內，回收物不多，幾乎都是垃圾！我們漸進地教導孩子，現在他們比較有概念，也學會分類了。」

此外，2009 年，大愛媽媽眼見校園內保麗龍的使用量與日俱增，於是向校方提出建議停止使用保麗龍餐具，獲得校方支持，並正式發出通告給家長，呼籲家長與校方配合。在各方面的全力配合之下，文化小學、培二華小和武吉波浪小學三所華小的保麗龍免洗餐具逐漸絕跡。師生們改以使用自備的環保餐具，不但節約了資源，更節省了師生購買免洗餐具的成本。

三、人物故事

王燕萍——以歡喜心跨越逆境

王燕萍的四位孩子皆患有過動症和自閉症，為照顧這些特殊的孩子，她幾乎二十四小時都處在緊張與忙碌之中，看不見生活的希望。

在特殊兒媽媽的聚會中，其他家長和她分享參與大愛媽媽成長班的收穫，以及成為志工的法喜，王燕萍心生嚮往。2015 年初，她參加大愛媽媽成長班，每次的課程皆獲得啟發，無形中增

加信心與勇氣。

除了自身受益之外，王燕萍也學習走入校園付出。她曾擔心落人口舌「自家孩子都教不好，還來當大愛媽媽教導別人的孩子？」然而她克服了負面的想法，積極面對。而且大兒子和二女兒在學校也曾遇到貴人相助，她懷著感恩心投入校園，希望自己也能成為他人生命中的貴人。

王燕萍的改變與孩子點滴的進步，先生都看在眼裡。為了讓太太安心出門做慈濟，他總是把工作挪開在家照顧孩子，還四處與親朋好友分享太太的改變；王燕萍也會與先生分享所見所聞及收穫，夫妻和家庭關係愈見和諧。

她體悟到聞法的重要，於是她堅持晨起聽聞上人開示，為生命注入養分與正能量，從此人生更坦然，以懺悔、歡喜心改善逆境，一點一滴蛻變。

吳依璇——信心承擔不言退

2001 年，吳依璇（慈璇）面對孩子的教育問題擔憂不已，在機緣巧合下，帶孩子參與麻坡兒童精進班。從擔任兒童班的班媽媽、慈少團隊輔，深刻體會靜思語所帶來的正面影響。

2005 年吳依璇與教育志工團，回臺灣參與教育研習培訓課程，瞭解大愛媽媽在校園推動的方式。回國後，她參加馬六甲慈濟大

愛媽媽成長班的課程，學習如何帶動大愛媽媽；她走訪各間學校，說明「大愛媽媽」的精神，並在 2006 年獲得三間華小的支持。

為了推動大愛媽媽入校園，她推動成立麻坡大愛媽媽成長班。每年開學前，吳依璇都會與大愛媽媽們一一走訪學校，呈上年度教案，與校方取得共識，讓雙方合作日後進行更順利。她們也依學校的需求安排活動，給予適當的人文教育；如考試祈福會、教師節、畢業典禮感恩師長等，以親師生互動為主。

大愛媽媽們一同從做中學，向馬六甲志工請教，再從各種教案或靜思人文書籍中尋找資源及教材，學電腦、學演

擁有四位特殊孩子的王燕萍（中），投入大愛媽媽的行列，為學生們講故事。（照片：黃玉花）

吳依璇（右二）帶動策劃大愛媽媽成長班課程。（照片：楊秀麗）

戲、學主持、學做道具、學手語，豐富課程內容。吳依璇說：「孩子的快樂是我背後的動力，不論是什麼挫折，只要走進校園，我都把不愉快忘光光。」

姚曉玲——幕後陪伴育人才

2004 年，馬六甲大愛幼兒園家長姚曉玲，由於老師葉金敏的接引，成為大愛媽媽，並承擔課務組的重任。在大愛媽媽成長班中，她深刻體會到媽媽要勇敢站出來，以身作則；在孩子成長之餘，自己也跟著加速成長。

2011 年受證委員的同時，姚曉玲也發心承擔起大愛媽媽組長一職。有感自己當媽媽的辛苦，如情緒困擾、育兒壓力、夫妻相處的矛盾，也會發生於其他媽媽身上。為此，她經常內省自己的困境，希望自己的改變能有助於其他媽媽。她會將如何面對困境融入課程中，讓大愛媽媽找到出口調適；看到每一位大愛媽媽的蛻變，是姚曉玲最堅實強大的動力。

大愛媽媽活動後，姚曉玲（主持者）帶動大愛媽媽該如何面對困境，分享解決的方法。（照片：黃玉花）

她為大愛媽媽走入校園作嚴謹把關,並深耕媽媽們的道心。在設計校園課程、共修、培訓等不同主題時,面對來自各個背景的媽媽們,不斷給予腦力激盪、嚴格要求,版本一改再改,鼓勵拋開過去包袱、挑戰極限,重要的是不離慈濟精神理念與主軸。

　　一個人走得快,一群人走得遠;大愛媽媽各有擅長,姚曉玲先悉心觀察,把內向細心的媽媽安頓在幕後或補位工作,沒辦法在臺前幕後的人還可支援技術層面,外向活潑的媽媽則安排規劃主導、臺前演出。培養人才需知人善用,大愛媽媽組成互相補位、向心力強的團隊,一同將靜思語的清流帶進校園。

四、肯定與迴響

　　大愛媽媽的付出獲得了許多學校肯定,麻坡、居鑾數間學校為了感謝大愛媽媽,多次頒發獎牌及「熱心教育」、「熱心服務」感謝狀。

　　麻坡培養學校 2007 年及 2012 年的校刊,記錄了大愛媽媽進入校園的事蹟,學校小記者採訪大愛媽媽團隊成立、走入校園的原因與進行方式,以及期待帶給學生、家長的成效與影響。

　　2012 年,峇章華小大愛媽媽轉為班級經營,關懷學生也關心老師,效果比過去更好。校長古望利肯定大愛媽媽以身教帶領學生,讓他們明顯進步,孩子潛移默化的改變,也是在減輕老師的

教學負擔。

2013 年 1 月，馬六甲培風第三小學校長黃翠玲，出席大愛媽媽新年聚會分享：「大愛媽媽就像一位農夫，不但關心自家的稻田，也關注鄰家的稻田，要到鄰家的稻田捉害蟲。大愛媽媽就是這樣的理念，希望將所有的孩子引入正道。」

深耕善種

上人叮嚀：「慈濟人所實踐的，我們要積極傳承給下一代，希望他們可以不憂不懼，也能遠離顛倒。『靜思語』是如此深入淺出，透過講述故事和互動，體驗在生活中的妙用，讓成長中的每個孩子，都能持有慈悲的心、保有喜捨的胸懷，處處感恩、時時善解，唯有這樣，我們的孩子才能有身心健康的自我。孩子未來的希望在教育，社會的希望也在教育，教育是這麼的重要，這就是我積極呼籲把靜思語帶入校園的動力。

為了進入校園推廣，讓更多媽媽一起來說靜思語故事，讓校園帶來光明和希望，孕育孩子們能知福、惜福、再造福。而媽媽們亦能化小愛為大愛，以『媽媽心』為孩子撒下愛的種子，期待大愛幼苗能在校園生根、綻放。」

大愛媽媽滿足孩子愛聽故事的天性，也促成學習的契機，讓孩子記住了一句句靜思語。大愛媽媽的長期付出受到校方肯定，

進而將環保理念引入校園。

　　原本只是家庭主婦或職業婦女的媽媽們，透過成為大愛媽媽，多了學習的機會與展現的舞臺，透過靜思語教學，也肩負淨化校園的重任。

臺灣大愛媽媽團隊走入馬六甲鼎華小學，帶動馬六甲團隊進行靜思語教學。
（照片：張福林）

人文志業篇

1967
《慈濟》月刊創刊

1995
「慈濟世界」電視節目於臺灣 U2 臺播出

1999
馬六甲《慈濟世界》月刊創刊

2004
馬六甲慈濟第一間靜思書軒開幕

為時代作見證
人文緣起

一、筆耕紀錄：文宣組

1992 年，簡淑霞（慈露）開始投入慈濟慈善志業，當她把活動中所拍攝的照片與先生劉銘達（濟雨）分享時，他總有意見：「這麼震撼的故事，怎麼從照片中都看不出來？」終於有一天，一句「我來幫妳拍」，劉濟雨從此在慈濟活動中發揮攝影專長。

當時電腦製圖技術並不發達，劉濟雨用彩色的厚紙卡，黏上照片和剪貼手寫圖說，製成文宣看板或檔案本，成為馬六甲志工最早向民眾「說慈濟」的文宣品。

1994 年 4 月 8 日，馬六甲慈濟第一次試辦現場發放，看見唱歌、跳舞的動感畫面，劉濟雨察覺單靠相片和文字無法完整呈現；加上活動和志工人數漸增，人事物不斷累積，要回首過去不能只憑記憶，於是劉濟雨決心購買錄影機：「必須完整記錄這些人的生命足跡，時間稍縱即逝，錯過了就很可惜。如果有做記錄就能源遠流長，不做就沒有歷史！」

早期馬六甲活動記錄與人物報導大多由同仁主導，志工輔助，初期筆耕、攝影及錄影人數不多，皆以「文宣組」統稱，即一位

同仁負責文宣看板，兼帶動筆耕、攝影及錄影志工，為各活動留下文史紀錄。

二、立體媒體：影視組

1998 年元旦，臺灣大愛電視臺（簡稱：大愛臺）開播。同年5 月慈濟週年慶，劉濟雨製作馬六甲慈濟志業回顧影片，向上人分享馬六甲慈濟會務發展，獲得上人稱許「馬六甲會務報告方式最佳」，帶動其他國家陸續仿效。6 月，馬六甲慈濟成立「影視

1994 年劉濟雨（左二）簡慈露（左一）返臺尋根，準備檔案本和文宣，向上人報告馬六甲慈濟人的慈善訪視情形。（照片：馬六甲分會文史組）

組」，徵聘專職同仁拍攝活動紀錄，加以剪輯，再寄給大愛臺製成新聞播出，讓馬六甲慈善足跡傳播全球。

1998年至2002年，大愛電視臺團隊多次來馬來西亞拍攝節目，記錄馬六甲志工訪視關懷的個案故事；當地影視志工及同仁積極配合拍攝工作，並從中觀摩增進影視技巧。馬六甲慈濟也多次邀請大愛臺同仁前來舉辦教育訓練課程，分享專業知識，加強製作技術，提升馬六甲志工媒體素養。

隨著科技發展，馬六甲慈濟也升級影視器材配備，影片後製工作轉為電腦化，縮短剪接畫面的時間，並附加各種影音特效。在邊做邊學的過程中，影視組也帶動其他慈濟據點同仁和志工，記錄各地志業發展足跡，再由同仁製成新聞，於大愛臺及慈濟網站播出。

影視同仁黃惠婉和駱輝堯（惟鎮），對自己第一次製作的特別報導——沙巴亞庇生命關懷之家，印象特別深刻。

1998年，馬六甲慈濟五週年成果展，呈現慈善濟貧工作的歷程。
（照片：馬六甲分會文史組）

為了要體會原住民孕婦一路步行求診路途的艱辛，他們扛著攝影器材走入山區，就連成年男子都走得氣喘如牛，更何況是臨盆的孕婦？他們認為：「鏡頭下不只是單純的紀錄，其實人文真善美就是走入主人翁的生命，自己去親身經歷瞭解，這樣拍出來的東西就會有感覺，才能感動其他人。」

當拍攝的影片愈來愈多，同仁也製作出更多種不同類型的節目，有市井小民行善的感人故事《看見菩薩的身影》，也有新聞報導如《見證真善美》、《活動簡報》，每一年更製作《美善人生》、《馬來西亞慈濟志業綜合篇》會務報告，讓社會大眾看見馬六甲的慈善足跡，這都是志工介紹慈濟的重要媒介。

大馬慈濟情

2009 年 12 月，馬來西亞各分會開始協力製作專題節目《大馬慈濟情》。大愛臺副總監張尊昱認為，馬來西亞團隊製作影視新聞多年，不但掌握在地志業的發展，也累積了足夠的報導題材，具備進一步製作專題節目的優勢，能展現慈濟志業如何在多元民情的國土中深耕。

《大馬慈濟情》節目一集二十四分鐘，採用紀錄片形式，穿插旁白解說和訪談，記錄救災行動、照顧戶生命故事、慈善救助事件等。節目在馬來西亞各分支會的支持下展開製作，由馬六

甲、雪隆及檳城三地的影視同仁輪流承擔。

為使節目製作順暢,製作團隊每月進行一次視訊會議,討論各自的節目內容、進度、後製細節等事項。此外,各分會每半年輪流承辦一次在職培訓課程——《大馬慈濟情》共識會,相互切磋技能、分享心得,並由張尊昱副總監與相關同仁跨海授課。

節目製作之初,馬六甲影視組僅有五位同仁,在人力、經驗不足的情況下,不斷地學習與努力,在淚水與汗水交織中,完成一集又一集的《大馬慈濟情》影片。

2011 年 6 月 4 日起,《大馬慈濟情》節目於大愛臺全球同步播出,每週六上午播出一集,將馬來西亞慈濟感人事蹟傳播到世界各地。由於內容豐富多元,製作精良,風格樸實動人,成為大馬慈濟的影視代表作品。

節目深獲好評,截至 2021 年,五百四十集節目中,馬六甲團隊共製作了一百二十五集。儘管製作歷程艱辛,但影片獲得良好迴響,是製作團隊最大的鼓勵。

大愛讓世界亮起來

1998 年 1 月 1 日大愛電視臺開播,以報真導正為使命,期許淨化人心,傳播真善美。因為許多媒體報導偏差,致使人心惶惶,社會不安;上人因而希望把慈濟許多真實感人的故事,透過衛星

與全世界分享，達到淨化人心的目的。

　　基於大馬國情、政治、民族等各方面考量，大愛臺無法在馬來西亞的電視頻道播映。馬來西亞慈濟人唯有請大愛臺錄製節目光碟，於志工共修課程放映。

　　2000 年至 2012 年間，為了將這股清流傳送到全馬，舉辦了八次「大愛之夜」活動，大愛劇場演員與真實人物前來分享，藉此介紹大愛臺的節目，期許大愛傳遞到家家戶戶。

　　志工始終希望大愛臺能在馬來西亞普及化，2008 年迎來合作曙光，慈濟透過與馬來西亞網路電視 DETV 簽約，只要安裝網路機上盒，就可

大愛臺張尊昱副總監（左一）來到馬六甲分會，和影視同仁商討就地取材、製作專題節目的可行性。
（照片：李文福）

《大馬慈濟情》共識會，由大愛臺相關領域的同仁，跨海前往授課。
（照片：慈濟基金會）

以直接收看大愛臺，讓大愛臺從光碟、網路擴及電視族群。這是志工努力了十多年的成果，也是當地政府對慈濟善行的一大肯定。如今，隨著網路發達及智能手機普及，大眾已可透過網路平臺收看大愛電視節目。

三、平面媒體：期刊組

1999 年，馬六甲慈濟成立「期刊組」，負責照片、文字、書刊及報章剪報等資料建檔工作，彙整馬六甲各據點活動報導。文稿經過編修，搭配照片圖說，再進一步編輯成中英文刊物、年鑑。

在《慈濟世界》月刊尚未發行以前，馬六甲各據點所有活動訊息都由同仁和志工負責撰稿成文，並搭配照片傳真至花蓮本會，登在臺灣《慈濟道侶》半月刊。

1999 年 3 月 16 日，馬六甲慈濟達成共識，決議辦一份本地期刊，宣導慈濟訊息及廣傳好人好事。期刊組同仁參考《慈濟道侶》的形式排版設計，

馬六甲慈濟發行《慈濟世界》，將大愛的足跡踏實的留下見證和紀錄。（照片：馬六甲分會文史組）

於 1999 年 10 月 17 日發行《慈濟世界》月刊創刊號。

《慈濟世界》早期經常面臨供稿來源不足，期刊組志工陳麻賴（慈協）自己以身作則，一個人以多個筆名，同時出現在月刊上。也幸而馬來西亞知名作家朵拉無償供稿十年，劉濟雨也從第一期開始連載《雨露》專欄多年，此後隨著人文真善美志工制度建立，稿件內容漸趨豐富完善。

1999 年 10 月 17 日，《慈濟世界》舉行創刊典禮。

（照片：馬六甲分會文史組）

月刊美編同仁李錦樑（濟儀）說：「馬六甲慈濟雖然沒有出版經書，但我每個月都帶著一顆製作經書的恭敬心設計月刊。」同時期刊組也發行《中南馬慈濟年鑑》、《愛在大馬艷陽下》等慈濟志業書籍，讓志工或民眾可以隨時掌握慈濟訊息。

多年來，志工從《慈濟世界》瞭解慈濟志業精神，也善用它和會員互動，分享慈濟訊息，並回饋大眾的善心護持。志工前往馬六甲中央醫院關懷病友時，有民眾主動分享，閱讀《慈濟世界》讓他感覺社會很有希望，印證了平面媒體宣傳美善的重要性。

《慈濟世界》從早期採用報紙形式出刊，到後來轉為書刊雜

誌形式，彩色印刷。內容有上人開示摘錄、慈濟志業報導、專欄作家文章等等。月刊主編黃威南說：「《慈濟世界》就像一個視窗，每次透過文字和圖片看到人間真善美的一面，堅持在冷暖人間中依然做個好人的信心就會油然生起。」

上人呼籲隨著地球暖化現象加速，全球慈濟人首先要以身作則，帶動節能減碳。因此每月發行數十萬本的臺灣《慈濟》月刊，率先推動電子月刊，而馬來西亞《慈濟世界》月刊從 2008 年起，逐漸減少出刊數量，改以電子月刊的型式，在網路平臺中與讀者心靈交流。

由於印刷廠位於吉隆坡，隨著吉隆坡慈濟志業蓬勃發展，志工倍數成長，2006 年升格為吉隆坡分會（2010 年正名雪隆分會），行政會務獨立運作。為方便管控印刷品質，2011 年《慈濟世界》轉由雪隆分會持續編輯和出版。

英文組

劉濟雨認為，要讓不諳中文者也有機會認識慈濟，於是自《慈濟世界》創刊，就會在最後面附加兩頁英文版。由於人力不足，委由新加坡分會英文團隊協助翻譯，至 2001 年年底，改由馬六甲志工甄少華和葉宏舉翻譯，翻譯資料皆為手稿，需由同仁輸為電子檔，再來回校稿完成定稿。

2003 年，馬六甲成立英文組，然而擅長中英雙語的志工不多；至隔年，來自澳洲的志工約翰休（John Shield）加入編輯團隊，發揮英文長才，協助編修英文文稿，讓翻譯工作趨於穩定出版。

2008 年，《慈濟世界》月刊英文版開始獨立出刊，英譯部分更為吃重。幸而此時吉隆坡慈濟也成立英文組，相繼投入翻譯工作，馬六甲英文組志工則協助校對，提供英文心得和活動稿件，並翻譯網頁新聞、文宣品、看板文案等，讓更多母語不是中文的民眾，也能更認識慈濟，一起投入行善。

多媒體：慈濟網頁與臉書

馬六甲慈濟為因應網路媒體日益普及，於 1999 年 3 月 28 日設立馬六甲慈濟資訊網站，將慈濟訊息透過多媒體傳遞得更廣。

網站涵蓋中南東馬慈濟據點的活動訊息、志業簡介及好人好事，隨時更新。2000 年馬六甲慈濟成立「網頁資訊組」，由專職同仁負責網頁設計、維護工作及上傳訊息。

2007 年英文資訊網開始上線，2008 年元旦，中英文月刊正式電子化，設有網頁版、電子書及 PDF 檔，供讀者線上瀏覽。

2010 年末，為讓更多人看見慈濟善的訊息，馬六甲資訊同仁特別設計中英文版慈濟臉書，將最新訊息即時上傳至社群平臺，分享活動資訊、志工服務成果等，讓大眾能更快掌握慈濟脈動。

結集馬六甲慈濟史

2013年1月25日，為了留存慈濟的歷史，慈濟基金會增設「靜思法脈暨慈濟宗門文史結集研修中心」，將慈濟理念與行動的發展脈絡，彙編成有系統的書冊，讓慈濟走過的足跡都完整留存。

馬六甲期刊組近二十年來不斷收集、彙整資料，發表於中英文版《慈濟世界》或網頁上，累積了豐富的感人故事及志業足跡；遂配合臺灣文史結集中心，參與彙整、考證及梳理馬六甲慈濟志業歷史。

2013年8月，馬六甲與雪隆分會兩地同步整理資料，由志工與同仁組成的文史團隊，一週數天會合，討論及認領各綱目，擬定作業進度，規劃建立資料儲存及互動平臺。

2013年及2014年，臺灣編纂處洪素貞（靜原）主任兩次前來馬來西亞，舉行「馬來西亞慈濟史教育訓練工作坊」，培訓同仁結集史料、撰寫史藏。工作坊後，兩地文史團

2013年11月23至24日，舉辦第一次的「馬來西亞慈濟史教育訓練工作坊」。（照片：郭巧雲）

隊持續收集、揀選及考證史料，投入撰寫大馬慈濟史，再由編纂處協力編輯成書。

四、人文真善美志工

2004 年，為了讓《慈濟世界》內容更扎實，馬六甲期刊組在志工體系中設立「筆耕隊」，召集志工協助撰寫文稿，由同仁帶動及給予技術培訓。原本攝影志工只是配合慈濟活動拍攝，直到2006 年，組成專門的「攝影團隊」。2009 年，馬六甲慈濟響應上人理念，推動筆耕、攝影及錄影三合一的「人文真善美」志工團隊。

花蓮本會人文志業發展處、大愛電視臺同仁也多次到馬來西亞分享，建立人文真善美的觀念，舉辦資料採集、影像文字記錄等課程，並培養團隊默契。馬六甲人文真善美志工從中學習，再自辦培訓課程，協助同仁在各地蒐集、記錄資料，為慈濟留史。

李獻雄——鏡頭下的無常

2000 年，李獻雄和陳玉寶（慈夆）夫妻在大女兒接引下參與慈濟。由於李獻雄擅長攝影，志工邀他為慈濟活動照相留史；他勉為其難地騰出時間，當作是「交功課」，誰知作品卻達不到執行長劉濟雨的要求。

2003 年 9 月印尼北干峇魯大型義診時,李獻雄承擔機動工作,但見證苦難卻不能即時拍照記錄,讓他感到遺憾,因而發願承擔日後的攝影工作。回馬後,他不拒絕任何勤務,即使跨州到吉隆坡,或跨國去新加坡,他也一樣義不容辭。過程中,他逐漸積累經驗,拍攝的照片也愈來愈動人。

參與慈濟賑災,李獻雄見證天災無情,卻未想過「無常」會快速來到自己身邊。2010 年,妻子被診斷罹患帕金森氏症。他用智慧轉心念,為了履行「一人做兩人份」的承諾,他承擔起馬六甲人文真善美和氣幹部,召開會議、協調活動、帶動陪伴攝影團隊,同時整合筆耕及錄影團隊。面對來自各行各業,性格各異的志工,對這份差事卻不以為苦。

儘管周而復始的忙碌,他卻說:「我不累,做慈濟就不累。我知道這條路不好走,但我不會放棄。」他為自己生命鏡頭下的無常人生,創造更珍貴的價值。

陳庥禎──踏實前行的筆耕者

陳庥禎原是小學教師,1995 年在一場靜思語教學講座上首次接觸慈濟,1997 年退休後成為馬六甲志工。原本只會批改學生作文的她,在簡慈露的邀約加入了馬六甲期刊組。

《慈濟世界》出版,期刊組初期人手短缺,陳庥禎勇於承擔,

成為文字志工。最初不熟悉形式，寫了一篇「流水帳」式的文章，豈料一再被退稿，直到第三次才勉強過關。為了讓自己的文筆更精進，除了閱覽書籍，也練習稿件修潤，她請同仁列印稿件，在紙本上修改，大家互相勉勵，提升品質。

志工陳麻禎（右二）投入期刊組工作，多年來筆耕不輟，同時也協助指導年輕筆耕志工。（照片：林振東）

隨著待在期刊組的時間愈來愈長，為了不增添同仁負擔，當年五十幾歲的她開始學習電腦及拍照。從早期「到底該怎麼寫」，至今行文流暢，言簡意賅，更培養了新聞的敏銳度。如今的她坐在電腦前熟練地繕打，且愈做愈快、愈做愈順暢，還能傳承自身經驗，培養新加入的志工。

臺灣《慈濟》月刊和《衲履足跡》是陳麻禎的精神道糧，她透過這些書刊汲取上人的法，每當寫稿時，能將上人的法融入文字中。陳麻禎抱著一種心念，不管自己是否能記憶全部內容，但只要是讀過的，希望都能藏入八識中，勤耕自己的福田。

2009年，陳麻禎北上吉隆坡與孩子團聚，心心念念依然是慈濟事。她與馬六甲及雪隆分會的編輯同仁取得共識，上午處理家

事，下午就上線接收文稿協助修潤，讓她在家也可以做慈濟。

陳麻賴認為：「透過筆下紀錄，我們正在創造歷史，讓慈濟走過的足跡都被彰顯；我們正在記錄歷史，讓慈濟志業得以傳承。七十多歲的我，原來擁有這種潛能，有能力投入慈濟，付出的歡喜，如人飲水，冷暖自知。」

駱輝堯——攝入心中的感動

2002 年自電影系畢業的駱輝堯，希望透過自己的作品可以傳遞美善訊息，所以加入馬六甲影視組發揮長才。

每天繁忙的工作，幾乎相似的流程，讓駱輝堯拍了一年之後，漸漸找不到理想目標，失去了原本的熱忱。就在起心動念的當下，他被安排到東馬拍攝原住民孕婦待產的歷程紀錄片，親身經歷見苦知福，讓他重新反思，原來透過鏡頭能傳達更多感動人的故事。

2009 年，駱輝堯同時兼任吉隆坡和馬六甲的影視組組

前馬六甲分會影視組同仁駱輝堯（右一）與夥伴正在進行採訪。

（照片：馬六甲分會文史組）

長，認為人文志業一定要結合同仁與志工的力量，才能讓歷史點滴不漏。面對推動中的困難，駱輝堯認為：「有承擔就有成長，我知道可能做得不夠好，但是承擔職務就會有所成長。」

駱輝堯後來雖然為個人發展而離職，但仍心繫慈濟，於 2011 年以合約方式接下《大馬慈濟情》製作人一職。2013 年 9 月，駱輝堯承擔「馬六甲慈濟人文志業十五周年」協調負責人，他說：「做慈濟，欲望會越變越少，心無雜念，就看得更清，知道自己要走的路，面對人事的變化球依然全力以赴。」

人文清流入人心

上人開示：「今天的工作是明天的歷史，要讓感人的事蹟流傳下來。時間無情，人有情，若不把握現在，會流失於未來。要知道，我們正在寫歷史，從事文史要為慈濟歷史作見證，要多用心，來世間能夠對人群有一番服務和貢獻，才不算空過人生。慈濟文化是務實文化而非理論文化，希望大家將慈濟的人文記錄下來，讓這股清流導正人心。」

 人文緣起 1992年－2021年
——為時代作見證

期刊組

影視組

英文組

網頁資訊組

刊物

22年　　　　　6415篇大藏經文稿

1999　成立期刊組，《慈濟世界》月刊創刊
2008　轉型電子月刊、發行獨立英文版
2011　《慈濟世界》由雪隆分會統籌編輯

影視

23年　　▶ 1.21萬人訂閱

1998　成立影視組
2009　製作節目《大馬慈濟情》
　　　截至2021年馬六甲共製作125集

網站

22年　　f 9000人追蹤

1999　設立慈濟網站
2000　成立網頁資訊組
2010　設立中英文版慈濟臉書

大愛臺推廣

21年　　　　舉辦11場大愛之夜

2000　首次舉辦大愛之夜，推廣大愛電視臺節目
2008　與網路電視DETV合作

人文真善美

17年　　　　志工約8000人次

2004　成立筆耕隊
2006　成立攝影團隊
2009　推動人文真善美志工

法入心 法入行
經藏演繹

「經藏演繹」是慈濟傳法的一種方式，以手語、歌曲和戲劇傳達佛典意涵，引領觀眾攝受佛法。

1992 年，臺灣本會成立手語隊，以手語詮釋慈濟歌曲的意涵。1999 年底，手語隊將《三十七道品》偈頌歌曲與手語結合，在慈濟三十四周年慶推出《三十七道品》音樂手語劇，是慈濟首次的經藏演繹。

馬六甲慈濟跟隨本會腳步，於 1995 年成立手語隊，並舉辦每月一次的對外手語班，吸引民眾加入手語隊，藉此機會認識慈濟。2001 年 7 月 28 日，馬六甲手語隊在「馳援印度大地震」籌募感恩晚會上演出《靜思‧寰宇‧慈濟情》其中的曲目，是馬六甲慈濟首次音樂手語劇演出。

1995 年，馬六甲慈濟舉辦茶會，以手語搭配慈濟歌曲進行表演。

（照片：馬六甲分會文史組）

一、《三十七道品》演繹

2006年5月14日，為了同步歡慶慈濟四十周年，馬六甲分會志工首次演繹《三十七道品》全劇，傳達佛典中三十七種修行的方法。

慈濟四十週年，馬六甲志工呈獻《三十七道品》音樂手語劇。

（照片：李獻雄）

演出者除了手語隊成員，還有資深委員、新進志工、同仁及企業家。排練長達一個半月，演出者不論自己出場次數多寡，無不放下手邊忙碌的工作，配合每一次的手語練習。其中年邁的志工邱金娘以熱忱堅毅的學習態度克服不識字的困境，熟記歌詞和手語，最終完成上臺演出的心願。

二、《無量義經》演繹

2007年9月，臺灣首度演出「清淨‧大愛‧無量義」音樂手語劇，演繹《無量義經》的經文意涵，深入淺出的偈頌歌詞，結合音樂旋律的力量，輔以默劇、手語演出以及影片呈現，帶領觀眾深入無量義的人間妙法。

2007 年 10 月 14 日，馬六甲慈濟人也首次公演該劇。「清淨·大愛·無量義」的演繹方式較為多元，更具張力，對於身為業餘表演者的演繹志工而言，更是一大挑戰。

馬六甲志工甄若麗（慈勝）毅然承擔協調與導演的工作，合和馬六甲、吉隆坡及麻坡共 147 位志工之力，歷時數月進行排練。

甄若麗在龐大的壓力之下，甲狀腺亢進再度發作；但她想到經文故事中的大船師，身患重病仍能度眾生到彼岸，因而堅持不放棄。在排練過程中，反覆聆聽歌詞、揣摩演繹，使她深入經藏。帶領演繹志工長時間刻苦排練，最終圓滿演出。

感動不分宗教

2010 年 11 月，馬六甲慈濟再度發願演繹「清淨·大愛·無量義」，攜同淡邊、昔加末、麻坡各據點志工展開《無量義經》共修，177 位志工投入三個月排練，並於演出前虔誠茹素 108 天。此次演繹由法音組規劃系列共修，引領志工深入經藏，幕後經過許多志工開會、討論，克服種種困難。

擁有木工專長的照顧戶李其展，由於感恩慈濟過去在其重病時的援助，前來協助搭建臨時舞臺，讓演繹志工能排演走位。同時為了讓更多民眾得知演出訊息，志工除了召開記者會，透過傳媒的力量邀約民眾，也至各社區、商店或是宗教道場邀約廣傳。

2011 年 1 月 2 日，慈濟人於馬六甲國際貿易中心（Malacca International Trade Centre）舉辦歲末祝福，安排演繹「清淨‧大愛‧無量義」。當天有近萬名各族裔與宗教的觀眾到場觀賞。

玄善法師感動表示：「該劇能使人領略經義，啟發人人的慈悲心，提升人生價值觀。」五大宗教諮詢委員會

《無量義經》演繹，讓觀眾領受佛法之奧妙。（照片：李獻雄）

馬六甲分會秘書顏永和則說：「從音樂手語劇中感受到『一』的力量，無數個『一』的力量就能改變世界，慈濟志工推廣的方式值得大家學習。」活動尾聲，法師、神父、修女等各宗教代表上臺領眾，以各自的方式祈禱，為演出劃下圓滿的句點。

三、《父母恩重難報經》演繹

2002 年，《父母恩重難報經》音樂手語劇於臺灣公演，獲得廣大迴響；全劇以手語、音樂、默劇等方式，演繹經文中父母懷胎撫育的辛勞，使人反思感念父母恩情。

2009 年 5 月 1 日，馬六甲分會首次演繹《父母恩重難報經》。此次演出共集合 190 位志工，年齡層涵蓋五歲至八十歲，數月來每天利用晚間，辛勤排練近一百小時，從策劃、宣傳、服裝、音效、排練等，發揮眾志成城的精神，吸引約四千五百人觀賞。

　　受英文教育的志工楊明富（濟擇）一家五口皆投入演繹。當初受邀參演時心中忐忑不安，唯有請妻子為經文標上英文注音，再研讀英文譯本，克服語言上的困難。排練過程深入經文涵義，

2009 年 5 月，馬六甲志工演出《父母恩重難報經》，以戲劇、音樂和手語，交織上演人生百態。（照片：楊秀麗）

真實感動了他；公演之前，為了整體美，他甚至主動剃掉蓄留了三十年的小鬍子。

為了演繹「十月臨盆痛難當，恰似刮骨割心肝」歌詞，志工以舞動的紅色紗布表現母親懷胎的身心煎熬。舞臺上孩子們蹦蹦跳跳圍繞在父母身邊，長大後卻開始叛逆而嫌棄父親，為讀書而離鄉背井，有了妻兒卻忘記倆老，到最後想起父母時，卻已是子欲養而親不待。臺上演員演得絲絲入扣，臺下觀眾從中看到了昔日自己的影子，而引起共鳴。

觀眾羅觀鈴在觀賞過程中哭紅了雙眼，已為人母的她，看著劇中描述孩子由嬰兒乃至成年的過程，深刻地體會雙親過去拉拔自己長大的辛苦。「觀賞舞臺劇的當下，即反省自己身為女兒能為母親再做些什麼。」父親已往生，恩情已無法回報，羅觀鈴告訴自己，今後要抽出更多時間回家陪伴母親。

年輕學子演繹

2012 年 11 月 3 日，由馬六甲多媒體大學和技術大學慈青擔綱，慈少、大愛媽媽、教聯會老師和志工聯合演繹《父母恩重難報經》音樂手語劇，吸引 1,065 名觀眾前來觀賞。

慈青排練《父母恩重難報經》時面臨不少考驗。兩間大專上課、考試及放假的時間都不同，演繹人員時常有調動，以致要個

別排練。活動協調陳梓建雖感挫折，但看到學長姊及夥伴的努力，讓他不敢有鬆懈及放棄的念頭。

慈青幹部胡家健（誠暐）是該劇手語組組長，在數個月的練習期間，他除了負責載送慈青到馬六甲靜思堂排練，或在學生宿舍指導手語，同時還有個人的的實習工作；面對多重壓力卻依然保持優異成績，組員看在眼裡，不敢懈怠。同學們因參與演繹而增長智慧，讓胡家健最為鼓舞。這段期間雖無法常回家，但他知道身體力行，把時間用得有價值，就是在回報父母恩。

馬六甲慈青承擔演繹《父母恩重難報經》，希望感染更多年輕人及時行孝。
（照片：楊秀麗）

四、《法譬如水》演繹

2003 年，證嚴上人開始講述經典《法譬如水——慈悲三昧水懺》（簡稱《水懺》），於 2008 年圓滿，後將經文改編為音樂手語舞臺劇。世間災難頻傳，上人深有來不及之感，期望透過經藏演繹，帶動人人大懺悔，滌心垢，消弭災難。2011 年適逢慈濟四十五周年，全臺共舉辦 26 場《法譬如水潤蒼生·廣行環保弘人文》經藏演繹，帶動全臺二十五萬人以法相會。

該劇演繹悟達國師因十世前斬殺晁錯的宿怨，而罹患人面瘡，後作《水懺》教人明因果、識無常。劇中在每段經文段落，都會安排相應的戲劇故事，令人省思貪瞋癡、綺語、殺生等行為。全劇時間約一百五十分鐘，以音樂、手語、舞蹈、戲劇等方式演繹，包含豐富的手語隊形變化和多段短劇。

齊心入經藏

馬六甲分會響應上人的呼籲發願演繹，自 2011 年 3 月起開始籌備。為參與演繹，馬六甲志工從三月起連續十六週，每週舉辦一次讀書會共修，共同研讀上人所著的《慈悲三昧水懺講記》，分享讀書心得，瞭解經文意涵，將「法入心」呈現在演出中。

為讓志工充分掌握演繹精要，自六月起展開種子培訓，栽培

約七十位手語和妙音種子，協助帶動和指導志工練習，除了每個星期五在慈濟園區的共修會，另外安排各小組、各社區輪流在志工家或環保站一起排練共修。七月起，演繹志工開始啟動每週一次定期團體演繹共修，進行手語及歌曲學習。

在演繹團隊中，有部分不諳中文及年紀較長的志工。馬六甲英文組志工將歌詞翻譯成英文，開辦英語導讀會，以協助他們克服語言障礙，瞭解歌詞意涵。策劃團隊則為年邁長者設立輕安傳法區，讓他們以聲音傳法；共修中安排分享《水懺》故事，讓志工瞭解因緣果報的道理。志工黃循糧（濟循）還特別整理了手語圖，讓長者們學習更為便利。

在五百多位演繹者當中，不少人從未站上舞臺表演。為了讓大家熟悉舞臺，演出更具信心，志工團隊決心打造一座長四十五尺、寬六十尺、高四尺的模擬舞臺。從 6 月開始，日夜接力到會所製作階梯，清洗工具、準備材料、組裝，於 8 月初在靜思堂內完成架設，方便排

《法譬如水》經藏演繹前，馬六甲分會同仁一起參與《慈悲三昧水懺》讀書會，共修勤精進。

（照片：楊秀麗）

練隊形與走位。

在製作模擬舞臺期間，團隊曾面臨材料和工具短缺的問題，幸而有大德免費借出鷹架和舞臺板。另在搭建過程中，時間冗長、經驗不足等問題都需一一克服。舞臺志工團隊協調華景民（濟珧）表示，當很疲累時，會很想請假休息；然而思及可能會增加他人的工作，就會趕緊轉念，堅定付出心念。

法水滌心垢

2011 年 12 月 25 日，馬六甲分會在歲末祝福上，由 530 位志

為了讓大家熟悉舞臺，於馬六甲佛堂內架設模擬舞臺排練。（照片：錢福權）

工呈獻《法譬如水》經藏演繹，引領近四千名觀眾虔誠入法。序曲〈一性圓明自然〉呈圓形的隊伍象徵「大圓鏡智」，提醒眾生人人本具清淨無染的本性；〈悟達國師傳奇〉影片的串場，道出法水能洗滌諸煩惱；再以〈懺悔法門廣演〉佛光四射隊形的呈現，到最後逐漸開展為一朵蓮花〈改往並修來〉片段的至誠發願，整部演繹一氣呵成。

從新加坡遠道而來的王翔穎觀賞後備受感動，表示：「有一種想要用哭來發洩的衝動。」觀眾吳青松觀賞劇中對殺生的省思，也表示：「將心比心，我們愛自己更要愛護其他眾生。佛法艱深難懂，可是透過這樣的演繹，用淺白的字句，真的能讓大眾瞭解。」

《法譬如水》演繹圓滿結束，但曲終人不散；慈濟法船繼續啟航，運載群生到彼岸。

截至 2020 年為止，馬六甲分會共進行六十次經藏演繹，將佛法經義以多元演出形式傳達予觀眾。

上人稱許：「在吉隆坡和馬六甲，經藏演繹很轟動。不論是修女、神父、法師們，不同的宗教都來觀賞；能做到這樣不分宗教，都是令人震撼。當地的民眾也感到很不可思議，怎麼有這樣用心的團體。在離我這麼遠的地方，慈濟人，人間菩薩，那一分虔誠，我無法形容，真的很感動。」

經藏演繹不只是劇場，更是道場；不只是表演，更是大法會。演繹志工們透過「妙手」以手語、手印說法，「妙音」以音樂、肢體傳法，透過妙手、妙音的呈現與呼應，向大眾傳達經藏意涵，虔誠入法。

《法譬如水》演繹中的〈改往並修來〉圖騰開展如一朵蓮花，象徵守護慧命，菩薩道上勇猛精進。（照片：蔡富源）

感恩過去 祝福未來

歲末祝福祈好願

1969 年 2 月 9 日，慈濟功德會在普明寺舉辦第一次冬令發放，全臺各地志工都回到靜思精舍協助。當晚大眾歡聚一堂，分享心得，並恭聽證嚴上人的祝福與開示。這樣的年度聚會延續至今，農曆年前的「歲末祝福」是全球慈濟的年度盛事，從「委員聯誼同樂會」、「新委受證暨委員歲末聯誼大會」至今稱為「歲末祝福感恩會」（簡稱歲末祝福），感恩慈濟人的付出，也感恩會眾的善心護持。

一、虔誠祈願

自 90 年代起，馬來西亞各地陸續成立慈濟據點，馬六甲與檳城慈濟人於 1996 年 1 月 21 日首辦「馬來西亞慈濟歲末聯歡會」，各地志工齊聚，呈獻手語、話劇與舞蹈等表演，同時恭聽上人在臺北「傳心燈」儀式錄音帶的開示，期勉大家「人圓、事圓、理圓，力行菩薩道」。

1997 年 12 月，馬六甲首辦「中南馬幹部研習營暨歲末聯歡晚會」。此後每年歲末，志工都把握難得團聚的機會，舉辦幹部研

習營及歲末聯歡晚會，直至 2004 年。

1998 年的中南馬歲末祝福活動中，由各據點七百多位志工打扮成馬來西亞各族裔人士：馬來人、華人、印度人和峇峇娘惹（Baba Nyonya），象徵慈濟打破種族藩籬、跨越宗教信仰的理念。此外，透過慈濟中南馬和東馬區的歷史短片，讓各地志工一同回顧每年耕耘的足跡。

2000 年起，馬六甲各據點開始分別在當地舉辦「歲末感恩晚會」，志工為了感恩當地居民的護持，積極邀約會員與民眾參與歲末祝福，一起感恩過去、祝福未來。

1996 年 1 月 21 日，馬六甲與檳城志工首次合辦馬來西亞慈濟歲末聯歡會，志工手捧一盞盞心燈，發願將慈濟理念深耕當地。（照片：馬六甲分會文史組）

祈福心安

一年一度的歲末聚會，早期各據點的名稱不一，於 2004 年正式定名為「歲末祝福」，再依對象區分為志工場與會員大德場。

2004 年，芙蓉聯絡處於 2 月 7 日舉辦新春歲末祝福感恩晚會，祈求 SARS 及禽流感疫情早日平息。1999 年立百病毒事件及 2003 年文丁火災的災民感念慈濟當時的援助，前來參與，一同祈福。

2004 年 12 月 26 日南亞大海嘯，災情慘重。馬六甲分會於 2005 年 1 月 15 日舉行「志工歲末祝福」晚會，委員、慈誠、志

2001 年一年一度的慈濟歲末聯歡會，慈濟志工相聚在馬六甲分會，呈獻表演同歡。（照片：馬六甲分會文史組）

工及同仁共 462 人出席，回顧 2004 年慈濟在全球的慈善足跡，大家恭聽上人對南亞海嘯的開示後，點燃心燈，一同為災民祈福。

2001 年馬六甲分會首次將歲末祝福結合經藏演繹。（照片：楊秀麗）

2005 年 1 月 22 日至 23 日，馬六甲第一次舉辦大型「會員歲末祝福」，共 1120 人參與。活動呼籲會眾「力行三好祈三願」，口說好話、心想好意、身行好事，藉以廣邀會眾一同凝聚善念；為了廣招志工，更特設「人間菩薩招生區」，邀請會員加入行善的行列。

經藏演繹

「經藏演繹」結合手語、戲劇、歌曲，演繹佛典內容，臺下觀眾也配合手語動作齊唱誦，全體法入心、法入行，如靈山法會。

麻坡支會於 2007 年歲末祝福首次結合經藏，呈獻《無量義經》之〈說法品〉。在此之前，麻坡六位手語隊志工先行到馬六甲分會學習，而後帶領當地志工深入經藏。

馬六甲分會於 2010 年 1 月 8 日至 10 日舉辦歲末祝福，首次

結合經藏演繹，透過《法譬如水》〈序曲〉之〈細說因緣〉及《靜思．寰宇．慈濟情》之〈擔憂〉，傳達上人對天地災難及人心不調的擔憂，警惕大眾自我反省懺悔。

2011 年 1 月 2 日的萬人歲末祝福尤其盛大，一連兩場由馬六甲、麻坡、淡邊三地志工聯袂呈獻「清淨．大愛．無量義」音樂手語劇，從排練至正式演出，臺前幕後動員近千人次，三個多月同心響應齋戒 108 天。此後，至 2019 年為止，馬六甲歲末祝福結合經藏演繹共五場，讓與會者透過參與經藏演繹同霑法喜。

福慧紅包

每年農曆新年，上人都會將著作版稅收入化為「福慧紅包」，於歲末祝福大家。馬六甲慈濟於 1993 年起自製紅包，直至 1997 年與臺灣本會同步，發放福慧紅包；該年度樣式為紅包背面鍍有地球圖樣、內裝兩元美金，象徵慈濟邁向國際化，同時祝福人人智慧法財增長。

每年，各地志工輪班製作

每一回的歲末祝福籌備，志工齊心投入製作福慧紅包。（照片：李詩蕾）

福慧紅包，篩選製作素材，分工合作，各司其職。福慧紅包每年都有不同主題，例如以一枚五元硬幣象徵「有緣」，以粒粒稻穀意喻「勤耕功德田」。2002 年以「福慧光碟」將慈濟新況發送給會眾，2010 年特別設計一顆青蘋果，即祝福人人「清平致福」。演變至今，慈濟人年年期盼歲末祝福中，獲贈一份福慧紅包，代表上人對大眾「福慧雙修」的祝福。

二、迴響故事

冷宜新村──施比受更有福

2006 年，淡邊周遭地區陸續遭遇災難──金馬士（Gemas）水災、淡邊店屋和冷宜（Dangi）新村民宅發生火災，因而自 2007 年元月開始，淡邊志工在瓜拉庇勞（Kuala Pilah）、冷宜新村和淡邊相繼舉辦歲末祝福，為災民祈福。

冷宜新村村長林峇峇護持慈濟多年，看到志工在火災發生時即第一時間趕抵現場給予援助。為了表示感謝，除了免費借出民眾會堂讓慈濟辦歲末祝福，也率領村民與志工一起佈置會場。

許多民眾從歲末祝福的影片中瞭解到全球災情，而成為慈濟會員。「世界各地的災情如此淒慘，我每個月只是捐助區區十令吉，但能夠幫助別人總好過接受別人的幫助。」村民韋大蛟表示。

劉木蘭——福慧紅包的力量

志工劉木蘭（慈沛）每年必定出席歲末祝福，用心珍藏福慧紅包。2008年，她領到人生第十一個福慧紅包時，懺悔自己未能精進跟隨上人的腳步，發願此後天天做早課。

此後劉木蘭每天早起觀看《靜思晨語》，聽《法譬如水》，期許自己法入心，勤行菩薩道。2009年初，她勇於承擔互愛組長，致力凝聚社區力量，積極募心，2020年，她接任馬六甲分會副執行長。一路走來，她的道心愈來愈堅定，所承擔的責任也愈重大。

三、愛的漣漪

慈濟每年都廣邀各宗教組織的代表共襄盛舉參與歲末祝福。2012年，馬來西亞佛教總會副會長智達法師，受邀出席居鑾聯絡處舉辦的歲末祝福。他非常認同慈濟透過音樂、戲劇、手語呈獻《法譬如水》，讓會眾能夠明白艱深的經文涵義。智達法師表示，若有機緣，也想在自己的道場，向信眾以此深入淺出的方式導讀經典。

馬六甲聖德肋撒天主堂王春新神父，率逾百位教友出席歲末祝福。王春新神父觀賞2010年慈濟大藏經時，心有所感。看見

全球慈濟志工發揮愛心，行善與關懷腳步不曾停歇，他十分感動，也期許能以慈濟為榜樣。

馬六甲聖德肋撒天主堂的王春新神父（右）參與歲末祝福活動。
（照片：錢福權）

「參訪慈濟靜思堂後才發現，原來還有這樣一個團體，行善不分宗教、種族。歲末祝福還有那麼多善心人，一起發善念、做好事。」致力於慈善活動的伊斯蘭教組織Dunia Melayu Dunia Islam，主任西蒂蘇拜達（Siti Zubaidah）分享其感動。

上人肯定馬六甲慈濟人舉辦歲末祝福的用心，運用智慧啟發會眾，向不同宗教信仰者分享眾生平等的道理，推動素食有益健康、愛護生命的理念；與會者也不分宗教在典禮中為救助災難踴躍捐款，同感付出的歡喜。知道自己很有福，而能樂於付出，才是真正的「樂捐」。

佛誕日 母親節 慈濟日
三節合一　誠心浴佛

馬來西亞的佛誕日稱為「衛塞節」,是馬來西亞的國定假日。儘管馬來西亞是伊斯蘭教國家,但憲法尊重人民宗教信仰的自由。佛教徒在當天會前往寺院浴佛,並舉行花車遊行慶祝。

1996 年,慈濟三十周年時,證嚴上人宣布五月第二個星期日訂為「全球慈濟日」。2000 年,臺灣慈濟正式將慈濟日、母親節及佛誕節三節合一,同步慶祝;並在 2006 年慈濟四十周年慶之際,呼籲全球各據點同步舉辦三節合一慶典,馬六甲慈濟也積極響應。

一、歷年慶典

齋戒環保　慶讚衛塞節

馬六甲慈濟於 1997 年首辦浴佛典禮,此外自 2000 年起,馬六甲慈濟也受邀參與其他佛教團體主辦的衛塞節遊行,淡邊、居鑾、麻坡、芙蓉等據點也相繼參與當地遊行慶典。

志工有感於每當遊行後,遍地垃圾,發願將街頭化作道場,

於 2007 年起，在花車經過的路線設置環保點，撿拾回收物及宣導環保；也藉此呼籲民眾以齋戒護生、惜福愛物的方式，來慶讚佛誕日。

戶外浴佛　隊形之美

鑑於參與浴佛的民眾與日俱增，2008 年開始，浴佛從靜思堂移至戶外園區草場，2011 年起更轉向學校或私營機構租借場地，以容納更多參與會眾，擴大舉辦浴佛典禮的規模。

2012 年浴佛典禮租借馬六甲國際貿易中心（MITC）室內舉行，馬六甲分會動員 1,632 位志工與會眾，組成佛光四射與四片菩提葉隊形，鳥瞰之下，兩旁的菩提葉伴於菩

2000 年，馬六甲分會參與衛塞節迎佛花車大遊行。

（照片：馬六甲分會文史組）

2007 年，志工開始於衛塞節慶典中宣導環保觀念。（照片：張惠娟）

410

提大直道兩側，展現莊嚴之美。

2014 年則動員 3,264 人組成兩朵慈濟蓮花標誌，禮敬宇宙大覺者。十一個社區志工紛紛動員，用盡妙法邀約民眾參與。志工攜帶浴佛海報及邀約卡、《慈濟世界》月刊，甚至以電腦、投影機等，現場作演示解說。

一日志工　成就典禮

2011 年浴佛主題是「天地告急災難起‧齋戒懺悔大願行」，馬六甲志工在浴佛典禮演繹《法譬如水》，帶動人人行入經藏，齊心懺悔。現場設置靜思人文、大愛感恩科技的人文展區，鼓勵人人響應齋戒，以行動拯救地球。

此次的浴佛典禮在姑務（Kubu）漢都亞足球場舉辦，場地比往年大三倍，籌備工作更繁雜，需要的工作人員倍增。志工積極邀約民眾參與「一日志工」，承擔獻供人員、列車車長、接待、動線、香積和環保等，當日現場有近兩百五十位「一日志工」。

照顧戶林柏源（化名）承擔環保志工，他說：「因為慈濟幫助我，所以我來回饋。」愛極樂華小的馬燕文老師邀約了九位老師承擔列車車長、獻供、接待及動線組人員，最讓她印象深刻的是唱誦〈誠心祈三願〉時，感受到人人心念共振祝福的能量。

浴佛祈福　安住心靈

2003 年，嚴重急性呼吸道綜合症（Severe AcuteSerious Atypica Respiratory Syndrome, SARS）肆虐各地。馬六甲慈濟響應上人呼籲大眾齋戒祈福，透過具體的防範力量，安撫恐慌的心，清淨身口意，在衛塞節當月發起「同心共濟弭災疫——五月齋戒」祈福活動，供應素食餐點，同時舉辦健康檢驗及醫藥講座，宣導素食觀念，持續至今。

2008 年 5 月兩起驚世災難——強烈氣旋納吉斯重創緬甸、中國大陸四川發生大地震，死傷無數。馬六甲分會舉辦「虔誠浴佛聚福緣」祈禱會，除感念佛恩、父母恩及眾生恩，亦藉此莊嚴殊勝法會，誠心為川緬災民祈福。

2015 年，尼泊爾發生大地震，浴佛慶典中凝聚眾人的力量為尼泊爾祈福。此次浴佛，共有來自三間工廠，兩百多位的尼泊爾籍人士參與。

志工陳寶鳳（慮暐）協助二十多位尼泊爾員工聯繫家鄉的親人，並發動募款，援助受災家庭。時值浴佛典禮，陳寶鳳也邀約他們前來參加，一同為家鄉祈福，希望能慰藉他們心靈的擔憂。

拄著助行器的南塔奇索（Nandakisor），半年前來到馬來西亞工作，卻不幸染病；再加上家鄉尼泊爾遭遇災難，家園全毀，他

一臉憔悴憂鬱。浴佛典禮的虔敬氛圍讓南塔奇索臉上多了一絲笑容，他從坐著參與到起身一同繞佛，最後許下心願：「身體早日康復，家人平安，祖國快速復原茁壯。」

廣設妙法　接引會眾

2016 年浴佛典禮回歸慈濟園區舉辦，除了浴佛之外還設有環保、慈善、社教體驗課等，讓人人身心靈皆有所獲。

慈濟環保落實本地二十餘年，政府雖然強制規範垃圾分類，但民眾的環保意識仍有待加強。志工透過佈展，讓大家更全面瞭解環保，以及分享如何保護地球。

2017 年浴佛典禮以「蔬醒」為主題，藉由「環遊蔬醒世界」的闖關遊戲，大力提倡素食，5 月 14 日活動當天，共有六千餘人共襄盛舉。

2020 年，新型冠狀病毒疫情籠罩全球，浴佛活動無法舉辦，改以透過網路「線上

2008 年，馬六甲慈濟浴佛典禮在慈濟志業園區草坪舉行。

（照片：李詩蕾）

浴佛」。只要進入慈濟網站，點擊「進入浴佛」，禮讚、浴佛儀式、祈禱等每一步驟，都會自動呈現在螢幕前，民眾依照流程，便能參與浴佛。完成線上浴佛後，還可以抽取「靜思法髓籤」，製作靜思語電子祝福卡，簽署響應齋戒蔬食，為天下祈福。除了雲端浴佛以外，許多志工也發揮巧思，在家用心佈置浴佛臺，以恭敬心參與浴佛活動。

2003 年，SARS 肆虐全球，馬六甲慈濟響應「同心共濟弭災疫——五月齋戒」發願齋戒活動。
（照片：馬六甲分會文史組）

孝親活動

因應浴佛慶典、母親節、慈濟日三節合一，為了弘揚孝道，慶祝母親節，馬六甲分會自 2012 年開始設置孝親區，引導子女向父母奉茶或濯足，不論小孩、青少年、成人甚至是已婚人士，都藉此向父母道出心中的感恩。

2014 年，馬六甲東街納（Tengkera）印度孤兒院的巴拉馬漢沙法師（Swami Paramahamsa），帶領該院的孩子們一起前來參與浴

佛，並參訪孝親區。孤兒院的孩子們有的是失去雙親，有的是單親家庭的孩子，法師以一顆仁愛之心悉心照料他們。二十多位孩子們輪流為法師浴足，並輪流擁抱法師，感念他的養育之恩。

院童蘇古馬蘭說：「雖然我來自破碎家庭，但我覺得在孤兒院猶如身處在一個大家庭，我把法師當成我的父親一樣。」

送佛到家

對於因年邁或病痛無法出門的照顧戶，志工協助將浴佛臺送到家中，讓照顧戶得以在家中進行浴佛，同霑法喜。如單親媽媽謝麗珠（化名）需照顧罹患肌肉萎縮症的兒子趙宇倫（化名），志工為圓滿她浴佛的心願，到她家中佈置清水、鮮花、琉璃佛像，並在浴佛結束後，捧出蛋糕，唱出〈最美的笑容〉。

謝麗珠說：「很多人叫我放棄宇倫，我做不到，他現在已經很悲傷，我不能再讓他失去母愛。」趙宇倫也送上母親節祝福，感謝母親一直以來的照顧，祝福母親身體健康。

志工姚美蘭年邁的父母因不能久站，無法出席浴佛典禮。志工來到她家中，佈置浴佛臺進行浴佛。除了切蛋糕慶祝雙親節，孩子們也輪流為老人家奉茶。年近八十的父親姚克錫有子孫圍繞身邊，又得以「把佛陀請進家門」，十分歡喜，頻頻向女兒讚美這樣的安排。姚美蘭表示：「上人常說：『行善、行孝不能等。』

除了誦經拜佛，行孝也一樣
重要。」

志業體浴佛

　　馬六甲大愛幼兒園於 2010
及 2011 年舉辦小型浴佛典
禮，除了全校師生，家長也
到場觀禮。負責獻供的小朋
友步伐整齊、表情肅穆地走
到與他們同等高度的浴佛臺；
全體向佛菩薩行問訊禮後，

馬六甲大愛幼兒園的小朋友進行
浴佛，感念佛恩、父母師長恩和眾
生恩。(照片：楊秀麗)

跟著口令獻燈燭、香湯和鮮花。小朋友們收起活潑好動的個性，
雖仍有些悄悄移動腳步、晃晃手腳的動作，但童真中不失莊嚴。

　　早在一個月前開始，老師們把握時間，教導孩子背誦演繹偈
詞；固定在用餐時間播放〈誠心祈三願〉，讓孩子熟悉歌詞。同
時透過故事動畫影片，讓孩子認識佛陀，引導孩子在行住坐臥中
實踐佛法；啟發他們的愛心，懂得為了孝順父母，幫助父母做家
務，捐出竹筒撲滿幫助苦難人，發好願祝福父母健康，多吃蔬菜，
不傷害小動物等。

　　馬六甲義診中心也從 2011 年開始，每年為病患及醫護人員舉

辦小型浴佛典禮，在莊嚴的佛號聲及志工的引領下，完成每一步驟，虔誠禮敬諸佛。緬甸難民陳麗華（化名）與哥哥把握到義診中心看診的因緣，虔誠恭敬浴佛，並捐出竹筒撲滿。陳麗華表示：「每當我把零錢投進撲滿時，心裡就會發個好願，希望能夠幫助更多人。」雖然經濟能力不佳，但他們還是願意付出點滴愛心，幫助比自己更加困苦的人。

二、沐浴佛恩　同霑法喜

2018 年，在馬六甲慈濟園區內舉辦浴佛典禮，近四千兩百人參與，包括七位法師、四位神父、一位牧師、三位修女，不同宗教者共聚一堂，虔誠參與浴佛盛典。

新加坡南海普陀山的道普法師眼見各宗教團體、各種族不分你我一起浴佛，表示：「在這片國土上，其實沒有宗教之分，人人應該珍惜自己的信仰。大家若能和平共

民眾扶老攜幼參與慈濟浴佛典禮。
（照片：楊秀麗）

處，不但人平安，心也會充滿喜悅。」

馬六甲聖德肋撒天主堂黃來發神父表示：「透過如此大型的慶典，能讓教友進一步接觸不同宗教的儀式；不管是耶穌或佛陀的教義，都相信和平、慈悲、大愛存在人人心中，最重要的是每個人體會到當中的和諧。」

來自馬六甲釋迦院及遠從斯里蘭卡來的法師參與浴佛典禮。

（照片：楊秀麗）

馬六甲慈濟莊嚴的浴佛典禮，上人讚歎：「宗教之間相互尊重，和睦相處，合和呈現出宗教的真、善、美。在世間，人人都需要宗教，不同的宗教都有共同的目標──用真誠的心為人間付出，引導人人行往善的道路；真心、善行，內外會合，就是最美的境界，可作為人間的典範。」

浴佛的意義，在沐浴自性，反觀自心，淨除無明，使心靈寧靜喜樂。慈濟將母親節、慈濟日與佛誕日融合，舉行孝親活動與浴佛典禮，目標即是使社會祥和，正法常住人間，參與者也能跨越宗教、種族，同霑法喜。

大馬連心　愛鋪滿地

百萬好菩薩

慈濟草創初期，為了做慈濟行善，從三十位家庭主婦開始響應證嚴上人推動「竹筒歲月」；大家用愛口口相傳，號召有愛心的人，從每天的買菜錢中存下五毛錢。這股善的清流匯成長河，從臺灣花蓮流淌至世界各地。

時至今日，全球慈濟志工持續招募會員，深信只要多一個助人者，世間就多一分善的力量；不分貧富，人人都有幫助別人的能力。二十餘年來馬來西亞始終在當地募心募愛，讓大愛種子深耕馬來西亞。

一、百萬菩薩大招生

2009 年 12 月，馬來西亞慈濟人在多國董事會上分享當地募心募愛的成果，運用各種方法，接引不同族裔的會員。證嚴上人鼓勵：「馬來西亞慈濟人用心精進，四大志業一步一步穩穩踏行，廣獲肯定是所有慈濟志工悲智雙運用心耕耘的成果。人間菩薩招生，並非眾生難度，而是菩薩沒有用心去度；期望人人都能在理想中追求進步，莫因為複雜而放棄，已知方向正確，還要為理想

持續進步。」有了上人的祝福，馬六甲慈濟人持續推動慈善志業募心募愛，走入社區招募會員。

2013 年 6 月 8 日，馬來西亞團隊在多國董事會中報告志業發展，分享全馬各慈濟據點已有超過六十萬的會員，四大志業全面發展。

上人勉勵馬來西亞慈濟人：「募心要從會員開始，募到了他的心，他就會再幫忙募，所以，一個人多募三名，全馬要達到

2013 年 6 月 8 日，海外董事會中，上人祝福馬來西亞慈濟人募得「百萬好菩薩」。
（照片：慈濟基金會）

一百萬就沒有問題。人心啟動，一傳一或一傳十，不斷傳就可以淨化人心。馬來西亞的平安不是理所當然，大家要趕快菩薩大招生。」

聽到上人的勉勵，在場的志工無不歡喜接下這分祝福。但志工心裡不是沒有壓力，畢竟要招募會員的對象不僅是華人，而是所有的馬來西亞人。然而志工理解上人的用心良苦，自勉「將壓力轉為氣力」，為族群、社會和諧而努力，運用各種妙法接引會員，期盼早日圓滿「百萬好菩薩」的願景，讓「大馬連心，愛鋪滿地」。

二、募心募愛　百萬願景

2013 年 6 月 16 日，馬六甲「南馬合心會議」上，志工討論募心募愛的方針，鼓勵大家走入社區鄰里接引會員，藉著影片、慈濟刊物、靜思語、竹筒撲滿等，向民眾介紹慈濟，啟發善念，鼓勵加入會員一同助人。並舉辦「好話一條街」活動，沿街與鄰里結緣靜思語海報，分享靜思語意涵，以及慈濟助人的理念。

馬六甲慈濟每年舉辦七月吉祥月、歲末祝福、浴佛典禮等活動時，志工皆會廣邀社區大眾參與，「一人多菩薩」亦是持續推動的重點，期望能帶動更多人投入慈濟大家庭的行列。2014 年，南馬舉辦十八場七月吉祥月祈福會，鼓勵民眾響應護生祈福、不

燒金紙，改為捐獻竹筒「普度」苦難人。馬六甲志工透過社區家訪邀約民眾參與祈福會，募得 1,010 位會員，共領養了一千支竹筒。

烏魯地南志工侯順仕（惟耘）發願募一尊千手千眼觀世音菩薩（五百位會員），在親友與社區鄰里間積極募愛，之後成功滿願返臺受證。

志工走入社區招募百萬會員，向民眾介紹慈濟，並鼓勵民眾領養竹筒撲滿。（照片：陳念清）

侯順仕鼓勵其他志工：「上人給馬來西亞招募百萬好菩薩的大禮物，我們一定要承接，要有耐心去做，募心募愛不能停，不要放棄，對的事做就對了。」

街頭設攤募鄰里

志工在社區進行募心募愛邀約，部分民眾憂慮治安而不敢開門，因此馬六甲市社區組長陳妙鳳提出在人潮多的市集街道旁擺設攤位，推廣靜思書籍及產品，鼓勵民眾參與慈濟舉辦的活動，落實社區化服務。陳妙鳳說：「慈濟做的事就是走入人群，散播善的種子。這個過程很重要，只要能啟發善念，即使一個月或一

年後才發芽，也是值得的。」

會員莊狀元表示觀察慈濟做了很多好事，幫助很多人，心中油然生起敬意。聽了志工的介紹後，民眾林來生也馬上發願行善，以每天一令吉的方式，繳交一個月的善款成為會員，並表示很開心有機會助人。

校園撲滿匯力量

教聯會老師於任教的學校分享行善故事，傳播慈濟人文，同時也啟發學生心中的善念。

麻坡培才小學的曾籽瀓老師向學生分享「竹筒歲月」：一個竹筒撲滿的金額不多，可是十個、百個匯集時，就變成拔苦救難的大力量。小朋友希望能幫助需要的人，積極響應領取竹筒，捐出自己的零用錢。

曾籽瀓每月回收學生的竹筒，點算、記錄後捐出。全校共有十二班，三百零八名

志工何彩鳳（左）於素食館外擺設攤位，與民眾分享靜思文物與慈濟活動訊息。（照片：賴秀鑾）

學生，曾籽漪就募了七班，回收了九十三個竹筒撲滿。副校長陳運娟認為，教科書上原本就強調助人的美德，透過投竹筒實踐助人的善行，能讓孩子親身體會助人的喜悅，成為有愛心的人。

麻坡培才小學曾籽漪老師與小朋友分享竹筒歲月。（照片：羅秀娟）

職場宣導善共振

　　為了早日達成百萬好菩薩的目標，志工先從親屬開始，再推及朋友、鄰里，同時也把服務的機構當作道場，接引同事，讓身邊的人都有機會接觸慈濟，讓善的能量漸漸累積。

　　馬六甲志工張德安（惟彬），為了募集更多人的善念，在任職的工廠展開勸募，無論是華人、印度人或馬來人都是他勸募的對象。為了讓馬來同事理解慈濟，他從網路下載印尼版的慈濟訊息與他們分享，同事們不定期捐出小額善款，後續有更多人成為月捐會員。

　　尤其讓他感動的是，一次他邀尼泊爾籍同事蘇亞（Surya Bahadur）成為會員，豈料蘇亞對他說：「我等待你開口已兩年了！

我的身體健全，有能力賺錢，期盼能幫助那些更困苦的人。」從此張德安不再錯過任何募心的因緣，積極與周遭人分享人間美善故事。

三、跨越文化善漣漪

面對宗教、語言與種族的不同，志工仍設法傳達慈濟助人的理念，邀請他們一同加入大愛的行列，無形之中也促進了族群之間的交流與和諧。

真情跨心牆

馬六甲的馬來裔照顧戶西蒂（化名）是洗腎病友，她的丈夫莫克（化名）由於車禍而失明，一家都是虔誠的穆斯林。

起初，他們質疑不同宗教團體所能提供的援助，但是漸漸地他們發現，慈濟志工每個月都會確實補助洗腎費用；志工在家訪時發現莫克牙疼，還轉介他到慈濟義診中心治療。種種以愛為出發點的關懷，讓西蒂一家感受到被尊重。志工也常邀約他們參與慈濟的歲末發放、腎友聯誼會等活動。

志工戴金龍（濟澤）向他們分享，2008 年納吉斯風災，緬甸災民即使非常窮困仍願意布施「米撲滿」的故事時，莫克全家都很感動，認為自己雖然身體有病苦，但同樣能付出善行，立即表

示願意每月護持三令吉的善
款，幫助更貧苦的人。

莫克說：「我所信仰的宗
教也強調助人的重要，就算
我沒有很多錢，我也願意付
出。人生的一切際遇，都是
上蒼賜予的，假若沒有病痛
考驗，我們又怎麼有機會認
識像兄弟姊妹一樣的慈濟志
工呢？」

張德安在任職的工廠向同事募心，
尼泊爾籍同事蘇亞（左）響應活動，
並邀同胞迪爾（右）一同來做好事。

（照片：羅秀娟）

接引友族同付出

家住馬六甲郊區野新望萬（Bemban）十幾年的吳學利（慮利），
因為婚姻觸礁，自我封閉，心力交瘁下，心臟病也頻頻發病，導
致她深居簡出，很少主動與鄰居互動。在佛友陪伴下，她慢慢走
出心牢，後來安裝大愛臺，受到節目啟發，決心發揮良能，在
2012 年加入慈濟，投入環保推廣等活動。

2013 年，在聽到上人呼籲招募百萬愛心後，吳學利也開始加
入募愛行列。但吳學利居住的社區鄰居大部分是印裔居民，她擔
心宗教敏感，在鄰居家門口徘徊許久，無法突破心理障礙。隨後

她轉念想：「答案只有兩個——拒絕或答應，如不去試，連被拒絕的機會都沒有。」於是她拋開顧慮，鼓起勇氣走入街坊鄰居「說慈濟」。

令人意外的是，第一次的勸募，她就接收到鄰居們友善的回應，這更激起她向前邁進的動力。吳學利不斷地尋思最有效的募心方法，她遵行「工欲善其事，必先利其器」的準則，除了《慈濟》月刊外，還自製彩色新聞檔案本，也透過手機翻錄大愛臺裡的節目或新聞片段，作為傳法的工具。

短短十個月，吳學利就募得二百三十一位會員，其中印度裔占了九十三位，馬來人二十九位，而華人則有一百零九位。

吳學利跨越種族文化的隔閡，開啟大家的善念，深入他們的生活中，傾聽心聲，與會員們的感情如家人般的親密。其中一位會員阿古淡女士（Ahgurtam）表示：「學利去哪裡募心，我們就一起去哪裡募愛。」深厚的信賴感，非一朝一夕

吳學利（右二）走入印裔社區招募會員，以《慈濟》月刊向民眾介紹慈濟。（照片：李凌霄）

所建立，而是吳學利憑藉著耐心和毅力，長期用愛灌溉當地的成果。

大愛無分別

聽聞上人呼籲招募人間菩薩，已退休的志工張正雄（濟立）少了職場人脈，因此從親友和鄰里開始勸募，他相信大愛能跨越宗教種族藩籬，因而與信仰天主教的早餐店老闆陳金土（化名）分享慈濟

志工林月麗向民眾進行勸募，民眾捐款響應。（照片：陳聯喜）

事蹟。陳金土原本聲色不好，經常口出惡言，張正雄和他分享：「上人說，脾氣嘴巴不好，心地再好也不算是好人。」並勸他學習向客人說「感恩」，教太太發揮手藝，夫妻倆攜手打拼，讓生意好轉，債務也慢慢減輕。

陳金土原先因染上喝酒、抽菸和賭博的惡習，欠下不少債務，在張正雄勸說和鼓勵後，也一一去除習氣，回歸家庭。身邊朋友見到陳金土的轉變，十分驚訝，也接受他的帶動成為慈濟會員。

基督徒涂思典先生也經由陳金土的早餐店認識張正雄，成為

慈濟會員：「我很認同慈濟講的大愛和慈悲，這跟我們的宗教沒有衝突，因為基督教也是講博愛。」涂思典也與身邊教友分享慈濟，每月協助七、八十名教友轉交善款。

四、菩薩招生不間斷　成就大馬無量愛

2014 年 4 月 11 日，馬來西亞志工於慈濟多國董事會，向上人報告「百萬好菩薩」的進展。該年 3 月底，合計會員共有 927,817 人；上人祝福全馬弟子「百萬滿了，還有第二個百萬。目標達成，還要用心帶動，讓善心人士的初發心能更進一步的實際付出，啟發人人『想要救人』的愛心善念，點滴匯聚的愛，才能成就無量大愛。」2014 年 7 月，全馬會員總計 1,009,582 人，達成「百萬好菩薩」目標。

2014 年馬來西亞重災頻傳，馬來西亞航空兩次飛航意外，東海岸水災造成半數以上國土一片汪洋；所幸全馬慈濟人菩薩招生中所積累的向心力，成為動員救災過程中的一大助力。在國家遭受重創的時刻，慈濟人扮演了安定社會與人心的力量，這也是上人期盼菩薩招生的用意。

在達成百萬會員的目標後，大馬慈濟人並沒有因此停下腳步，而是遵從上人教誨，繼續募心和帶動善念善行。百萬會員不是宏願的終點，而是期望創造長久和諧的基石。

2019 年 5 月 21 日的多國董事會上，馬來西亞慈濟人報告全馬會員已滿兩百萬，共有 2,077,488 人。

　　馬來西亞慈濟人虔誠推動「百萬好菩薩」，讓上人感到欣慰：「我輕輕地鼓勵，他們重重地聽進去。全馬來西亞北、中、南、東都共同發心立願，『百萬好菩薩』的招生，實在令人感動。如果每一個國家都有能推動人間菩薩招生，勸募好菩薩那一分心，人心怎麼會不調和呢？讓人人有法入心，才能把心調平；心不平，人禍不息，人禍不息，天災一定頻傳──所以要救世，一定要從救心開始。」

| 馬六甲分會及其所屬分支聯絡處齊心發願百萬菩薩大招生。（照片：楊秀麗）

百萬好菩薩 2013年－2020年

——大馬連心　愛鋪滿地

 逐戶招募　 街頭擺攤　 接引親友

 公司招募　 校園招募

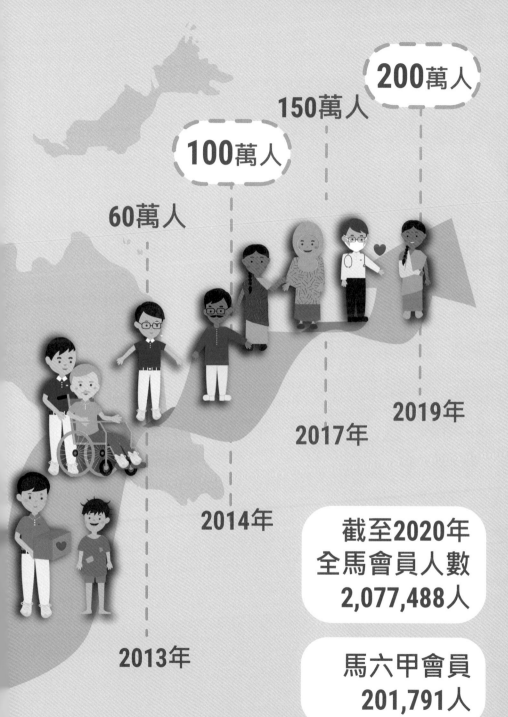

60萬人

100萬人

150萬人

200萬人

2013年

2014年

2017年

2019年

截至2020年
全馬會員人數
2,077,488人

馬六甲會員
201,791人

環保志業篇

1990

證嚴上人於臺中新民商工演講鼓勵大眾用鼓掌的雙手做環保

1995

馬六甲慈濟成立資源回收小組，志工沿戶登門回收資源

2011

馬六甲慈濟第一個環保教育站啟用

2021

馬六甲慈濟環保志業發展出 21 個環保站和 6 個教育站

用鼓掌的雙手做環保
環保志業發展

二十一世紀才剛開始，全球已飽受極端氣候威脅，保護地球，刻不容緩；確實且具體的環保行動，是人類存續的關鍵力量。

根據 2018 年政府統計，馬來西亞每日垃圾量平均達三萬八千噸，一年需耗資十五億令吉處理一千三百多萬噸的垃圾。但這些垃圾中，有 80% 是可回收物品，只因國民缺乏環保意識而被當作垃圾處理。

一、緣起臺灣

1990 年 8 月 23 日，證嚴上人應吳尊賢文教基金會之邀，於臺中新民商工演講，呼籲：「如果大家有心一起來整頓，相信我們的家園會更美麗，希望大家能『以鼓掌的雙手，回去將垃圾分類，做資源回收』，建立人間淨土。」臺灣志工於是開始響應，動手做環保，進行物資回收。

簡淑霞（慈露）從《慈濟》月刊裡讀到許多感人的環保志工故事，發心要把環保理念帶入馬六甲。1995 年，在簡慈露帶動

下，志工製作環保看板，在每月慈善發放活動，向大眾展示可回收資源的種類，此外也在上橋製衣廠設有資源回收點。

王淑貞（右一）以卡車在大街小巷回收資源，再放於會所的環保倉庫。（照片：馬六甲分會文史組）

成立資源回收小組

1995年，馬六甲「慈濟資源回收小組」成立。早期，回收物中經常混雜著垃圾，如尿片及食物殘渣等，以至於整理工作變得艱鉅。即使如此，志工們始終堅持不懈，付出自己的時間、體力與金錢，堅持守護家園大地，並將回收所得捐給慈濟，用來幫助照顧戶、急難救助、義診，以及作為孩子們的助學基金。

馬六甲志工王淑貞（慈琅）在自家經營的五金店收集廢鐵、舊報紙等，邀約鄰里回收資源，並帶動家人商借卡車，至市中心沿街回收。

隨著上橋製衣廠員工紀麗雲（慈汛）和紀家成員的加入，開啟另一條環保車回收路線，其妹夫借出卡車，弟弟義務充當司

機，卡車掛上環保布條，沿著固定路線載回收物，堆放在製衣廠一處，再號召志工一同整理資源。

首間環保站設立

隨著夜間回收路線的擴展，以及愈來愈多人的認同，回收物日漸趨多。為解決大量回收物無處存放的問題，1995 年 9 月，馬六甲慈濟負責人劉銘達（濟雨）在上橋製衣廠後方建造倉庫，作為在地第一個慈濟環保站，進而逐步在社區推動環保。

1995 年 9 月，劉濟雨在上橋製衣廠後方建倉庫，存放回收物。

（照片：馬六甲分會文史組）

1996 年 11 月 15 日，馬六甲社區環保首先在當時最大的華人住宅區——武吉波浪（Bukit Beruang）開始推動，每月定期舉辦定點回收，透過媒體報導邀約民眾參與。

志工認為回收資源須擁有專用的交通工具，劉濟雨提出：「若要購置資源回收車，就必須長久地做，你們可以承諾長期做下去嗎？」志工

馬六甲第一個慈濟環保點，位於當時甲州最大的華人住宅區——武吉波浪花園。（照片：馬六甲分會文史組）

一致表示：「我們可以接力，只要持續做下去，後面一定有人跟上來。」因此於 1997 年，志工們同心協力募款，添購專用的資源回收車，進行回收工作。

二、精進環保福田

社區環保茶會

回收數量持續擴大，人力逐漸吃緊，要堅持下去，就有賴於社區的人力增援。1996 年起，志工以住家為基點，邀約左鄰右

舍參與環保茶會，講解資源分類，接引更多人一起來做環保。

志工積極舉行環保茶會，如佛教道場、天主教堂，甚至是友族社區；志工準備簡單茶點、回收物樣本及文宣品，現場播放影片或簡報宣導環保的重要，呼籲人人要珍惜資源，不可浪費。

2000 年 5 月 21 日起，馬六甲分會將每月的第三個星期天定為「慈濟環保日」，集中人力投入，避免人力與活動時間重疊；並制訂「社區環保推展組織章程」，凝聚共識及接引新志工。

隨著環保志工人力漸增，不定期舉辦環保志工共修及培訓課程，建立正確的環保知識。每次設訂不同主題，從不同面向探討環保議題，針對遇到的問題解惑及增強大家的信心，讓環保落實在生活中。

課程中也說明組織分工、各別功能執掌，或組團到馬來西亞其他地區，乃至臺灣的各慈濟環保據點參訪，交流環保點和環保站的經營規劃、社區茶會推動狀況、回收物處理、人力調動、善後工作，如何與政府及回收商合作等等。

環保站擴展

2004 年，由於環保點加速設立，位於上橋製衣廠的環保倉庫已不敷使用，劉濟雨將倉庫旁的空間圍上木柵，擴建為「慈濟資源回收站」。

環保站除了回收資源，還需具備教育及接引功能，於是志工在木柵外，打造數個標誌著鋁罐、玻璃瓶、舊衣、塑膠等的回收桶，讓民眾理解分類原則。

各社區也安排日間、夜間志工輪值，協助分類或拆解資源。日間來付出的多為賦閒在家的長者，環保站也因此被喻為「老人輕安居」；夜間則由下班後的青壯中年接力做環保。

機構團體參訪

2006 年，志工將環保理念從學校拓展到企業、政府機構等，並積極分享環保議題，政府、民眾也不時組團參訪環保站。有學校更專程安排

環保志工利用下班後時間前來慈濟園區做夜間資源分類。

（照片：馬六甲分會文史組）

環保站調整了老年人的生命節奏，讓他們覺得對社會還有貢獻，從中得到自我肯定。（照片：羅秀蓮）

參訪課程，讓學生親身參與環保回收，從分類和拆解過程中學會珍惜擁有的物品。

雖然愈來愈多民眾、機構響應資源回收，卻遭逢經濟不景氣，回收物價格下跌，許多小型回收商暫停營運，大型回收廠為減少運輸費，需要大量儲集後才運載。「慈濟資源回收站」場地不勝負荷，故於 2011 年 3 月 1 日遷至峇株安南（Batu Berendam）一處較大的空地，取名「慈濟喜捨環保教育站」（2021 年更名為「峇株安南環保教育站」）。

志工溫桂妹（慮樂）與丈夫黃金寶不捨可用物品被隨意棄置，參考臺灣環保站推動惜福區的成功經驗，2014 年 1 月 19 日於喜捨環保教育站成立惜福區。惜福區內物品皆取自回收物和他人的捐獻，藉以宣導惜物、愛物及延長物命觀念，讓回收物重生。

2012 年 5 月 27 日，愛極樂（Ayer Keroh）一間工廠，經過志工用心打掃翻新後，成立「愛極樂環保教育站」。2019 年 2 月 17 日，站內耗時兩年籌備的環保教育展區開幕，共二十三個展區，環保課題以數據、實物及立體呈現，讓人耳目一新。截至 2019 年末，展區已接待了五十一場、約兩千五百人次的參訪團，包括學生、民眾、官員等。

為了響應上人提倡的「清淨在源頭」理念，2019 年，馬六甲志工更加致力於環保教育，將相關主題貫穿在全年活動中。同年

9月始，大愛媽媽、環保組和社區志工攜手拜訪州內華小，兩個月內走入三十一所學校，與師生分享環保。

自1996年起，環保志業陸續擴展到轄下各據點；截至2021年，馬六甲慈濟據點共設立二十一個環保站，六個環保教育站及一百八十九個環保點。

伊斯蘭教組織 DMDI（Dunia Melayu Dunia Islam）參訪環保站，瞭解慈濟環保理念，以及處理回收物的方法。（照片：楊秀麗）

三、環保宣導

每年馬來西亞各族群都會舉辦大型慶典遊行，如佛教衛塞節、道教九皇爺神誕等，吸引大批民眾前來共襄盛舉。然而歡樂的背後，垃圾也正迅速地吞噬著地球的生命。

護生護物慶佛誕

馬六甲志工在衛塞節花車經過的路線設環保定點，撿拾回收物及宣導環保。當遊行隊伍跟著花車向前走，志工們就殿後，不僅以虔誠的心敬佛，同時眼觀四方，隨時撿起他人丟棄的垃圾，

每一次彎腰的動作就如同在禮佛般。

自 2007 年至今，志工每年都在衛塞節遊行時，於各定點搭建帳篷、設置琉璃佛臺供民眾祝福發願；並示範省水省電的訣竅，宣導茹素齋戒，以「護生、護物」的方式慶讚佛誕日。

慈濟志工的舉動漸漸發揮影響力。2009 年，馬六甲佛教青年學會呼籲參與遊行，以環保為主題，利用可再循環的廢棄物製作花車，也禁用含化學成分的原料；遊行隊伍還設專車載送回收物，參與者漸漸認同環保理念，一起持長夾、袋子沿途撿拾垃圾，共同維護環境清潔。

虔誠環保 福慧平行

麻坡支會和麻坡斗母宮、南方環保有限公司攜手合作，在斗母宮九皇爺神誕遊行中，教育民眾保護環境、減少垃圾。2014 年，麻坡動員近兩百位志工，依路線設置二十六個定點，擺設回收箱、宣導環保。

2008 年，馬六甲文化街醒獅鬧元宵，志工以環保宣導道具，引起民眾的好奇心而趨前瞭解。(照片：黃德強)

2015 年因印尼煙霾的影響，斗母宮鼓勵信徒以供平安燈來取代點燃香燭祈福，同時呼籲遊行隊伍不要燃放煙花、鞭炮，不拋擲糖果或隨地丟垃圾，以免造成街道清理的困擾。廟宇也鼓勵大眾自備餐盒，禁用保麗龍。

2016 年，得悉垃圾當中廚餘最多，斗母宮提倡食物節約，教育信眾珍惜盤中餐；膳食組也準備適量的食物供齋，避免食物過剩。多年來，三方單位及大眾合作，讓神誕的善後工作減輕許多，街道上的垃圾量有所改善。

行動無藩籬

馬六甲聖母無原罪教堂（Catholic Chapel）於 2013 年

志工走入街頭鬧市，宣導減少使用塑膠類產品。（照片：郭巧雲）

修女沈春媚（中）得知只要七支寶特瓶就可製造出一件毛毯，深表讚歎，並表示希望能帶動其他社區的教堂，一起來響應環保。

（照片：郭巧雲）

邀請慈濟到教堂向教友們分享經驗，落實及規劃經營，攜手守護地球。教友們深受啟發，表示希望能帶動其他教堂一起響應舉辦環保講座，啟發更多人力行環保，並將在教會進行一系列的環保活動。

2019 年，芙蓉天主教聖母往見堂教堂（Church of the Visitation）也邀請慈濟志工在主日課，分別以華語、淡米爾語和英語，向中小學生、家長及教友進行兩場環保講座，吸引 750 位會眾出席。神父表示，這次合作跨越了宗教藩籬，互相學習彼此的經驗。

四、典範故事

巴洛小學──環保教育典範

2012 年，馬六甲野新縣巴洛小學的老師吳學利，被大愛臺節目中環保志工事蹟所感動；她思及校園中有許多可利用資源遭到丟棄，發心把環保觀念帶入校園。

吳學利於休息時間整理回收物，師生都用異樣的眼光看她，甚至還戲稱她為「垃圾老師」。雖然難過，但她也體諒大家因不瞭解而誤解，於是找更多資料來分享環保的重要。

她鼓起勇氣向校長爭取推動「校園環保日」，然而第一次環保日，學生隨意堆積亂放，回收物摻雜大量垃圾；幸好還有師

生一起動手整理，校園在短時間內恢復乾淨。最後約有五百公斤的回收物以超過馬幣兩百多令吉出售，讓校長另眼相看。

她從自己執教的低年級開始宣導環保，在教室內放置分類紙箱，同時在校園走廊一隅劃定回收物存放區，漸漸得到校方及師生、家長的

吳學利帶動全校師生和家長一起投入做環保，成立環保教育教室。
（照片：顏玉珠）

認同。學生在環保行動中展現良好的服務精神，還會帶動家人改變習慣，不要焚燒垃圾。校內還設立環保教育教室，張貼環保相關的訊息和圖片，讓師生都能一目了然，學習環保知識。

2013 年 4 月 11 日起，巴洛小學開始實行每月一次環保日，回收帳目附上收據，讓全校老師可以查閱。所得盡數回饋學生，如在穆斯林新年——開齋節前夕，購買節慶物資發放給校內貧困學生；在週會上頒發班級獎勵錦旗，或頒獎品給學生等等。

2015 年 6 月 5 日，吳學利於「綠色校園」計劃推展儀式上，獲科學、工藝及革新部副部長拿督阿布峇卡頒發資源回收特別獎（Anugerah Khas Kitar Semula），表揚她在校園推動環保的行動。

生力塑膠薄膜公司——企業推動環保

2007年，馬六甲分會成功打開向商界分享環保的管道，透過志工宣導，結合公司領導層的力量，落實企業社會責任。

位於馬六甲愛極樂工業區的生力塑膠薄膜公司，員工一百多人，每月約有二十車的垃圾量。研發部職員陳淑萍（慈源）2006年參與慈濟環保講座而感到震撼，才瞭解原來溫室效應竟然已這麼嚴重，自己卻一無所知，因此決心在辦公室落實環保。

在陳淑萍的推動下，公司於2007年成立抗暖化小組，由廠長蔡明彪召集、陳淑萍籌劃，透過講座、放映影片等方式，讓員工瞭解溫室效應和人類息息相關。

公司積極推動垃圾分類，在成品包裝上禁用保麗龍；部分原料更換為可循環再用的材質，同時研發快速腐化的塑膠。各部門還用包裝原料的紙板或生產線上的廢料作為回收桶，上面標註分類圖示或環保警語。

抗暖化小組設計了回收標

馬六甲志工陳淑萍（右一）在任職的塑膠薄膜公司帶動大家一起響應環保。（照片：何星煌）

準作業流程，推動幾個月後效果顯著，大幅減少垃圾量之餘，更直接節約公司經營成本。公司原先每月的垃圾量約二十車，帶動環保後降到兩、三車，可省下六百令吉；變賣回收物又能月入三、四千令吉，累積下來相當可觀。

廠長蔡明彪表示，為了減少午餐所產生的免洗餐具垃圾，公司運用回收所得購買環保餐具致贈員工，鼓勵他們在生活中落實環保。廠方嚴肅看待環保問題，把它當作是工廠運作環節之一，並感恩有慈濟志工的宣導。

望萬環保站——廣度眾生成菩薩

野新縣距離馬六甲市區三十多公里，面臨人口老化與外流；年邁的居民透過到環保站付出，讓精神有所寄託，也因結交志同道合的朋友，重新找到生活的意義與生命的價值。

野新的第一顆種子邱生嬌（慈良）透過孩子參加親子班而認識慈濟，此後和陳運香（慈運）、陳瑞群（慈群）等人一起舉辦社區環保茶會，廣邀鄰里居民投入，於 2003 年成立第一個社區環保點，並於 2014 年 9 月成立「望萬環保站」。

陳志明（化名）因精神狀態不穩，經常在外遊蕩，慈濟志工關懷他，並接引他去做環保。之後他透過進行環保工作，幫助自己轉移情緒，而志工也真誠關懷，沒有歧視，待他如平常人一般，

讓陳志明逐漸找回信心與成就感。他說：「現在生活比較平靜，有寄託，有人可以傾訴，心也慢慢打開，生活有重心了。」2016年，陳志明更受證為慈濟環保志工。

黃金寶——人生的資源分類

志工黃金寶於 2009 年加入慈濟，在環保工作中體悟人生的方向後，毅然決定全心投入環保志業。黃金寶懺悔過去賭博、酗酒等惡習，從做環保的過程中，他學會把自己的習性一項一項的丟

野新環保志工一路堅持做環保，2014 年終於有一個屬於自己的家「望萬環保站」。
（照片：陳念清）

棄，猶如在做人生的資源分類。由於一路對環保的堅持，讓他找到不一樣的人生，就如同他說：「我的人生是回收回來的。」

馬六甲慈濟喜捨環保站於 2011 年啟用，黃金寶成為第一任站長，秉持對環保的熱忱，承擔崗位。原本空無一物的環保站，歷經鋪路修補，設計規劃，溝通協調，逐漸完善設施與制度，同時培養出一群精進的環保志工。

黃金寶回憶環保站成立初期，充滿種種挫折考驗，例如找不到負責烹煮餐點的香積志工，周遭有蛇出沒，缺乏制度及人員調度等問題。初期須承擔一切大小事務的他，心疲力盡時曾因他人無心的一句話，而起無明煩惱，甚至萌生退意；所幸在志工羅綉甄（慈瑞）的開導下，重新省思。黃金寶感恩地說：「經歷考驗後能在菩薩道上更精進，人生也變得不一樣。」

做環保是黃金寶的修行途徑，而環保站是他的道場，藉由走入人群，運用上人的法涵養自己，再運用轉念來跨越無明逆境。他以謙卑的態度，時時懷抱感恩心，為地球環保付出，也找回曾經迷失的人生。

五、廣獲肯定

二十多年來，慈濟的長期耕耘獲得馬來西亞政府及民間肯定，頒贈「環境最友善機構」、「紙類回收卓越貢獻獎」、「愛心社

會再循環運動獎」等獎項，2003 年 11 月更獲得首相拿督斯里阿都拉巴達威（Dato Seri Abdullah Ahmad Badawi）頒發「支持國家環保計劃榮譽獎」殊榮。

　　政府獎勵慈濟的同時，也以行動大力支持。2012 年，國家青年及體育部向居鑾市議會借用土地後，移交土地使用授權書予慈濟，作為新居鑾市環保教育站場地，於同年 7 月 8 日啟用。

　　非營利團體——東協環境教育資料庫，也在 2004 年 5 月 28 日正式將慈濟環保相關資料納入，該資料庫存取各界在環境保護所做的各項教育計劃及相關聯繫方式。2020 年 1 月 23 日，馬六甲分會也註冊加入東南亞氣候變遷行動網路（CANSEA）。

　　環保，不只是收垃圾，更是讓地球上的有限資源，能循環再生新物命。馬六甲志工自 1995 年開始投入環保志業，從自身開始實踐，再推廣至社區、學校、企業、政府等，教育大眾惜福愛物。截至 2020 年，馬六甲分會各據點環保志工

志工與國家青年及體育部副部長顏炳壽等人一同為新居鑾市環保教育站揭幕。（照片：劉寶聆）

累計三萬餘人次，歷年環保總回收公斤數達到 63,317,141 公斤。

上人欣慰地表示：「人類需要先自愛愛人、愛大地，地球才有養息的機會。只要大家盡一分心，即能保護大地。馬來西亞慈濟志工真正做到『取之當地、回饋當地』，能獲得政府一再肯定，我與有榮焉。」

許多志工一念發心開始環保行動，大家齊心協力守護家園大地，讓地球能永續存在，所得又能回饋於社會；善念循環，人人就能心安，世界也就更加幸福。

一群銀髮志工不畏髒亂、低頭彎腰，為留給後代子孫一片清淨大地而努力。（照片：馬六甲分會文史組）

環保志業 1995年 — 2021年

──用鼓掌的雙手做環保

1995	成立環保組及第一個環保站
1996	設立第一個社區環保點──武吉波浪
2004	首辦環保志工培訓
2008	逐步設立社區常態性環保站
2010	推動一協力組一環保站
2011	設立慈濟喜捨環保教育站
2020	推行「綠刻醒動」

塑膠

玻璃

鐵鋁罐

紙類

其他

歷年志工人數　歷年回收量

淡邊聯絡處
1,926人
約三百萬公斤

芙蓉聯絡處
3,037人
約三百萬公斤

居鑾聯絡處
4,532人
約八百萬公斤

馬六甲分會
12,529人
約三千萬公斤

烏魯地南聯絡處
1,378人
約六十萬公斤

麻坡支會
7,227人
約九百萬公斤

哥打丁宜聯絡處
3,049人
約兩百萬公斤

志工
33,678人次

總回收量
63,317,141 公斤

189 個環保點

21 個環保站

紙類　塑膠　玻璃　鋁罐

6 個環保教育站

轄下據點黑點緣起

1995

芙蓉聯絡點成立，2002 年升格為聯絡處

1997

居鑾聯絡點成立，2002 年升格為聯絡處

1998

麻坡聯絡點成立，2010 年升格為支會

1999

淡邊聯絡點成立，2002 年升格為聯絡處

2003

哥打丁宜聯絡點成立，2006 年升格為聯絡處

2007

烏魯地南共修處成立，2016 年升格為聯絡處

麻坡支會

1993 年 10 月起，馬六甲志工每月南下關懷陳莆耘老先生，這是麻坡的第一位照顧戶。同年 12 月 12 日，麻坡佛教正信會佛友孫亞發（濟才）等約二十人，參加慈濟在馬六甲舉辦的茶會，會場還設有活動看板。陳莆耘在茶會上感恩慈濟的幫助，茶會溫馨感人，數位佛友感受到慈濟真誠的付出，倍受感動，隨即成為慈濟會員，開始參與訪視工作。

1996 年，麻坡實業家黃月娥（慈讚）閱讀了一本講述證嚴上人與慈濟世界的著作《千手佛心》，心生嚮往。7 月，她親赴臺灣拜見上人，見證書中所寫真實無虛；隨後便與馬六甲志工取得聯繫，並結識孫亞發等人，開始積極參與麻坡慈濟活動。然而慈濟在麻坡始終無聚會場所，辦活動時常受限。

1998 年，黃月娥與丈夫郭海瑞商討，將原本居住的半獨立式洋房，捐給慈濟，作為麻坡會所。5 月 13 日，靜思精舍德宣法師及德愉法師蒞臨主持啟用典禮，麻坡聯絡點正式成立。志工一致推薦黃月娥為第一任負責人。

隨著志工人數逐漸增長，志業也隨之擴大，麻坡聯絡點在

2002 年升格為聯絡處，2010 年升格為麻坡支會。

一、志業推展

慈善志業

　　1993 年，馬六甲慈濟開始關懷麻坡第一例慈善個案。案主陳莆耘雙目失明，妻子行動不便，兩個兒子一個智能障礙，一個聾啞。陳家沒有經濟來源，雖有善心人士的善款，但日常生活仍難以料理。慈濟志工前往探視時，家中環境髒亂不堪；陳老夫婦向志工吐露，若不是為了兒子，他們早已輕生。自此，馬六甲慈濟開案補助，志工每個月都去探訪，給予陳家生活及精神上的關懷。

1993 年 10 月 10 日開始，馬六甲志工每月南下關懷麻坡第一位照顧戶陳莆耘老先生。

（照片：馬六甲分會文史組）

1994 年 5 月 15 日，麻坡佛教正信會到馬六甲慈濟參訪交流。

（照片：馬六甲分會文史組）

1994年，一些麻坡佛友聽聞了慈濟的善行，也加入慈濟行列，隨馬六甲志工前去慈善訪視，並至馬六甲分會研習取經，學習證嚴上人慈悲濟世的理念。麻坡志工的隊伍日漸壯大，從1995年起獨立承擔麻坡的慈善志業推展。

　　麻坡慈濟持續走入社會的角落，關懷貧困個案，並與當地的社會公益機構合作。1999年起，每月兩次前往馬哈拉尼兒童殘智障中心（Pusat Pemulihan Dalam Komuniti Maharani, PDK）服務，幫

1998年5月13日麻坡聯絡點成立，靜思精舍德宣法師（中左）及德愉法師（中右）蒞臨主持啟用典禮。（照片：馬六甲分會文史組）

助病友餵食、義剪、帶動團
康等，就此展開麻坡慈濟機
構關懷足跡。

1999 年，麻坡中央醫院也
邀約志工參與醫院服務，志
工開始每週關懷院內病患。
2008 年起，實施獎助學金計
畫，每年幫助貧困學子，讓
他們得以安心就學。

**自 2003 年開始，麻坡慈濟自辦發
放日，讓照顧戶就近參加，減少交
通的時間。**（照片：孫亞發）

2020 年農曆新年，麻坡慈
濟與宜康省購物中心（Econsave）合作，首次以發放購物禮券方
式，讓華裔照顧戶方便採購所需年貨。該購物中心給予照顧戶優
惠，幫助減低開銷。截至 2020 年 7 月，麻坡慈濟的慈善長期受
惠家庭達 936 戶。

慈善課輔班

2016 年，麻坡支會關懷罹患恆慣性脊椎炎的女孩黃馨雨（化
名）。黃馨雨因家境貧困、行動不便而失學，為此，志工每週都
到她家中授課。考慮到其他照顧戶孩童同樣有課業落後及課後輔
導的需求，因此於 2017 年 2 月成立課輔班，為他們提供免費課

輔。每週五上午，由志工組成的師資團和隨班志工，分別為孩子補習華文、馬來文、英文、數學等，另有手工、遊戲及繪本故事環節，希望孩子能快樂學習，跟上學業。

初期課輔班僅八位學生參加，後來增至十四位，每週由慈濟志工載送他們來上課。為瞭解孩童的能力，師資團透過事先測驗孩子們的語文能力，因材施教安排教學法。

退休校長黎彩蝶參與課輔師資團後，發現即將參與小六檢定考試的學生，學習基礎不穩，另外安排時間在自己家中為他們加強數學。商界退休的志工陳麗蓮，也積極投入課輔班，她希望能引導孩子找到正確的學習方法。

孩子在學業成績和自信提升方面都有顯著的成長，家長們對此都十分感恩。當時恰逢慈濟人正在為建設麻坡靜思堂募款，家長們也積極響應義賣，成就了善的循環。

醫療志業

2002 年 4 月，麻坡慈濟首辦以志工為對象的醫學健康講座，此後不定期舉行講座。2003 年開始，由麻坡醫療人員組成的團隊，每月發放日在麻坡慈濟會所舉行義診，為長期照顧戶、機構關懷院友提供免費的中西醫服務。

2009 年起，麻坡慈濟每兩個月固定舉辦一場「醫療與您」健

康講座，不僅讓聽眾瞭解預防勝於治療的觀念，也讓參與的醫護人員更加瞭解慈濟，還接引更多民眾響應，投入志工行列。

2011 年起，醫療團隊也不時在慈濟環保站提供社區健檢，守護社區民眾健康，同時吸引更多人瞭解環保回收，友善社區，讓大家都能盡一分力來愛護地球。

2013 年 12 月，麻坡人醫會成立。至 2019 年，有七十三位醫師、十九位護理人員、二十九位藥劑師參與人醫會。多年來不論義診還是往診，醫療團隊都如對待親人般用心診治病患，一起守護社區民眾的健康。

陳麗蓮（右二）教導孩子英文，採用鼓勵的方式，使他們增加信心，自動自發來學習。（照片：江妙珍）

2003 年開始，每月的第一個星期六早上，麻坡支會於會所為照顧戶舉辦義診及義剪服務，至今不曾間斷。（照片：黃渼珍）

教育志業

2000 年，麻坡開辦慈濟快樂兒童精進班，為進一步深耕麻坡社區，透過教育志工於校內推動靜思語，宣導慈濟人文教育，啟發良善。2004 年，麻坡教聯會成立，在教聯會老師的帶動下，舉辦教師心靈成長班、種子老師課程等。

2006 年，大愛媽媽走入三間華小宣導靜思語，獲得校方與家長的好評及支持。截至 2019 年，麻坡大愛媽媽走進了十四間學校及一間學校的啟智班，協助帶動人文教育推動靜思語。

教聯會老師的穿針引線，大愛媽媽等志工的付出，深獲校方的認同，感恩志工為教育付出的精神。

環保志業

1996 年，麻坡慈濟人開始推行環保志業。在缺乏場地的情況下，克難地進行街頭環保，上街回收物資帶回家處理。志工們也不時舉行環保推廣活動，以「地球是我家，環保靠大家」、「垃圾不落地，麻坡好子弟」等口號，向社區民眾宣導珍惜資源，愛護地球要從自己做起。

1998 年，麻坡會所成為麻坡第一個環保點，於每月第三個星期日進行資源回收。自 2005 年起，也陸續在各社區設立環保點，由社區志工邀約當地民眾參與。

2012 年 8 月 20 日麻坡慈濟成立了第一個環保站——合豐環保站，接引許多民眾為地球永續盡一分心力。在大家的努力下，截至 2019 年，麻坡慈濟已有三個環保站和五十一個環保點，約有五百位環保志工一同投入，環保總回收量達 9,185,381 公斤。

昔加末會務

昔加末是柔佛州最北端的縣屬，在 2006 年 12 月的中南馬大水災中嚴重受災，損失慘重。也因為這場水災，居民感動於慈濟志工大愛的援助，開始積極投入慈濟。

與此同時，麻坡支會也協助關懷昔加末慈濟人的慈善活動，每月北上昔加末縣多

2006 年，麻坡志工吳依璇（左一）、楊淑茹（灰衣者）等大愛媽媽走入華小校園，用話劇表演呈現靜思語寓意。（照片：江妙珍）

1996 年開始，麻坡志工於夜間到市區街頭回收物資，向民眾宣導環保。（照片：馬六甲分會文史組）

地訪視個案，一趟來回需三個多小時的車程，每次早上出發，傍晚才返回麻坡。為方便訪視、載送照顧戶與推動志業，慈濟購置一輛十二人客貨車代步。

麻坡志工在昔加末舉辦環保茶會、幸福人生講座，並成立環保點，一起接引當地民眾。隨著昔加末的志工人數日增，促成 2010 年 12 月 25 日成立昔加末共修處。

二、小螞蟻大力量

2012 年，麻坡志工人數已有 250 人，原有會所的空間不敷使用。志工們期盼當地能有功能完善、空間充足的建築物作為會所，以推行慈濟志業，因此萌生了在麻坡建設靜思堂的想法。

2012 年，當地實業家姚坤亮無償借出廠房，提供慈濟作為臨時活動中心，為期十年；並捐贈 3.1 英畝土地，作為建設麻坡靜思堂的用地。

麻坡靜思堂規劃地上三層樓，除了活動主要場地講經堂、感恩堂和會議室以外，還有能容納百輛汽車的地下停車場。設置大愛幼兒園、社會教育推廣中心、靜思書軒、環保教育站等場地，集教育、人文、環保等功能於一體，是一個適合各階層人士的社區客廳、人文學堂及心靈家園。

2015 年，麻坡慈濟人回臺向上人報告興建靜思堂計劃，得到

了上人的慈允與祝福，於是當地慈濟人積極投入募款活動籌建靜思堂。

雖已有實業家捐贈靜思堂用地，但建築費用預估需要馬幣五千萬令吉。儘管如此，志工並沒有因龐大的金額退卻，而是齊心協力，發起小人物大精神的募款行動。

募款活動小至素食義賣，有人捐出自家產品、有人發揮烹調手藝、有的集結物資，有人賣掉信託基金，有人變賣珍藏的名錶；大至園遊會、晚宴、大愛義跑等。這股愛心持續發酵，許多人各盡其力，一心護持靜思堂的籌建。

動土典禮

麻坡支會從負責人、志工

麻坡支會舉辦「心蓮滿人間慈善晚宴」，靜思堂土地捐贈者姚坤亮（左）呼籲大家一同護持靜思堂建設。（照片：黃佩思）

麻坡支會受邀參與星洲日報主辦的「星洲展銷會」，設攤推廣靜思人文及環保理念。（照片：陳松基）

到一般社區民眾，無不投注大量的心力與財力。歷經數年的奔走籌措，終於在 2017 年 5 月 27 日舉行動土典禮。

典禮當天，匯聚一千三百多人共襄盛舉，見證這歷史性的一刻。麻坡支會負責人蘇瑞珠（慈沐）無限感慨：「十九年來大家用心、用愛來付出，如今終於有一個家了！」

靜思精舍德勤法師、德格法師和德淵法師遠道而來，獻上祝福。德勤法師恭讀證嚴上人的祝福函，指出靜思堂是慈濟精神的堡壘，期待這座靜思堂能營造「家」的氣氛，不需語言解說，就能體會慈濟的人文精神，感悟心靈的法喜。

2018 年 4 月 22 日市政局發出營建准證，陸續協調行政流程，靜思堂工程在 2018 年 7 月 27 日正式動工，開始打樁。2019 年，工程進度已從地下停車場進行到屋樑階段。2020 年因新型冠狀病毒（COVID-19）疫情影響，將延期完工。

工地食堂左側懸掛布條寫著：「一、高品質、高安全、

2017 年 5 月 27 日麻坡靜思堂動土典禮，各界來賓齊聚祝福麻坡慈濟人的「家」能順利興建。

（照片：陳聯喜）

高環保；二、不抽煙、不喝酒、不賭博。」這是慈濟特有的工地人文。工程期間，每天供應素食午餐，鼓勵工友們素食。

每個月第二個星期六，志工定期前往感恩工友們辛勞地付出，分享慈濟故事、帶動祈禱祝福，營造善氛圍。每月第三個星期六，為了守護工友健康，慈濟人醫會提供健檢、中醫治療與諮詢，也請物理治療師來教導正確的施力姿勢，以避免拉傷或扭傷。雖然是在施工中的工地，仍少不了慈濟志工真誠與溫暖的貼心關懷。

後續募款

儘管靜思堂已動工，但所需款項尚未齊備，因此志工在動工

| 麻坡靜思堂工程施工。（照片：陳松基）

後仍持續進行募款行動。2018 年 8 月 31 日，麻坡支會舉辦「大愛共伴 20 音樂晚宴」，慶祝國慶日及紀念麻坡支會成立二十周年，同時為靜思堂募款。

2019 年，麻坡支會舉辦了兩場義賣園遊會，兩場大愛馬拉松義跑。國慶日園遊會中，首次結合了藝術展覽，舉辦「大愛書畫展」，邀請知名書法家前來義賣作品。眾人齊心協力，為籌募麻坡靜思堂建設基金出一分力，期待慈濟人的精神堡壘早日落成。

踏實付出 行善造福

慈濟麻坡支會在當地耕耘多年，關懷貧苦民眾及社會機構，深耕四大志業，也帶動鄰近地區會務。在麻坡慈濟人的精進與願

麻坡志工舉辦大愛園遊會，籌募靜思堂建設基金。（照片：陳松基）

力，以及當地熱心民眾的護持下，麻坡終於如願建設靜思堂。

麻坡慈濟人返臺報告靜思堂籌建事宜時，上人慈示，慈濟所做皆非為私利，而是為公益；在各區建設靜思堂，是為了凝聚慈濟人的精神理念，並且將精神理念落實當地。有人不清楚、不瞭解，是因為沒有機會看見慈濟在

志工陳惠蘭（右）是洗腎病友也是前慈濟照顧戶，她感恩慈濟在人生最困難的時候伸出援手，省吃儉用四年湊足馬幣一千令吉，護持麻坡靜思堂建設基金。（照片：林美福）

為社會做什麼，所以慈濟人要更加努力，讓人看見慈濟的付出，願意前來瞭解，知道慈濟人付出無所求、影響在全球，不是靠多少人力，而是以無形的精神能量跨越國界。

緣要用心連接，邀約大眾在不影響生活的前提下，長久付出點滴愛心，也要帶動人人一起關心社區裡的貧苦人；只要啟發了愛心、對慈濟有信心，自然樂於付出。不要只是為了籌建靜思堂去勸募、去義賣，如果精神理念不能落實，行善造福的力量無法長久。

麻坡支會 1993年－2021年
──小螞蟻大力量

1993　第一個麻坡個案關懷

1998　麻坡聯絡點成立

1999　開啟機構關懷

 194人
慈誠、委員

2002　升格為麻坡聯絡處

 132人
人醫會成員

2010升格為麻坡支會

 936戶
受惠家庭

2013　人醫會成立

 7227人次

為籌募靜思堂建設基金舉辦

大愛義跑2場

素食義賣84場
（含便當、月餅、素宴等）

大愛園遊會2場

2017 麻坡靜思堂動土典禮

2015 開始籌建靜思堂

居鑾聯絡處

居鑾人王成耀（濟掀）在 1990 年 4 月 5 日《亞洲週刊》的報導中認識慈濟，對證嚴上人的慈悲心生敬仰，即以「慈濟」之名，在當地報社捐款救濟貧苦家庭。1992 年，古來（Kulai）人陳翠麗透過新加坡友人認識慈濟，她很認同慈濟理念，一有機會就向人介紹慈濟，募集了三十位居鑾熱心人士的善款，捐贈給新加坡慈濟志工。

1996 年，王成耀透過報章得知約一百公里外的新山有慈濟據點，前去加入會員，並開始往返新山參與慈濟慈善活動，因而認識馬六甲負責人劉銘達（濟雨）。11 月，馬六甲慈濟人於居鑾中華學校舉行慈濟茶會，劉濟雨等人向在場五十多人介紹慈濟志業。陳秀鳳、韓德華等人在陳翠麗邀約下參與茶會，對慈濟的善行印象深刻，也因此認識了王成耀。

茶會後數天，王成耀隨「靜思語教學尋根團」赴臺，深入瞭解慈濟志業後，更篤定慈濟就是他多年來一直尋找的理想修行團體，返馬國後，更堅定推動慈濟，並邀約佛友參與新山慈濟活動。

1997 年 1 月 10 日，王成耀等十一人希望在居鑾成立慈濟據點，

穩定推展慈濟活動，並於數日後前往馬六甲聯絡處，向劉濟雨及簡慈露說明意願，獲得認同與支持，於1月正式成立居鑾聯絡點。

一、志業推展

首推環保、慈善

1997年，居鑾慈濟率先推動環保志業。從事焊鐵工程的韓德華，1月初以私人卡車在永安園（Taman Desa）沿街進行第一次資源回收，並向永安園居民分發傳單，宣導環保，居民反應熱烈。

| **1997年，居鑾志工開始於居鑾永安園推動環保活動。**（照片：馬六甲分會文史組）

鄭文發（濟至）、陳秀鳳（慈塵）等住在附近的志工就近投入社區環保；在韓德華的策劃下，於永安園成立居鑾首個環保點，志工同時亦到鄰近的馬聯花園（Taman Berlian）收集回收物。

同年 2 月，居鑾慈善志業踏出第一步：關懷因中風、腦血管爆裂而癱瘓的個案蕭仁富。初做訪視時，志工經常請教馬六甲社工王玉蘭（慈均），學習訪視經驗。接下來的日子，志工時常參加吉隆坡、馬六甲慈濟舉辦的訪視培訓課程，或與新山志工交流

2000 年 4 月，居鑾會所搬到一座兩層店屋，有了適當空間，加上同仁協助會務推動，會員人數迅速增長。（照片：馬六甲分會文史組提供）

訪貧經驗，陸續拓展關懷當地貧困個案。

1997 年至 1999 年間，居鑾慈濟以慈善和環保為重點，但因為租用位在大洋園（Taman Intan）商店樓上一個狹小的會所，僅能容納不到三十人，使用空間有限。

1999 年初，環保志工擴大回收範圍，想方設法希望能接

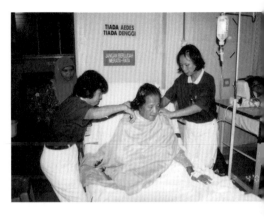

2000 年，居鑾成立醫療志工團隊，到醫院關懷病患。（照片：王成耀）

引更多人投入環保，就近帶動鄰近學校，3 月 20 日借用甘榜巴野（Kampung Paya）博愛學校禮堂進行資源回收。此後，回收地點涵蓋中華小學二校、僑民學校、實里拉龍（Sri Lalang）馬華公會禮堂、加亨（Kahang）觀音廟等地。

2000 年 4 月，會所搬遷至一座兩層店屋，有了較大的空間，並聘請第一位職工張明朱協助行政事務，2000 年居鑾的會員人數增長 50%。志工推動慈善和環保工作也比往年頻繁，更擴展到距離居鑾八十四公里的彼咯（Bekok）。

彼咯居民非常護持環保，當地的環保志工人數逐年增加，到 2009 年已有三十多位，有些環保志工還進一步接受培訓。為了

能更全面的在彼咯推動環保志業，志工開始積極在當地尋找適當的地點設立慈濟環保站。

2011年7月，志工王來吉的堂兄王良添先生得知慈濟欲設立環保站的計劃，願意提供一塊土地，讓慈濟免費使用十年。志工在勘察後發現地點非常理想，於是成立策劃小組進行處理租約和籌建工作。經過幾個月的努力，2012年3月24日居鑾慈濟轄下第一個環保站於彼咯成立。

醫院關懷

2000年5月，基於居鑾醫院邀請個人或團體前往關懷住院病患，馬華公會醫院巡查員劉小麗推薦慈濟提供關懷服務。王成耀邀約新山志工前來分享進入醫院關懷病人的注意事項，隨後與醫院開會達成共識，進行培訓及籌備，10月1日正式成立居鑾醫院志工團隊，於每個星期日到醫院關懷病患。

2001年底，醫院志工在服務期間，發現沙巴卡達山原住民傑米尤斯（Jemeyus）：他至柔佛工作，不幸遇上車禍成為植物人。志工協助送傑米尤斯回鄉，多次奔走航空公司協商，為他買了九個機位，並請亞庇志工接力支援，安排他入住亞庇醫院。2002年1月18日，傑米尤斯終於返家與家人團聚，一週後安詳往生。

慈濟善行漸為居鑾在地人所知，個案提報增加，為確保個案

及時獲得援助，2002 年 6 月成立社工組，並由經驗的資深志工帶動慈善訪視。

其他志業推展

居鑾慈濟首次急難救助於 2003 年 7 月，距離居鑾約三十分鐘車程的拉央拉央（Layang-Layang）小鎮，發生嚴重風災。志工立即成立緊急勘災小組，聯合馬六甲、新山及峇株巴轄志工進入災區勘災，發放急難慰問金予 207 戶災民。

2009 年居鑾聯絡處舉辦綠色義賣會，響應「八八惡水毀大地，秉慈運悲聚福緣」臺灣莫拉克颱風募款活動。2015 年慈濟 49 周年慶系列活動中，志工以剪報及圖片製

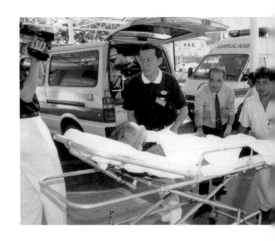

居鑾志工王成耀護送因車禍成為植物人的傑米尤斯返回家鄉亞庇。

（照片：馬六甲分會文史組）

2003 年 7 月拉央拉央發生嚴重風災，居鑾志工發放急難慰問金予災民。（照片：馬六甲分會文史組）

作尼泊爾地震的新聞看板，且用心地向民眾解說慈濟在當地的賑災行動，並邀請大家響應「尼泊爾地震賑災」募心募款。

2002 年 3 月 9 日開辦慈濟快樂兒童精進班，2003 年成立慈少團，落實四大志業並行發展；同年 11 月 16 日，居鑾聯絡點正式升格為聯絡處。

二、居鑾監獄關懷

柔佛州新邦令金（Simpang Renggam）監獄是慈濟在馬來西亞第一個進入關懷的監獄。2007 年，吉隆坡志工鍾潤梅（慈宜）的丈夫溫天生是助理警監，經常到居鑾縣內的新邦令金監獄辦事。每次到訪，他都會帶慈濟刊物分享給囚犯們閱讀；並於次年安排居鑾志工會見監獄長官，推薦志工前往輔導囚犯。

經過溝通，居鑾慈濟志工於 2008 年 7 月開始這項新挑戰——「送愛進鐵窗」。由於該監獄僅有男性囚犯，只有男眾志工能進入關懷輔導。

2002 年，居鑾慈濟成立兒童精進班，志工帶兒童班的孩子們到南峇山下進行戶外活動。

（照片：馬六甲分會文史組）

上人曾為監獄關懷行動開示：「大家若進到監獄，都同樣有很恐怖害怕的心態，怕看到每一張臉孔，擔心這個人會不會對自己如何？其實不會。他只是一念之差，一步之錯，所以迷失了人心。需要有人去將他叫回來、將他叫醒。」

居鑾志工長期到監獄關懷囚友，獲獄方肯定，頒發感謝獎狀。

（照片：林秀鳳）

初期，志工總是帶著忐忑不安的心情走入關懷，囚友們的反應也比較冷漠，甚至不與志工交流。然而志工並不氣餒，更加用心地編排活動，以真誠的心去關懷，讓囚友們感受到愛。

居鑾志工分成兩個小組，輪流在每月的第一、第三個星期六下午至監獄關懷，以舉辦慈濟茶會的方式來帶動囚友們認識慈濟，包括唱誦佛號、觀賞《衲履足跡》、《人間菩提》。在眾人的努力下，第二個月已有一些囚友主動和志工握手並親切地打招呼。活動採自由參加，獄方並沒有強迫囚犯出席，然而每次的參

與者平均有四十餘人。

2009 年初，志工的服務精神得到監獄長官的讚賞，在長官的推薦下，居鑾女子監獄也邀請慈濟定期關懷；三月份開始，由女眾志工每月兩次關懷。

發心植福田

2011 年，志工獲馬哥打囚犯改造中心邀請，定期進入該中心送愛。2015 年，馬哥打監獄囚友得知志工正為東海岸大水災進行募款，編製了幾十隻魚蝦造型吊飾，捐給慈濟義賣，募得二百多令吉善款。

2016 年 4 月 14 日，馬哥打監獄的二十四位囚友知道志工將赴臺參加五十周年慶活動，特地寫了一封感謝信託志工帶到花蓮呈予上人：「很感恩王師兄等志工們的教導，慢慢地領悟金錢比不上心靈的富有，人不再那麼的執著與偏激，感覺心好像被照亮了一樣。王師兄也跟

居鑾志工前往新邦令金監獄舉辦《佛門大孝地藏經》讀書會，居鑾負責人王成耀為囚友們導讀。

（照片：新邦令金監獄）

我們分享慈濟的環保、慈善等等，很多很多，讓我們感受到人間處處有溫暖、有希望。」

2017 年，新邦令金的囚友藉由在監獄工藝班學到的技術，製作了一艘象徵著苦海慈航的帆船模型，贈送給居鑾會所，以感謝慈濟志工的關懷。

多年以來，送愛進鐵窗計劃由居鑾志工獨力承擔。為了讓囚友們有機會聆聽到更多志工的精彩人生經歷分享，王成耀數次與獄方協調，讓其他地區的志工也有機會參與服務。2017 年 6 月 2 日，吉隆坡志工林孝式（惟京）、林永發和陳順福（濟亨）至新邦令金監獄關懷，分享人生經歷。

林孝式發心與囚友結緣上人講述《佛門大孝地藏經》的書籍，促成了居鑾志工在監獄舉辦讀書會的因緣。2019 年再接再厲，導讀《父母恩重難報經》以闡揚孝道。

監獄關懷至今從未曾間斷，也深獲政府肯定，頒贈服務獎狀。慈濟志工的堅持，只因為相信：只要有因緣改變一位囚友，促使他能轉惡為善，這個世上就會多一個好人、少一個惡人。

三、行善的心願──王成耀

王成耀（濟掀）成長於富足的大家庭，有十二個兄弟姊妹，他排行最小。成年後他取得美國商業碩士學位，在家族生意上發

揮所長。雖然生活優渥，他始終懷著一顆善心，從小立下要幫助別人的心願。

未有宗教信仰的他對各宗教皆感興趣，帶著學習的心態一一鑽研，甚至閱讀《古蘭經》中文譯本，或到天主教堂與神父討論《聖經》經義；而對佛教的印象，只限於廟裡拜佛念經。

1989年父親往生，王成耀向哥哥借閱佛書，並到寺廟恭聽法師弘法，始對佛教有基本認識。一年後，他在《亞洲週刊》上讀到介紹臺灣慈濟功德會的文章，講述上人如何艱辛地籌建花蓮慈濟醫院，以及志工如何落實慈善工作，深受感動。

學佛後，王成耀常翻閱報章，看看是否有貧病者需要幫助，他最初都是以自己的名義捐款；認識慈濟後，即便當時馬來西亞尚未有慈濟據點，他仍在捐款人一欄填上「慈濟」。單純的他認為，只要這樣做，自己就算是慈濟的一分子了。

直至1996年8月30日，他正式成為慈濟會員，心裡慨嘆：「經過這麼多年，我總算找到慈濟了。」他常獨自開車往返新山參與活動；雖然兩地奔波，卻絲毫沒有疲憊或孤單之感，每一次回程都充滿法喜。

不悔慈濟行

1997年居鑾據點成立，王成耀成為據點負責人，經營家族事

業的同時兼顧慈濟志業，有大半時間都在處理會務。

投入慈濟後，王成耀改變了自己的習氣，學會接受他人看法、尊重別人。他從前雖然孝順，卻不善於表達對父母的愛；在瞭解行孝不能等之後，以實際行動關懷，慶幸在母親往生前得以克盡孝道。他與妻子蔡蓮美（慈掀）同修做慈濟，家業、志業、事業取得平衡：「這一生，最慶幸的就是認識慈濟，走這一條菩薩道，我永不後悔。」

| 1998 年，王成耀與太太蔡蓮美在夜市為中國水患募款。（照片：馬六甲分會文史組）

淡邊聯絡處

1995 年 8 月，任教於培智華文小學的饒文慧（慈斑）至馬六甲中央醫院照顧住院的先生，由此透過先生的同事接觸了《靜思語》，而對慈濟心生嚮往。在對方的接引下，她參與了馬六甲慈濟教師聯誼會（教聯會）的交流會，更在 11 月隨馬來西亞教師團赴臺灣參訪靜思精舍。

深受感動的饒文慧返馬後，即便沒有交通工具代步，仍搭乘巴士往返馬六甲，積極投入教聯會及慈善發放、訪視等活動，成為馬六甲教聯會主要幹部之一。

饒文慧經常受邀到淡邊佛教會等不同場合分享慈濟，陸續接引了淡邊的在地志工，一起參與訪視和慈善發放活動。早期淡邊慈濟人每月召開個案研討會及共修會，卻沒有固定的場地；志工彭家思發心提供自家空置店屋，以象徵性每月馬幣 2 令吉，租借給慈濟作為會所，促成淡邊聯絡點於 1999 年 5 月 25 日成立。

2002 年，淡邊慈濟以縣規劃為五大社區，即淡邊、馬口（Bahau）、瓜拉庇勞（Kuala Pilah）、金馬士（Gemas）和林茂（Rembau），由在地志工負責每個社區的帶動與志工接引，促進

志工及會員人數增長。11月16日，淡邊聯絡點升格為聯絡處。

慈善志業

1996年3月3日，饒文慧得知學生的父親黃利水因車禍失去工作能力，而提報給馬六甲慈濟；開案後，她在淡邊就近關懷，啟動了淡邊的慈善工作。

1995年10月7日，淡邊教師饒文慧（右四）參與慈濟教聯會交流會，開啟了淡邊與慈濟的因緣。

（照片：馬六甲分會文史組）

1998年，淡邊個案陸續增加，雖有豐富訪視經驗的馬六甲志工王玉蘭（慈均）帶動，但需走訪的個案範圍大，淡邊志工人數較少，饒文慧不時向馬六甲汲取訪視理念，也力邀馬六甲志工華景民（濟珧）等人前來支援。

在參與馬六甲慈善發放活動中，饒文慧發現幾位來自利民達（Jementah）的殘疾照顧戶，自行研發出一套適用的復建法，讓他們行動更方便。鑒於淡邊照顧戶中也有殘疾者，饒文慧特地邀請他們以個案關懷的方式，激勵其他殘疾照顧戶。

由於當時的淡邊會所坐落於二樓，不方便殘障人士上下，志

工採用流動地點方式，讓殘疾人士聚會聽法、分享。為凝聚力量，幫助彼此重新振作，饒文慧向劉濟雨建議成立「慈濟心蓮聯誼會」。

2002年4月開始，慈濟心蓮聯誼會每月定期舉行，輪流到不同的照顧戶或志工住處進行聯誼。遠在金馬士及利民達的殘障人士也加入行列，藉著彼此鼓勵，增進與人交流，接引更多人投入環保或醫院志工。

長期受慈濟關懷的殘疾夫婦鄭各良（濟良）及鄭玉萍（慈友），在其他殘障志工朋友的鼓勵下，進而一起接受培訓，受證為慈誠、委員。夫妻倆積極參與各項慈濟活動，用心投入醫院志工，以自身故事鼓勵病友。

鄭文華（化名）因為工作意外四肢癱瘓，被醫生宣判終生殘廢，但經過不屈不撓的復健，五年後成功以拐杖代步。鄭文華從被幫助者翻轉成為助人的人，並在馬六甲慈濟舉辦的慈善發放活動上，用自身的經歷告訴更多人如何改變心念勇於面對逆境。

2014年淡邊慈濟啟動幸福校園計劃，關懷葫蘆頂園丘淡小（SJKT Ladang Pertang），補助貧寒學生食物及補習班車資。志工除了每月校訪，更聯絡校長和家長教師協會主席，及時家訪處理突發狀況。努力近一年後，學生出席率大幅提高至百分之九十五，全校學業成績明顯提高，校際學術競賽也成績斐然。

2016 年 2 月 5 日發生連續豪雨，導致亞逸昆寧（Ayer Kuning）新村從公路淹水至村內，交通中斷。淡邊志工在 2 月 6 日前往勘災及發放。由於接近農曆新年，在人力不足下，艱難地完成此次的發放工作，共提供兩百份午餐和七十一份慰問金。

教育志業

1996 年初，饒文慧徵得任教學校的校長同意，在校園推動靜思語教學。經過一段日子的努力，獲得同事及他校老師的認同，他們也開始在任教學校宣導靜思語教學。有了淡邊地區老師的助力，促使淡邊教聯會於 1998 年 9 月 11 日成立。

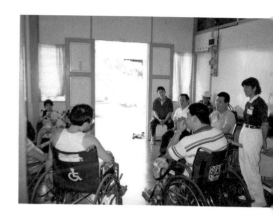

殘疾照顧戶在志工促成下，2002 年 4 月成立「慈濟心蓮聯誼會」，時常相聚、互相砥礪。

（照片：馬六甲分會文史組）

鄭玉萍雙腿行動不便，仍鍥而不捨地做志工，與大家分享自身經歷。

（照片：李文傑）

教聯會老師們除了落實靜思語教學，也推動兒童班、手語隊等活動，更承擔起許多職務。兒童班由推動小組羅梅嬌（慈任）、杜曉萍（慈柏）等人積極籌辦，於 2001 年 3 月 18 日開課，同年 7 月 8 日慈少班相繼成立。

2011 年，淡邊慈濟人響應證嚴上人以「品德教育、生活教育、全人教育」為目標的教育理念，發心籌建大愛幼兒園，為社區提供理想的啟蒙教育。在淡邊志工及民眾響應護持之下購置土地，幼兒園順利於 2016 年 6 月迎接第一批學生。

幼兒園以培育孩子們的品格為教育方向，採用靜思語教學，樹立孩子正確的價值觀與生活態度，同時也教導他們生活禮儀，並學習孝順父母。

五歲的孫小弟（化名）初來幼兒園時患有輕微語言學習障礙，經由老師用心陪伴關懷，半年後，孩子說話方式變柔和，學習進度有所改善。此外孫小弟的媽媽透露，受到靜思語教學的感染，若家中有人吵架或發脾氣時，孩子都會引用靜

饒文慧在學校帶動靜思語教學。

（照片：馬六甲分會文史組）

思語如口說好話、輕聲細語等，緩解緊張氣氛，改善家中氛圍。

家長見證孩子們在幼兒園學習的改變，化擔心為祝福，陪伴孩子成長；園長馬永珍（慈銘）期盼用「愛」將學生教成一位懂理懂事的孩子，讓他們的生命無限寬廣。淡邊聯絡處負責人陳順發（濟得）表示：「幼兒園好比一座果園，老師就是園丁，每天要費心按照果樹成長特點，給予適當的照料；希望每棵樹苗，都能充分獲得營養而健康成長。大愛幼兒園便是這樣的果園。」大愛幼兒園硬體設備的落實只是一個起步，教育的內涵建設則是淡邊慈濟人世代努力的方向。

淡邊大愛幼兒園於 2015 年 2 月 14 日舉行動工儀式。（照片：張毅偉）

淡邊大愛幼兒園舉辦浴佛典禮，孩子們虔誠禮佛。（照片：唐鳳英）

環保志業

　　最初，淡邊志工在家中及任教學校進行資源回收，饒文慧也在自家屋旁闢地蓋環保小屋。1999年5月，淡邊聯絡點成立兩個月後，環保志業正式推廣；志工在每個週末，繞行淡邊市區、淡邊新村，再擴大到各住宅區進行環保回收，居民熱烈響應。

　　淡邊友愛俱樂部環保點位於戶外，為了讓環保志工免於日曬雨淋，而遷移到淡邊新村多元用途大禮堂。此外，堆積在饒文慧家環保站的資源愈來愈多，空間不足；志工彭少強（濟強）將閒

志工帶動淡邊友愛俱樂部的居民，響應每月一次的環保日。

（照片：馬六甲分會文史組）

置的工廠舊地，出租給慈濟作為淡邊環保總站。自2002年2月起，各社區小規模回收點，及淡邊新村多元用途大禮堂的回收物，全部遷移至淡邊新村環保站。

截至2020年，淡邊慈濟共設置了六個常態性環保站，及十六個環保定點，累積逾一千九百多人次環保志工。

2003年8月9日，淡邊慈濟參與環保展，志工葉惠友（左一）向淡邊政府官員及各校校長講解資源分類。
（照片：馬六甲分會文史組）

瓜拉庇勞共修處成立

2010年，瓜拉庇勞和馬口的志工人數日漸增長。這兩個社區的活動，都借用一位志工的補習中心，或回到淡邊會所進行；然補習中心空間不足，往返會所又需九十分鐘車程，交通不便，民眾不易參與活動。

瓜拉庇勞共修處於2011年7月30日舉辦啟用典禮。（照片：戴俊偉）

2010 年，慈濟承租一間店屋作為會所，並於 2011 年 7 月 30 日成立瓜拉庇勞共修處。2014 年 1 月，業主因瞭解慈濟是個慈善團體，免費讓慈濟使用。瓜拉庇勞共修處的成立使當地志工就近舉辦慈濟活動，凝聚向心力，接引不少民眾加入志工行列。

用心就是專業

淡邊慈濟教聯會老師承擔起各項志業活動，從醫院志工、慈善關懷、環保推展，都由老師們多方帶動。也因為老師們的投入，

早期淡邊沒有會所，志工常於王嘉鳳的僑安茶室進行會議。

（照片：馬六甲分會文史組）

促使淡邊成立了南馬地區第二間大愛幼兒園，將慈濟理念落實於幼兒教育，在孩子心中培育大愛的種子。

上人稱歎淡邊慈濟人的貼心：「淡邊的慈濟委員人數不多，但是他們很用心，在當區做得很好，不只幫助貧苦人，也帶著當地的慈少投入關懷活動，做到了師父常說的『生命見苦教育』。這一群弟子離我那麼遙遠，但是心是那樣地貼近，只要師父說了想做的事，他們就會馬上行動去做。」

2010 年 3 月 29 日，淡邊新會所啟用，邀請臺灣志工前來舉辦幸福人生講座。

（照片：馬六甲分會文史組）

芙蓉聯絡處

1992 年，芙蓉佛友黃果燕（慈珧）從《讀者文摘》中，讀到慈濟事蹟的報導，心生嚮往，遂前往臺灣拜訪靜思精舍。

黃果燕在靜思精舍當了兩個星期志工，常住師父告訴她，馬來西亞檳城的志工葉淑美（慈靖）在當地推動慈濟志業。回國後，黃果燕北上檳城，向葉淑美學習慈善訪貧。她又從葉淑美口中得知，臺商劉銘達（濟雨）和簡淑霞（慈露）夫妻在馬六甲推動慈濟志業，於是積極參與馬六甲慈善發放，認識了同為芙蓉佛友的沈耀偉（本偉）、胡振君等人。爾後，志同道合的他們相互勉勵一起在芙蓉推動慈濟。

1995 年 3 月 1 日芙蓉聯絡點成立，黃果燕成為第一位負責人；胡振君父母提供位在小甘蜜（Sikamat）的店屋一

1996 年，芙蓉聯絡點舉辦茶會接引志工。（照片：馬六甲分會文史組）

樓為會所，啟動當地濟貧的工作。1996 年，聶美燕（慈洪）在好友黃果燕的接引下，加入慈濟。1997 年，黃果燕婚後定居吉隆坡，無法承擔會務，改由聶美燕接任負責人。

後因參與會眾增加，借用的店屋空間逐漸不敷使用，因此聶美燕和周賽華合購了另一處雙層店屋作為新會所。

2000 年 4 月 16 日，芙蓉慈濟新會所正式啟用，空間增大，志工得以舉辦大型活動，如幸福人生講座、浴佛或培訓課等。隨著志業漸盛，芙蓉聯絡點於 2002 年 11 月 16 日升格為聯絡處。

2000 年 4 月 16 日，邀請法師與政府官員參與芙蓉慈濟新會所啟用典禮。
（照片：馬六甲分會文史組）

慈善志業

芙蓉慈濟早期的慈善濟貧工作多由馬六甲資深訪視志工帶動，傳承經驗。從1999年殘智障院、2003年敬老院等定期機構關懷，並承接許多個案，遠至波德申（Port Dickson）、武吉不蘭律（Bukit Pelanduk）等地。志工皆抱著「這麼遠，別人不做我來做」的心情用心訪貧，甚至為了跟進個案的進展，而天天至案家訪視。

1999年，武吉不蘭律爆發「立百病毒」疫情，造成多位豬農往生，慈濟在芙蓉中央醫院設立「病患家屬關懷中心」，芙蓉志工即配合輪班關懷病患家屬。

疫情受控後，康復的病患及家屬陸續出院，志工開始走入武吉不蘭律災區勘災；找到遷移各地的豬農，發放急難慰問金，並膚慰恐慌的災民。志工為了給予災民面對生活的勇氣，帶動居民每個月定期做環保，讓人人透過愛護環境，瞭解不論生命、物命都要一同愛惜；促成武吉不蘭律於2003年10月成立慈濟環保點。

芙蓉志工為印裔照顧戶慶祝屠妖節，送上禮包，讓他們感受佳節溫情。（照片：石忠財）

森美蘭州園丘眾多，許多印裔工友聚居在晏斗的住宅區，被稱作「印度村」。芙蓉慈濟一百多件濟貧個案中，超過半數是印裔族群。志工除了例常探訪個案，另外也提供修繕案家房屋，替獨居老人清掃居家環境；當發生大小急難時，也從不缺席，全程陪伴關懷。

2013 年，芙蓉慈濟開始為印裔照顧戶舉辦屠妖節發放，現場提供多項服務，包括中西醫義診、義剪、素食餐點和節目表演等；並設立獎助學金幫助貧困孩童就學，啟動幸福校園計劃，走入校園關懷學生。

教育志業

1995 年 5 月 16 日，臺灣花蓮本會教聯會團隊在馬六甲培風中學舉行「慈濟校園清流講座」，馬六甲與芙蓉約有一百五十人出席。同年 11 月，芙蓉七名老師和四位志工赴臺參加第一批慈濟海外教師尋根團，其中胡振君與劉玉美回國後積極參與馬六甲教聯會，並每月舉辦靜思語交流會，促成芙蓉教聯會於 1997 年 3 月 29 日正式成立。

2000 年，隨著芙蓉新會所的啟用，有了合適的場地拓展教育志業，於 7 月 2 日成立芙蓉慈濟快樂兒童精進班；青少年班則於 2003 年 7 月 19 日成立。

醫療志業

芙蓉慈濟的醫療志業，以承擔當地的勸募捐血活動為主。為解決芙蓉中央醫院血庫嚴重血荒問題，2000 年 10 月 15 日，志工在會所首辦捐血活動，此後一年四次定期舉辦，是當地唯一長期勸募血漿的慈善團體。捐血活動後續增設器官捐贈宣導櫃臺，協助器官捐贈中心推廣相關資訊；截至 2015 年 5 月，共有 598 人簽下器官捐贈同意書。

志工藉捐血活動與醫院密切互動，繼而開啟醫院志工服務。2001 年 11 月，醫療志工開始在芙蓉中央醫院定期關懷病患，協助病患更衣、沐浴、換尿片、理髮等。院方感恩慈濟對個案的尊重與關懷，多次頒予獎狀，並轉介需要援助的病患個案給慈濟，提供後續家訪關懷或開案補助。

志工李文龍（本勸）每次前往醫院時，留心到醫院路邊常常有很多垃圾，因而發心推動醫院環境清掃活動。

2000 年 10 月 15 日，芙蓉聯絡處首次舉辦捐血活動。

（照片：馬六甲分會文史組）

2018 年 1 月 20 日得到院方的認同，馬六甲慈濟與職員、衛生承包公司合辦首次的淨院活動。

環保志業

自 1996 年芙蓉志工開始推動環保，將回收物放置在早期的聯絡點，直到在小甘蜜成立芙蓉第一個環保點後，於 1997 年 12 月成立環保組。

1998 年，芙蓉慈濟志工開始向外推廣環保工作，分別在亞沙再也（Taman Rasah Jaya）和梅嶺（Taman Bunga Blossom）成立環保點；並在 2002 年 6 月成立第一個環保站——AST 環保站。2011 年，民眾張金美感動於慈濟的環保志業理念，發心以象徵性

2003 年 10 月 5 日，芙蓉首辦淨灘活動，邀請七十位志工和民眾一起清理沙灘上的垃圾。

（照片：馬六甲分會文史組）

芙蓉聯絡處受邀前往武吉沙烏嘉納國民中學，推廣環保及慈濟人文，黃秋玉（左）為老師介紹環保餐盒。

（照片：陳福安）

每月 10 令吉租金，租借空置已久的獨立式住宅作為慈濟環保站，促成文丁環保站於 8 月成立。

2010 年，日叻務（Jelebu）發生水災，芙蓉志工前去打掃災區，運用卡車來回逾二十趟清理垃圾，因而萌起在當地落實環保的念頭。任教職的志工黃秋玉（慈楹）調任日叻務育華小學校長，向學校董事會及教師協會表達在校園設立環保點的理念，獲得認同。2011 年 9 月 25 日，育華小學環保點成立，踏出了慈濟環保志業在日叻務的第一步。

2003 年開始，連續數年，芙蓉志工到波德申八英里海灘進行淨灘活動，希望通過活動，讓更多人瞭解環保的重要性。

2016 年起，芙蓉慈濟每年受邀參加馬來西亞大自然協會（Malaysian Nature Society）舉辦的國際賞鳥週（Raptor Watch），於活動中設攤宣導環境保護，推廣資源回收的理念。

截至 2019 年，芙蓉共有三個常態性環保站、二十五個環保定點，環保志工約二百人。

人文志業

2011 年 5 月 21 日，芙蓉靜思書軒正式啟用，是馬來西亞第十五間靜思書軒。靜思書軒透過店中的書籍，將證嚴上人的精神和理念推廣到民眾之間，把智慧法語傳播出去。自 2011 年起，

芙蓉聯絡處也不定期使用書軒空間舉辦講座，如邀請教聯會老師分享靜思法語中的教育理念，或邀請志工分享由迷轉悟的生命經驗等等，推廣慈濟人文，啟發心靈成長。

截至 2020 年，芙蓉聯絡處會員人數 15,060 位，志工人數 195 位，持續在當地推動志業發展。

2011 年 5 月 21 日，芙蓉靜思書軒舉行啟用儀式，釋開基法師（右三）、芙蓉聯絡處負責人聶美燕（左三）等人一同揭幕。（照片：蕭耀祖）

哥打丁宜聯絡處

1995 年，彭美華（慈立）閱讀了《回歸心靈的故鄉》一書，很認同慈濟的慈善理念，深受感動。1996 年 6 月，她透過報章得知慈濟在新山舉辦「幸福人生講座」，在參與後發心加入志工行列。

1997 年 3 月 15 日，馬六甲慈濟負責人劉銘達（濟雨）到彭美華任職的智南華小，舉辦一場靜思語教學講座。隨後，她與該校老師戴玉媚（慈邵）、李美漣參加了 5 月 23 日至 25 日的馬六甲慈濟教師生活營，返校後即開始推行靜思語教學。同年 11 月 28 日，彭美華邀約同校六位老師到臺灣參與教師生活營，返馬後，他們在校內推動環保，舉辦「愛的教育」講座，鼓勵全校一起減少資源浪費，愛護地球。

2001 年，慈濟落實社區分組，哥打丁宜（Kota Tinggi）、烏魯地南（Ulu Tiram）和柔佛再也（Johor Jaya）編為一組，馬金妹（慈繪）擔任組長，彭美華為副組長。

早期哥打丁宜志工都要到新山聯絡處參與慈濟活動，為免路途奔波，志工林金華（慮燁）向林子量租借一間店面的二樓作為

志工共修、辦茶會等活動的場地。2002 年林子量的幼女在澳洲墨爾本因車禍往生，志工劉漢山（濟果）等前往關心，墨爾本志工也協助辦理後事，讓林家感激在心。翌年 3 月，林子量無償將兩層樓的空間提供給慈濟，作為哥打丁宜慈濟會所。2003 年 5 月 15 日，哥打丁宜聯絡點正式成立，

2005 年 4 月 24 日哥打丁宜聯絡點新會所舉辦啟用典禮。

（照片：甄子豪）

由劉漢山承擔負責人，馬六甲分會協助關懷當地會務。

隨著志業逐漸發展，2006 年，哥打丁宜志工有六十五人，會員更從三年前的七百多人增至一千七百多人。同年 2 月 1 日，哥打丁宜聯絡點升格為聯絡處。在哥打丁宜志工的陪伴下，鄰近的城鎮烏魯地南也於 2007 年成立共修處。

一、志業推展

慈善志業

哥打丁宜早期的環保和慈善志業，皆由新山志工就近帶動與

陪伴。2003 年哥打丁宜據點成立後,才由馬六甲分會關懷當地志工訪視濟貧的工作。第一個個案是印裔單親媽媽蘇哈希妮(化名),丈夫意外往生,留下三名年幼的孩子;蘇哈希妮工作不穩定、收入不多,志工即提供生活補助,助她度過困境。

訪視初期,由於經驗不足,沒有相關參考資料,訪視會議往往討論許久,卻沒有決策。因此志工常常到馬六甲分會參與培訓,學習溝通技巧並分享訪視經驗。

自 2002 年起,來自印尼巴淡島(Batam Island)的腎病患者黛達(化名),成為哥打丁宜的長期照顧戶。長達九年的關懷,幫助黛達走出心靈陰霾,甚至也成為會員及環保志工,幫助其他苦難的人。2011 年 5 月 19 日,志工成全黛達十七年來的回鄉心願,並請巴淡島志工接力關懷。

自 2004 年起,哥打丁宜志工開始舉辦獎助學金發放,讓貧困家庭的孩子得以完成學業,減輕父母教育費的負擔。每年年中,志工走訪學校,向學校申請清寒學子的名冊,然後親自家訪,詳細審核資格。每一份助學金的援助,結合訪視志工與學校老師的努力,給予弱勢家庭子女生涯助力。自 2004 年起,於年底舉辦「助學金頒發典禮」,截至 2019 年共嘉惠 2,336 名清寒學子。

柔佛州南部雨季經常發生水災,哥打丁宜志工就近支援,前往關懷災民,發放物資,協助清掃。2006 年,南馬發生大水災,

哥打丁宜地區嚴重受災，當地志工多數家中遭洪水淹沒，也是受災戶，卻仍投入救災工作，幫助當地人恢復生活。

2019 年年底再度發生水災，哥打丁宜附近的馬來村莊嚴重受災，災民疏散到臨時避難中心。志工走入災區撫慰災民，並發放毛毯及急難救助金予 114 戶受災戶，陪他們一起度過難關。

2019 年年底，哥打丁宜附近的馬來村莊遭遇水災，志工走入災區發放慰問金。（照片：葉素晶）

環保志業

1999 年 7 月 3 日，慈濟人前往智南華小舉辦環保茶會，促成校內成立哥打丁宜第一個社區環保點。環保點最初由校方管理，由在地志工帶動；翌年 3 月，校方正式將環保點移交慈濟，由陳春山

2010 年 10 月 31 日，哥打丁宜市議會舉辦「健康環保嘉年華」，頒獎給慈濟，肯定志工推動環保的行動。

（照片：徐佛賜）

（濟汎）承擔站長一職。

　　志工持續推動環保觀念，受邀到各中小學舉辦環保講座，分享資源再利用，愛惜物命，教導學生日行五善：吃素救地球、省水、省電、隨身攜帶環保餐具、改變交通方式。他們也經常舉辦環保茶會，配合市議會邀請宣導環保；並不時深入社區向民眾宣導環保理念，參與社區環境美化和清掃活動，促成各社區環保點成立，許多會眾也因此成為慈濟志工。

　　2015 年 5 月 10 日，適逢佛誕節，位於哥打丁宜成功花園，佔地約 1.5 英畝的環保教育站正式啟用。該環保站用地由志工蘇柔妮（慈舒）及其丈夫顏國瑩，發心響應環保理念而提供。透過參觀環保教育站，民眾可學習環保知識，從而實踐在日常生活中。

　　截至 2020 年 6 月，哥打丁宜聯絡處共設有社區環保站一座、社區環保點五個；當地志工 84 人，會員達 4,926 人。

醫療、教育志業

　　2006 年 4 月 23 日，哥打

志工為培華華小進行校園環保宣導，為學生講解如何分類資源。

（照片：徐佛賜）

丁宜慈濟與哥打丁宜政府醫院首次合作舉辦捐血活動。2013年6月2日首次在烏魯地南舉辦健檢活動，為照顧戶及社區志工提供免費體檢。

哥打丁宜慈濟於2007年首辦親子成長班。後續因為課務協調及人力不足等原因停辦，直到2010年重新開辦。

成功花園環保教育站舉行啟用典禮，志工表演手語歌曲《人人做環保》。(照片：李瓊峴)

2012年3月11日成立慈濟青少年團，每個月課程都於烏魯地南共修處進行，期盼孩子們經過人文課程薰陶，進而啟發良能，塑造正確的人生價值觀。

二、菩薩大招生

哥打丁宜志工將環保教育落實於校園，並關懷當地貧困家庭，同時就近協助柔佛州南部急難救助，讓災民得到即時援助。

2013年起，哥打丁宜志工響應「百萬好菩薩」活動，至社區、街頭間募心募愛。上人感恩志工們積極地淨化人心：「有了充分的智慧，有了豐富的愛心，叫做福慧合一，若能淨化人心，調和愛的動力，就是人間社會的福，也就是祥和的社會。」

烏魯地南聯絡處

2003 年，哥打丁宜聯絡點正式成立。從環保志業開始，哥打丁宜和烏魯地南兩地協力互助開展慈濟志業。然而，烏魯地南志工時常耗時來往於兩地，因此志工陳麗宣發心借出位於烏魯地南的房屋，作為活動空間，後續也促成 2007 年 4 月 5 日成立烏魯地南共修處。

隨著當地志工人數日益增加，原有的共修處空間不敷使用，志工陳秀鑾（慈姁）和丈夫劉江赴臺參與「馬來西亞企業家靜思生活營」後，為上人的悲心與善舉所感動。回國後，發心提供一棟雙層店屋作為烏魯地南慈濟的活動場地。

2012 年 4 月 29 日，烏魯地南共修處新會所啟用。志工輪值排班接待會眾參訪、捐助善款或提報個案。多年來，哥打丁宜帶動烏魯地南志工推展慈濟志業，當地志工及會員人數大幅增加，促使 2016 年，烏魯地南共修處升格為聯絡處。

慈善志業

哥打丁宜慈濟多年來在烏魯地南推展慈善志業，包括慈善訪

視及獎助學金發放，並於 2014 年進行幸福校園計劃。2016 年起烏魯地南志工開始獨立承擔起慈善訪視的工作，持續關注學生教育，幫助低收入家庭，讓清寒子弟能繼續升學受教。

　　烏魯地南的印度裔照顧戶佔了總數的三分之二，志工每年在當地舉辦屠妖節發放，款待素食、發放禮包等，與照顧戶們共度佳節。有照顧戶為了回饋慈濟，除了協助發放、承擔大會司儀，或是上臺表演歌舞等等外，更在發放現場承擔素宴主廚、製作印度糕點與眾人分享，現場其樂融融。

2012 年 4 月 29 日烏魯地南共修處啟用，法師、嘉賓們一起進行剪綵見證。

（照片：許絪傑）

環保志業

1999 年 7 月 3 日，烏魯地南智南華小邀請新山志工到校內宣導環保，促成校內成立環保點。2000 年 3 月，智南華小環保點交由慈濟負責，並由烏魯地南志工陳春山（濟汎）承擔站長崗位。而後社區環保點紛紛成立，接引許多民眾因參與環保活動而成為慈濟志工。

2014 年 3 月 23 日成立武吉地南環保教育站，除了環保教育功能外，也設有惜福區和圖書館，置放各類書籍讓孩子閱讀。

烏魯地南志工自 2018 年開始，走入中小學校及幼兒園，為學生舉辦講座，宣導環保的重要性和資源分類觀念。也在南傳佛教節日「卡提那」（Kathina）供僧慶典，及新山柔佛古廟大型遊神活動等節慶時，志工在定點舉著標語宣導垃圾不落地，共同保護地球環境。

截至 2020 年 8 月，烏魯地南地區共有十二個慈濟環保

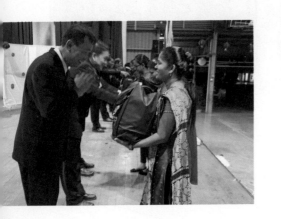

烏魯地南共修處為印裔照顧戶舉辦屠妖節發放活動。志工們恭敬地發放屠妖節禮包給印裔照顧戶。

（照片：黎淑賢）

點，一個環保教育站，環保志工 1,378 人，持續推廣環保觀念，帶動民眾做環保。

教育志業

2012 年，烏魯地南共修處首先開辦慈少班，於 2013 年開辦親子成長班，讓原本要前往哥打丁宜參與親子班的學員，只需就近在烏魯地南參加。

2017 年轉型為人文學校，在烏魯地南假培智華小開辦。每月一次的慈少班和親子成長班增至一個月兩次，以靜思語教學教導人文品德教育，也帶動學員參與慈善訪視、環保宣導等活動，培養服務人群及守護大地的赤子之心。

2015 年 5 月 7 日，柔佛州固體廢物與公共衛生管理機構參訪烏魯地南共修處，交流推動環保的經驗。

（照片：莊麗晶）

烏魯地南寧心寺舉辦一年一度的卡提那供僧慶典，志工向民眾推廣素食，宣導環保理念。（照片：陳瑞蓮）

醫療志業

2012 年，哥打丁宜慈濟在烏魯地南舉辦捐血活動及器官捐贈宣導，並向捐血的民眾介紹慈濟，宣導人間菩薩招生。

2016 年開始，烏魯地南慈濟人承擔起與中央醫院合作舉辦的捐血活動，救助危急病患同時宣導器官捐贈觀念，並為照顧戶及社區志工提供健檢服務，關愛人人健康。

截至 2020 年，烏魯地南當地共有志工 204 人，會員 8,396 人，共同積極推動慈濟志業發展。

成就一尊觀世音菩薩──侯順仕

烏魯地南志工侯順仕（惟耘）與太太譚梅桂（慮耘），在 2008 年透過影片《天堂的媽媽》認識慈濟，聽見上人說「做好事不能等，行孝不能等」備受感動，至慈濟環保點投入資源回收工作。

2010 年到臺灣參加「海外精進志工志業體巡禮」，聽

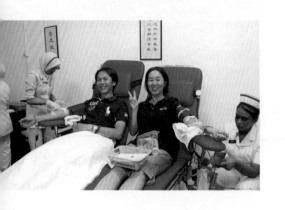

烏魯地南聯絡處與新山班蘭醫院（Hospital Sultan Ismail）合辦捐血活動，接引民眾捐血助人。

（照片：莊麗晶）

見上人開示：「來不及了，要快點人間菩薩大招生。」侯順仕對上人行善的理念謹遵奉行，抱持「善惡拔河、人越多力量越大」的信念，夫妻倆發願回去要募一尊千手千眼觀世音菩薩（五百位會員）。

侯順仕（惟耘）與同修譚梅桂（慮耘）一同受證。（照片：陳坤富）

除了上班、假日做環保外，侯順仕逢人就說慈濟：「做好事不能少你一個，福田是自己種，做好事大家一起來。」譚梅桂在幕後協助整理及填寫勸募名單。2012 年，夫妻倆成功滿願，年末到臺灣接受上人授證的祝福。

2017 年 8 月，社區志工舉辦了十二場好話一條街，募得逾兩百位慈濟會員。一段時間生病住院的他為了鼓勵志工，特地寫了一封信為他們加油打氣，信中提到：「上人給馬來西亞百萬好菩薩的大禮物，我們一定要承接，要有耐心去做，活動不能停，不要放棄，對的事做就對了。」

2018 年 11 月 2 日，傳來五十四歲的他意外往生的消息，烏魯地南、哥打丁宜及居鑾等地志工齊聚緬懷他的菩薩精神。有生之年，他廣結許多善緣，活得特別有意義，有價值。

證嚴上人叮嚀語

靜思法脈勤行道

傳承法髓弘誓願

慈濟宗門人間路

悲智雙運無量心

是上人給全球慈濟人的法脈宗門綱領

內修誠正信實——

誠心誓願度眾生　正心誓願斷煩惱

信心誓願學法門　實心誓願成佛道

外行慈悲喜捨——

大慈無悔愛無量　大悲無怨願無量

大喜無憂樂無量　大捨無求恩無量

是上人對全球慈濟人的殷殷叮嚀

菩薩所緣，緣苦眾生

上人把經鋪在路上，開道鋪路

力行佛法生活化，菩薩人間化

引領全球慈濟人

生生世世常行菩薩道

自 1995 年馬六甲據點正式成立

到志業蓬勃發展

時間、空間、人與人之間

每一步都踏實的開展

尋根溯源，是上人的智慧法語，讓大愛永存南馬

一、菩薩道上勤精進

1993.05.15 對馬來西亞慈濟人開示

發心容易，恆心難持，投入慈濟志業要多看、多聽、多瞭解，時時提醒自己這是一條不悔的路。菩薩道上要能堪忍，從煩惱中成就菩提，菩薩遊戲人間，要虔誠付出而不計較。希望大家在知與行中細細體會，自然能將慈濟精神落實到生活中。

1993.05.20 對馬來西亞慈濟人開示

開示因緣：馬來西亞回臺尋根的師兄師姊，分享擔任醫院志工的體驗，發心回去後要在當地努力推動慈濟精神。

菩薩道上的風光，是要我們身體力行去做、去看，在醫院為病人服務之首要，是從中體會真正的人生。菩薩遊戲人間，世界各個角落都是人生的舞臺，你們來到這裡，要替沒有來的人看、替他們聽、替他們多做，回去後才能和他們分享此行所得。真人實事是活的經典，慈濟的一切人事就是最實在的現代大藏經。

1993.05.23 與馬來西亞慈濟人座談

弟子：「上人對馬來西亞慈濟人有什麼期許？」

上人：「人和。希望你們能夠整合當地佛教徒的精神，把佛教導向正信。」

弟子：「馬來西亞是宗教多元的國家，近來一貫道、天理教等也非常盛行。」

上人：「我們要抱持一個心態——自讚而不毀他。大家認為佛教好，自己就要做好，身體力行比口說更重要。」

弟子：「我認為有些教派的教義不是究竟之道。」

上人：「是否究竟，我們無法得知；但我們只要自我要求，在日常生活中做到彼此教化，真正地成就他人，這就是佛教徒的現身說法。」

弟子：「上人若到馬來西亞，不知道要拿什麼給上人看？」

上人：「就讓我看更多的慈濟人。慈濟之美，美在一人肯定慈濟，則全家肯定慈濟，進而社會肯定慈濟。我最想看的就是馬來西亞慈濟人盡心盡力地利益眾生。」

弟子：「總覺得自己的修為尚不足，常隨外境轉，怎麼有能力做利益眾生的事？」

上人：「學佛，貴在實行。佛陀本懷在於『諸惡莫作，眾善奉行』；佛開演八萬四千法門，無非是要貫徹這個信念。過去已成事實，再去追憶徒增雜念；未來仍是未知數，多加臆測只是妄想，最實在的是此刻這一念心，不要錯過現在就好。腳踏實地盡量去做自己能力所及的事，即是在實相中修持。」

1993.11.09 劉濟雨師兄、簡慈露師姊分享馬六甲的慈善訪視

馬來西亞雖然是近幾年才開始有慈濟的訊息及活動，但是當地慈濟人的用心投入，實在不亞於臺灣的慈濟人。劉師兄自營成衣廠，在忙完白天的工作後，利用下班時間整理訪視資料，將個案的資料以圖文方式製作，從初次探訪與案主溝通，直到幫助他們自立，或到案主往生為止，資料內容極為詳細。員工們也受到他們的愛心影響，經常利用午休時間做手工藝品賺取工資捐給慈濟。

劉師兄伉儷以身作則，帶領大家利用假日去替照顧戶打

掃、蓋房子、助念等,以有形的行動作為內心無形的教化,讓當地慈濟人不斷地增加,並踴躍參與慈濟活動。馬來西亞慈濟人難行能行,認真、用心的程度,實在令我感動。

1993.11.10 與馬來西亞慈濟人座談

大家要時時反觀自性,如果人人皆能端正自己的心念,那麼佛心就離我們不遠了。馬來西亞的慈濟人和臺灣的慈濟人情況很相似,雖然土地有東西南北方向之分,但是人心卻是這麼的接近;人心接近,佛心也能很接近。如果發心的起點相同,所追求的目標也相同,加上相同的付出過程,在聽到別人現身說法時,就會產生同理心。

劉濟雨:「做生意自覺一半是人,一半是魔,內心常處在掙扎、矛盾之中;雖有心接受慈濟十戒,卻害怕因為工作關係無法恆持,所以一直躊躇不前。」

上人:「佛、魔在一念之間。戒律是讓我們身心獲得平安的護身符。發心容易,守持難。在初發心時,很輕易地就說能守持,但是時日漸久,要天天都能守持住,那就不簡單了。有人會認為:今天犯點錯沒關係,明天再去懺悔、再改就好。這種犯了再改的心態,只知懺悔而不改過,是

沒有用的；大家要能恆常持戒，才能夠累積福慧。」

1994.08.02 馬六甲劉濟雨師兄慈善會務報告

馬六甲地區每月定期舉辦義診、發放及茶會，對於行動不便無法前來的老人，師兄師姊則開車載送他們來義診地點。慈濟在當地受到肯定與尊重，我們需更加用心。誠正信實是慈濟做人、做事的原則，慈濟志業完全是「人」做出來的，因此要人和才能成事；參與慈善志業一定要有開闊的心胸，彼此知足、善解、包容與感恩，才能事事圓滿。

1994.10.19 對馬來西亞慈濟人開示

在馬來西亞這麼大的地方推展志業，要將力量集合起來，讓大家在參與和付出當中體會妙法。眾生有苦、有難，我們應他們的需要提供援助，所使用的是方法；若他們能受用，就是妙法。看到他們有所改變，我們也能從做中得到歡喜。

1994.12.16 與劉濟雨師兄通話

劉濟雨：「海外慈濟人該如何投入當地的志工服務？」
上人：「海外慈濟人投入志工服務的時間要有彈性，參與

的慈濟人要出於自願且隨分隨力，以不影響家庭生活為前提，並能將志業精神具體落實於生活中。」

二、懂理懂事慎合心

1996.12.09 馬來西亞慈濟教師研習營

教育學生，最重要的是「教而學、學而做、做才説」，老師們用心教育學生，學生認真學習、實際去做，真正做到才説。

教育要落實在生活中，將學生教得「懂理」又「懂事」，引導學生培養正信的因果觀念。老師以什麼樣的心來教學生，學生就會以什麼樣的心來受教；只要有愛心、恆心、毅力，不怕頑石不點頭！期待諸位將靜思語教學的種子帶回馬來西亞，用心耕耘，展現豐碩成果。我在這裡，等著你們以後回來告訴我：「我做到了！」

1997.06.11 對馬六甲支會負責人劉濟雨開示

馬來西亞馬六甲聯絡處升格為支會。殷切期許慈濟人都懷抱為人付出的愛心，大家都很愛慈濟、很愛師父；只因各

有千差萬別的生活背景、個性、觀念，因此需要溝通。大家在合作共事時，不要將問題複雜化，只要耐心、用心地做好溝通，就能人事圓滿。

1997.12.05 馬來西亞教師研習營

馬來西亞一百零一位老師請求皈依。皈依不在外表形式，最重要的是「佛心師志」。佛心，是時時效法佛陀的慈悲心去關懷學生，有如關懷自己的孩子，也要關懷學生的家人；師志，則是為社會盡力付出，無所求而輕安自在。大家要時時把靜思語融會貫通，落實在日常生活中。

1999.04.06 志工早會

馬來西亞發生立百病毒瘟疫，豬隻會將病毒傳染給人，現在已經有九十多人往生了；馬六甲、芙蓉慈濟人很密切的注意這件事，而且親自到災區去深入瞭解。有的是需要經濟上的幫助，有的是需要心靈上的輔導，慈濟人不斷追蹤，不斷去醫院陪伴這些病人和病人家屬，這就是普天之下，哪裡有慈濟人，就在當地發揮穩定人心的力量。

1999.06.13 對簡慈露師姊開示

慈濟人不分海內外，都是一條心，每個人同心同志為大眾付出愛，彼此要多培養愛與感恩。大團體裡人多事雜，有時難免彼此磨擦，但修行路上本來就是歷經磨擦才會光亮，所以要感恩對方的成就；不論怎樣的磨擦，大家都是愛慈濟，要合心互愛。

大家要「合協」，「合」是眾人異口同聲，「協」是所有力量要有共同的心；期勉慈濟人遇事要有「和合」、「協調」的精神。若人與人彼此看不順眼，就起煩惱，這是凡夫的心態；佛心是大慈悲心，佛視眾生如己子，以佛心看眾生，每一個人都是自己最親愛的孩子，這種平等慈悲之心，正是我們必須學習的。期待人人都能「愛師父所愛的人，做師父要做的事」，大家相互惜緣、親愛，這就是真正的以和供養。

凡夫就是自擾，不能聽信別人好意的忠告，又容易鑽牛角尖。大家凡事還是要設法婉轉協調，要以好言慢慢引導他走上正確的方向；盡責任去引導對方，這是本分。若對方能被我們影響，這是造福；假如引導不過來，就祝福他吧！我們已盡心盡力，自己要心安理得。

1999.07.12 對劉濟雨師兄開示

大馬慈濟人要好好地整合,以合心互愛做模範。領導者相當重要,要以適當的方式帶領,若以私心對待人事可能行不通;因為以個人的心念來看待事情,打不開固有的見解,希望大家能以豁達的心量來做事,不要小心眼,凡事要多用心。

三、善解包容多感恩

1999.09.16 與馬來西亞慈濟人座談

弟子:「會務運作雖然有制度,但也要有空間讓大家百花齊放,其中的原則如何掌握?」

上人:「內心要誠正信實,行動要慈悲喜捨。」

弟子:「身為負責人要如何帶動人事?」

上人:「要有無私的精神,對人善解、包容、感恩;若無法做到這點,就會覺得自己付出很多,應該受到讚歎、奉承。負責人應該要能伸能縮,時時善解;縮則要縮小到對方的眼中、心坎中,縮小到微不足道,所以在什麼樣的環境,就成為什麼樣的人!

身為負責人還要時時心存感恩，志業是人生的選擇，不是為了賺錢而是賺德；當有人加入行列是幫助我們，我們要感同身受而感恩。再者，負責人的肚量要大，怕人做事、事事計較的人絕對無法當領導人。若能讓人服從自己的領導，認真、歡喜做志業，才是真正的賺德。所以寬容就是不能太膨脹，若是空間都脹滿了如何去包容他人？心寬以外還要能知足，不知足的人永遠都感到欠缺，永遠無法全心投入志業；所以要當領導人要知足、感恩、善解、包容。」

弟子：「如何使志業與事業平行？」

上人：「懂得知足，才會有時間做志業。」

弟子：「要一門深入顧好自己的任務，或是多做一些？」

上人：「自己的責任先顧好，不要浪費時間，行有餘力再做其他事，但是太執著於本身的工作也不行。在分工當中彼此要合心，一開始必須先有合作精神才能談分工。」

弟子：「如何透過培訓課程讓慈濟精神往下扎根？」

上人：「志工培訓可以多辦活動讓大家瞭解慈濟的概念、緣起；活動要有動態，也要有靜態。瞭解精神理念後，就要去看個案，見識人生的疾苦，同理心很重要，不能只是

感性卻未深入理的部分。讀書會只重於吸收道理，就好像一顆種子若埋得太深，就沒有發芽的機會，所以兩者一定要平行。讀書會最好選讀有關慈善起緣的內容，讀完以後訪查個案，彼此心得分享，佛法的道理自在其中！」

弟子：「現在的年輕人能力強，但是精神理念較不足，年長者又不易帶動。」

上人：「多培養精神比投入更重要，讓他們多瞭解生命的價值及社會的使命，認清自己要走的方向。對年長者則要感恩、尊重，不一定參與活動者才如此，這個社會若無年長者先前的努力，也不會有今日的我們，尊重他人也是一種教育。」

弟子：「如何活在當下？有時會議結束，仍不斷的想著會議上的事。」

上人：「所謂的『當下』，就是不要把人我是非放在心上。開會時不論對方的聲色如何，都把他當成對事而言，開完會就要彼此善解、感恩。人我之間要以四神湯相待，心中要常持四法——誠正信實，對外不忘慈悲喜捨。」

弟子：「人常常堅持要把自己的意見説給對方聽，尤其是

面對長輩時，又覺得自己的想法很好，不知如何取捨？」

上人：「首先自己的立場要站穩，若是別人的意見是對的，我們要服從，不可堅持己見，退一步海闊天空。假如對方的意見行不通，又不接受我們的意見時，就要彼此冷靜一下再做溝通。將心放空就是包容，盡量吸收就是用心，有包容心才能吸收。」

弟子：「如何照顧好自己的心？」

上人：「照顧自己的心要用誠意，用誠正信實來面對一切，沒有人強迫你來慈濟，走上這條菩薩道就要精進不懈。精進是純真沒有雜念，沒有其他的用意；選擇了這條路，只許前進不許後退，雜念來時要設法去除。

修行有如洪爐中的鐵，要經過熱火的千錘百鍊，才能去除雜質、才會變軟，提煉以後還要打造，不打無法成為可用之器。明白道理後，不肯身體力行也沒用；當菩薩就要面對苦難眾生，苦不只是缺乏物質或天災意外，最苦的還是心靈之苦。大家要成為菩薩，能見苦，才會知福。」

1999.12.28 海外大專青年幹部訓練營

各位慈青，不論尚在讀書或已就業，都不要忘記初發心。

還在讀書的時候，立志當慈濟的種子；畢業之後，則要當一名耕耘福田的農夫。但願大家用虔誠的心，點燃自己心靈的燭光，在這個大時代承擔大使命，慈濟菩薩道需要你我同行，大家回去後，要好好發揮愛心影響同學和僑居地社會。

2000.11.29 對馬來西亞環保志工開示

馬來西亞慈濟人很真誠純樸，能吃苦而且很守規矩，所以我對你們有那分情，相信人人都做到「學我所說教，行我所行道」，把師父說的每句話都放在心裡依教奉行。我一路走過來，馬來西亞慈濟人的腳步跟得最緊，雖然兩地距離很遠，卻如「同處一室」。如果沒有這分心，哪怕天天在一起，也如離我千里一樣遠；如果真正聽我的話，做我想做的事，哪怕萬里之遙也像天天都在一起。

大家都盡心盡力在付出，就是四句話八個字——合心、和氣、互愛、協力。期待馬來西亞慈濟人要好好合心，除了合心還要和氣，和氣才能生財！不只生世間財，也生心靈功德法財。人與人要互愛，跟你沒關係的人，有的甚至在監獄，或有精神病，你們都會一而再、再而三的盡力幫助

他。可是，偏偏對同行菩薩道的人卻不能原諒，這是不是顛倒呢？你我都是同心、同道、同志願，所以要相互尊重及敬愛，這樣才能「協力」——三個力表示三人以上的力量，但是同一心。期待大家合心、和氣、互愛、協力，下一次再來時，個個都是真菩薩。

2000.12.13 對馬來西亞慈濟人開示

大家要有共識，慈濟不只是社會的慈善機構，也是菩薩道場。於佛法而言，若只把慈濟當作慈善機構就真的是修福不修慧。因為演變成社會機構就會膨脹自己，認為自己是個能救人的人，對修身將有礙而無益。

慈濟是宗教團體，但是我們不在寺廟修行；我們視人人為佛菩薩，能教導我們往正確方向走的，就是我們的良師，也是傳法的菩薩。苦難眾生的示現，能讓我們知道人生無常，時常警惕自己，所以他們是我們的老師，這就是所謂「三人行必有我師焉」。與我們共同做好事，彼此相互勉勵的人，都是我們的善知識，也是善的增上緣；那些需要我們幫助的人，也是引領我們見證人生苦難的人。慈濟人只要有心投入，其實每天都在「聞思修」。

佛法不離世間法，因為有世間凡夫，才有佛法，要相信自己所選擇的方向沒有錯：「信為道源功德母」，法親之間要相互關懷、分享，對自己、對慈濟都要有信心。希望人人落實「合心、和氣、互愛、協力」，人心要合和，才能接引人。若能將是非當教育，將大愛當動力，人間就沒什麼好計較了！

四、莫忘初心要惜緣

2001.12.30 對海外慈青幹部開示

各位慈青要永遠保持最初那一念！彼此要惜緣、惜情，既然身居海外，就要懷抱「取於當地，用於當地」的心，才能得人疼愛。

出門在外，挫折難免，尤其現在的年輕人，思想都很豐富；想得太多，心思變得複雜，就會鑽牛角尖，遇到事情，一時想不開，心就受傷了。不論發生什麼事，遇到什麼挫折，大家都要牢牢記得，師公在這裡不斷地呼喚著你們！要常常想到師公的話「人生愈簡單愈快樂，愈單純愈幸福」，凡事不要想得太複雜，自然很多難關都會度過。

你們現在的身分是學生，學生的本分是讀書，要立下好學不倦的心志。大家在專心求學之餘，應彼此鼓勵，珍惜志同道合的慈青們，抱著回報當地的心意，走出校園去幫助社會上孤苦無依的人，不論是去關懷老人或孤兒，都是在做好事。

大家要好好學習地藏菩薩的願力，哪怕遇到再困難的事，為了苦難眾生，都要堅持付出愛心和耐心。「自愛是報恩，付出是感恩」，期待大家要照顧好身心，為別人多付出。遇到任何事都不要想得太複雜，否則容易傷人又傷己，我這愛的呼喚，大家要好好記住！

2002.02.07 人文志業董事會

馬來西亞慈濟人發放物資給照顧戶時，用蠟紙和籃子包著發放品，像禮物一樣。我問他們為什麼要這樣包裝？他說：「這是師父教的，發放品要讓人感覺到我們的恭敬心。」我以前教人打包物資，如果不通過，我就整個拆開重新包；我都一項一項仔細叮嚀：「要把愛心、尊重心以及耐心，一起包進去。」當時被教過的老委員，就一直傳承下來。

2003.06.11 志工早會

馬來西亞慈濟志業十周年，豐碩的成果，的確都是人人的一念心做出來的。常常說：「一粒種子，生百千萬，百千萬中，一一復生百千萬數。」從一個人的發心，在馬來西亞開始有一個定點；馬六甲的定點就是劉濟雨居士捐的，他本來是臺商，在那裡發展成衣工廠，事業很穩定。他們夫妻認同慈濟，願意從臺灣把這一顆種子帶回馬六甲，兩人同心、同道、同志願，開始在當地耕耘慈濟志業。

他們帶著員工一起去訪視貧戶，員工因為老闆這樣帶，他們也跟著投入；慈濟志業就這樣展開，也影響了當地的馬來人。所以主流社會也接觸到慈濟的這一顆種子，他們就地取材、自力更生。馬來西亞的慈濟人很多，都是共同一念心，大家以「歡喜心，甘願做」，在當地拓展慈濟的四大志業，真的很感恩！

2003.08.27 志工早會

開示因緣：為了慶祝馬來西亞國慶，馬六甲首席部長邀請當地佛教、伊斯蘭教、天主教、基督教、興都教會、錫克教會、賽巴巴教等七個宗教慈善團體，提前在慈濟馬六甲

分會聚會，共同為馬來西亞祝福。也舉行特殊兒童日，有智障、聽障、視障等兒童參加。

活動前，濟雨回臺灣請示：「活動當天是要讓其他宗教人士進入佛堂，還是在室外搭一個會場？」

我說：「我們應該率先帶動宗教不分彼此，要彼此包容。可以在佛堂的佛前搭一個布幔，假如他們不介意，布幔就不必拉起來；假如介意，就用布幔把佛像遮住，就是一個空調設備具足又莊嚴的殿堂了！如果有其他宗教的人士希望擺設他們宗教的標誌，我們也都可以放上去。」

馬六甲慈濟人還事先學習這些宗教的歌曲，並在當天唱出，表示歡迎。世間假如都這樣不分國際、不分宗教，共同一個大愛，有多好！不是做不到，一切都是人的觀念而已。看到大家不分宗教，一起照顧殘障兒童，多美啊！人生美，美在愛，心中有愛就是最美的世界。有愛，就能讓世界更不同；有愛，就是亮麗的人生。

2003.11.06 新加坡、馬來西亞慈濟人尋根

慈濟人為了關懷個案，要到很遙遠的山區，或是交通很不

方便的小村莊；比如要走沙巴的那一條吊橋，你們都去了，看著相片就好像我也去了，也跟著你們搖搖擺擺過橋，實在是很敬佩大家。雖然很遙遠，只要心中有愛，一切的困難都可以克服，而且能拉近人性。

天下的災難就是出於不調和。人與人之間不調和，國家就會有問題；人人不和諧、不妥協，社會就不能祥和；家人之間不和合，家也很難興旺，所以說「家和萬事興」，就是人心要調和。人若合心，力量加起來，這股力量就大了。

五、愛為管理　戒為制度

2004.06.18 志工早會

馬來西亞十一周年了，大家要學習以愛管理的特色，世間有一股力量是擋不住的，那就是「愛」。慈濟人要多鼓勵受幫助的人懂得再回饋，他們不一定用捐錢來回饋，可以用愛回饋慈悲，只要有愛心，他也可以出力。

過去我們是教富濟貧，現在要更努力的濟貧教富，生活貧窮、物資缺乏的人，我們去幫助他，也要啟發他們的愛心。他也有那一顆善的種子，這顆種子雖然小小的，只要往他

的心地布種，從一顆種子也可以生千萬顆的愛；這分愛再表達出來，就能造福人群，這是我們要努力的方向。

2004.06.20 亞洲、大洋洲慈誠委員幹部精進研習

最讓父母煩惱、操心的就是子女不合。你們都像是我的孩子，期待法親之間不只是要合心，還要和氣、互愛，才有力量。大家要擴大心胸，把對苦難眾生的愛，分一點給我們左右前後的人。

聽到馬來西亞濟緣跟濟雨，他們兩個彼此感恩啊！感恩啊！你們知道我聽到弟子彼此之間感恩、互愛，有多歡喜嗎？這就是最好的供養。雖然海外的弟子離我很遠，但是跟我的心卻能貼在一起。

不論你們在哪個國家，我希望大家要真正互愛、和氣、合心。當是非傳到耳朵時，要有上上的智慧，是非止於智者，不要放在心裡；中等的智慧是，解釋清楚之後，就沒事了；下下等的就是，把這些事情愈描愈黑，黑到水火不容。如果是這樣，不只是彼此之間有損，若傷到慈濟的團體形象，就是傷到師父。

大家要記得，門內對錯可說，門外是非莫傳；出了這個門，就不要再傳是或非，能這樣，慈濟宗門才會真正很美。

2004.11.27 對馬來西亞慈濟人開示

帶人要帶心，以命令方式指使人是不對的行為，應該要用心去與人交心，唯有縮小自己才能走入人的心坎裡。要帶人心、與人交心，就要帶著人一起來做，能與人平行去做，就能感動、打動人心，縮小自己不會貶低自己，反而是提升了愛心。在讀書會帶動分享就是共修，也就是「交心會」，大家在相同時空中談慈濟、說規矩，就能凝聚情誼與共識。

六、全馬同源慈濟觀

2005.03.26 簡慈露師姊會務報告

慈濟人若能瞭解、貫徹四合一精神，就能合心協力，資深的人陪伴新發意菩薩，就不會感到自己年長而無事可做，還能藉此提攜後進，使人才輩出。

合心要傳承，但真正執行的功能在協力，組員要能與人協力、和氣、互愛；人人聲色柔和，相互微笑，彼此之間和

和氣氣，形象就會有四合一的展現。四合一架構是將傳承、布達、規劃、執行做分工，只要是慈濟人，人人都是合心、和氣、互愛、協力組隊的一員。

以「十」字說明，往上是合心，往下是協力，向左是和氣，向右是互愛：四合一架構其實就如經與緯，有橫有直，只要願意去做，無論是往上、往下、向左、向右，永遠都有功能！

2005.03.28 新加坡、馬來西亞企業家尋根

感恩慈露、濟雨，把慈濟種子帶到馬來西亞吉隆坡，還開闢到新加坡，現在又要播種到斯里蘭卡，這一對夫妻如農夫種心田，真的是師父慧命的財產。師父想做的事，他們就幫我去做，做我想做，說我想說，走我想走的路，讓我可以如如不動地坐在這裡，由他們來帶動，把各位都帶回來了，真的很感恩！

請各位帶著這種的觀念，回到馬來西亞、新加坡，但願你們身上也是裝滿愛的種子，也能當農夫，開闢每一塊福田，這就是我最大的期待，感恩各位放下事業來臺灣，希望你們不要空手而回。

2005.08.21 志工早會

馬來西亞慈濟人醫會到芙蓉縣冷京（Lenggeng）為難民舉辦義診。因為地勢高低落差、缺乏用水，難民普遍罹患皮膚病；慈濟人找到一口荒廢數十年的水井，從源頭解決他們缺水的問題，又專程取水化驗，發現井水只可作清洗使用，不可飲用。

慈濟人熱心又有智慧，在工程前先點燃紙張丟入井中，測試是否有沼氣，確定安全無虞後，才開始進行接管工程；又貼心設想管線會影響道路平坦，所以另外挖溝，埋放水管。這就是愛心智慧平行！一連串的動作，是以愛接力，人人不怕辛勞，同時兼顧自身安全。

人生多苦難，但只要有愛就很溫馨，儘管身處冰山也會很溫暖；菩薩在人間，即使是處在煉獄的苦難人，也能體會法水的清涼。慈濟人的身影無處不在，甘願當不請之師，做無所求的菩薩，聞聲就會及時去幫助。

2005.09.05 志工早會

馬來西亞的濟雨，人在斯里蘭卡，聽到師父呼籲要為紐奧

良勸募救災，立即打電話給馬六甲分會，請當地慈濟人開會，並採取行動。我非常的感恩，而且很讚歎，馬來西亞的慈濟人做到了，大家都立即響應義賣，雖然他們離我那麼遙遠，心卻是那麼貼近。

2005.11.14 新加坡、馬來西亞企業家生活營

菩薩第一步跨出去，就要從內心起歡喜心，但願人人都能得到這一分的歡喜，期待大家發願、發心。在佛法中，第一要有信，信為道源功德母；踏上菩薩道路，就要先生起一念信心。

人人都有不同的信仰，不論什麼宗教，都要有一個正確的信念；只要是正確的宗教都有愛，都是教人往好的方向走。若是信仰有偏差，不是宗教的問題，都是人為的，所以信仰宗教，要在正信的道路上走，就不會偏差。慈濟是以佛教的精神、佛陀的教育，教導我們破除迷信，所以要用正確的信念來面對宗教觀念。

2005.12.06 馬來西亞董事會

慈濟要蓬勃發展，必須借力使力，發揮這分緣的力量，運

用在正確的方向。第一代慈濟人都是核心，而核心要鞏固一定要合心，才能轉動大圓。人圓、事圓，理就圓，待人處事要圓融，必須先去除我執；在團體中做事，應該採用人人可以遵循的方法，而且要正確不偏。人與人之間難免有是非，要警惕自己將是非當教育，不要因人輾轉傳話而自取煩惱，累積在心中。

期待「全馬同源慈濟親」，馬來西亞幅員廣大，檳城的慈濟人要時時感恩，馬六甲的慈濟人要以尊重的心，與吉隆坡用愛連接。一手動時千手動，彼此之間要有愛的互動！人人都是師父的貼心弟子，所以要求大家和我一樣成長慧命無瑕疵。

人容易懈怠，或膨脹自大。若自認資深而以「一指神功」命令他人做事，其他人雖然因為愛慈濟、愛師父而敢怒不敢言，還是會對心靈造成傷害。生命的良能在於善加運用使用權，要用得圓融而使人人喜愛。四合一架構，就是希望事事有人做，人人有事做，團體要不斷增加新進者，讓人間菩薩如不絕的湧泉，大家要合心、和氣、互愛、協力。

馬來西亞推展志業有成，濟貧教富做到「青出於藍，更甚

於藍」，希望能落實感恩、尊重、愛，以和氣、互愛為拱橋，做為全球慈濟人的典範。

2006.02.25 與馬來西亞慈濟幹部座談

常常説「時間、空間、人與人之間」，我們要把握時間，好好利用空間，在馬來西亞這一大片空間，人人都是這片福田的好農夫，才能在芸芸蒼生中去結好緣。菩薩所緣，緣苦眾生，我們要當菩薩不能離開這一生，也不能離開自己的身體，菩薩就是要身體力行。現在有生命，就要開始做，不能等到下一輩子。

四法四門，大家要常常謹記在心，合心就是傳承，要傳承精髓，傳承慧命；一方面自己吸收，先滋潤自己的慧命，然後再推廣給別人。

2006.11.01 志工早會

淡邊慈濟人到武吉巴永（Bukit Payung）原住民村進行發放及義剪，發現了伽納斯躺在充滿糞尿穢物的床上無法動彈。慈濟人隨即動員為他清理房屋環境，也為他洗除身上累積三年多的污穢。

淡邊只有五位慈濟委員，但是他們很用心，不只幫助貧苦人，也帶著慈少投入，做到師父說的「見苦、知福、惜福、再造福」。這一群弟子離我雖然那麼遙遠，但是心卻是那樣的貼近，師父想要做什麼，只要師父說出來，他們就做到了。

2006.11.22 與新加坡、馬來西亞慈濟人座談

馬來西亞幅員遼闊，一個合心關懷幾個和氣、一個和氣關懷幾個互愛、一個互愛關懷幾個協力組隊，總是範圍有限，所以若一個州郡有幾千位會員，就要落實社區做四合一編制。當某位委員的會員有什麼事情，或是他的社區有什麼活動，協力組隊裡的成員就要合起來去幫助會員或是辦活動；假如區域再擴大，由互愛組隊協助聯繫其他協力組隊，可以多組關懷。

四合一架構表面上看來好像都是協力在做事，但是每一個環節都有合心、和氣、互愛的關懷與幫助，更重要的是在傳承、布達、規劃之後，大家都要回歸社區組隊，人人都是協力的一分子；從合心直到協力，所有的人都沒有脫隊。協力要感恩互愛平時的關懷，互愛也要感恩和氣的幫助，

和氣則感恩合心的傳承，「四法四門」不只是組織架構，更蘊含團隊運作的精神。

心能合，才有力量，所以合心及協力是一條線、是一貫的，要展開雙手，將和氣、互愛環抱在中間；以和氣、互愛為中心，合心、協力去運轉，這就是「立體琉璃同心圓」。

2006.12.21 志工早會

馬來西亞豪雨成災，受災超過兩萬人，馬六甲慈濟人馬上成立關懷點，互相聯絡、勘災與動員，水稍微退了的地方，慈濟人馬上動員走入，真正是智慧與慈悲平行。令我更感動的是，他們挑燈發放，一直到晚上十點多了，還在膚慰災民。

慈濟人受用靜思法脈，開啟慈濟宗門，行入人群中，面對苦難人，是那樣地放下身段，縮小自己而付出，不求回報，表達出至誠的心。為苦難眾生付出，也是對自己的教育，會對人生無常、氣候不調提高警覺，所以要虔誠的受法、受教去付出，人人都是佛，都是菩薩。

每一次看著大家涉險救災，我都生起敬重心，對這一群弟

子又敬又愛，但是也很擔心他們的安危。我不能阻止大家不要冒險救災，若不去，幫助的力量從何而來？然而，讓他們去，我就一直掛心，天天內心都在天人交戰，唯有誠懇地、虔誠地祝福當地的降雨能趕快放晴。

七、善惡拔河需覺醒

2007.03.18 新馬企業家生活營

企業家希望企業發達，也要社會國家平安，沒有戰爭、沒有天災，事業才能做得很平穩。想要家庭幸福，也要人心祥和，否則事業如何成功，孩子怎麼有才華？社會人心不善，也難保家庭平安，難保子子孫孫幸福。所以很期待推動人人有愛心，社會才會平靜祥和，無論大家信仰為何，都要虔誠，虔誠的人一定有善念，有善念的人就會付出愛心。

善惡拔河，善的人愈多，愛心人愈多，善的力量才會贏。我們要平安，就要人人有愛心，要為善競爭，才能真正戰勝惡的一面。我最希望看到的就是愛心人多，這樣我就會安心。

2007.03.26 志工早會

開示因緣：馬來西亞大學的慈青在學校運用「覺醒茶會」的方式推動減碳行動，也在周末走出校園，帶動做環保。

世界上所有的年輕人，假如都有智慧型的覺醒來推動環保，我相信將來這一群孩子真正是世間的希望，不只是社會的希望，更是人類的希望。比較擔心的就是知識分子的自私症候群，假如不斷地散播出來，下一代的教育實在令人擔心。好在我們有這一群智慧型的覺悟者，這一群年輕人他們開始在宣導，但願大乾坤的病毒細菌，能讓這一群的環保尖兵調和過來。

2007.11.16 志工早會

開示因緣：馬六甲、吉隆坡及麻坡志工演繹「清淨 · 大愛 · 無量義」音樂手語劇，志工以肢體動作及手語表達《無量義經》的經文涵意與精髓。

在訓練的過程，有些人聽不懂中文，不過為了這一場演繹，大家先來參加讀書會，體會經文的意義，吸收法滋潤到自己的心坎裡；每一個人都攝心研讀，瞭解了才開始彩

排，幾個月的時間，真正地入經藏。

只要有心，不一定要在師父身邊，法語甘露就能讓普天下的人受到滋潤。這一群人，真的是自己先被感動、淨化了，再去淨化、感動別人；假如自己沒有先感動，如何能上臺用肢體來說法？在遙遠的國度裡，大家同樣虔誠地唱誦，發心立願，實在是很令人感動！

2008.11.26 對北區慈誠委員開示

馬來西亞檳城及馬六甲慈濟人前往緬甸勘災發放，慈濟人除了用心用愛地付出，對慈濟的法源也非常地尊重。他們請緬甸政府發函致文給本會，每一次賑災發放也都以「臺灣慈濟基金會」為名；因為認定法源在臺灣，即使時光流轉，仍以「靜思法脈，慈濟宗門」的源起地為法源地。慈濟是來自臺灣，師父在，法源在；師父不在，法源依舊在，希望大家要努力淨化人心。

2009.01.26 馬來西亞慈濟人視訊拜年

馬來西亞的慈濟人，讓我很讚歎，時時都自我警惕、戒慎，很有威儀、很守規律。就如佛經所說「菩薩從地湧出」，

能及時湧現幫助苦難人，這就是精進造福。

人人能守規律，就是智慧，但願在馬來西亞這片土地上，更普遍、更用心地撒播慈濟種子，當耕耘福田的好農夫。「福田一方邀天下善士，心蓮萬蕊造慈濟世界」，大家要福慧雙修，要多精進、多用心啊！

2009.12.01 馬來西亞董事會

在慈濟大家庭中，馬來西亞慈濟人的精進與用心，堪稱天下第一；聽到全馬慈濟人的報告，感覺到很有朝氣與人文，確實是真、善、美。

十多年來，馬來西亞四大志業一步一步穩穩踏行，在馬來西亞廣獲肯定，這是所有慈濟志工悲智雙運，推動慈濟「無孔不入」，用心、用方法耕耘的成果。人間菩薩招生，並非眾生難度，而是菩薩沒有用心去度；面對剛強難調的眾生，要做到「大悲無怨」，甘願投入。

期望人人「在複雜中欣賞優點，在理想中追求進步」，不要因為複雜而放棄、洩氣。若做得好、受稱讚，不能因此自滿，已經知道方向正確，就要為理想持續進步；還要「在

人我中相互感恩」，不要起挑剔的心，應彼此感恩。

2011.08.15 與印尼、馬來西亞實業家座談

慈濟人要把握好因緣，匯聚大眾的善心念，否則放眼天下亂象增加，真的很擔心會「來不及」！無論在哪個國家，在這個大時代要明大是非；面對人心、大地受破壞的大劫難，要培養大慈悲；在為苦難人付出的同時，也要淨化人心，以大智慧去除大無明；而全球動亂不安，需要人人大懺悔。馬來西亞在精神層面做得很扎實，還要繼續加緊人間菩薩招生的腳步，為善要競爭，期待你們青出於藍，看到你們成長進步，我最歡喜。

2011.11.19 海外培訓慈誠委員精神研習

馬來西亞的弟子們很貼心，你們那一種的真情流露，真的都是師父的好弟子。但願這一念心，要永恆！慈濟法船在馬來西亞已經啟動了，懺悔法門人人要依教奉行，在人間路上，人人都要合和互協，奉獻自己一分的力量，為天下眾生解除苦難，這都是你我師徒的一念心。

八、大馬連心 愛鋪滿地

2013.08.06 與馬來西亞慈誠委員幹部座談

在海外聯合董事會，馬來西亞雪隆、馬六甲慈濟人發願明年要讓會員數增加二十萬人；我要求他們：「一個人要多募三個人的愛心，讓明年的會員數達到百萬。」

馬來西亞慈濟人將我的叮嚀鄭重放入心裡，返回馬來西亞就立即行動。要大家多募會員，最重要的是募「心」，因為現世人心複雜濁惡、天地氣候不調而不斷地引發災難，再不努力淨化人心，實在是來不及了！

慈濟人要走入社區，不論小康之家、清貧的人都要用心啟發，帶動人人在不影響生活的範圍內定期捐款，維持這分救人的善心。只要願意發善心助人的會員多，就能加強馬來西亞慈濟志業的力量。

2013.08.07 志工早會

馬來西亞慈濟人發動招募「百萬好菩薩」，不只是委員、慈誠大動員，連老人家、幼兒、慈青都動起來，合和互協

朝目標邁進。

期待「全馬連心，愛鋪滿地」，菩薩度人的心無處不在，遍灑大愛無人不度。有志工以前不敢對鄰居、同事說慈濟，現在也提起勇氣、跨出腳步去募心。只要全球慈濟人都啟動這一念心，立下心願，見人說慈濟，宣傳愛人間、愛大地的理念，接引人人做好人、做人間菩薩，日日做好事，就能淨化人心。

2014.04.11 海外多國聯合董事會

馬來西亞北馬、南馬慈濟人，不分彼此、相互讚歎，就像師父的雙手，師父同樣地疼惜；你們若有摩擦，師父都會覺得疼痛，要用很長的時間慢慢地、輕柔地膚慰。師父對弟子的「膚」，就像天女的輕柔衣掃過石頭一樣。你我有緣，不知道從哪一生、哪一世結緣，師父一手牽一個，一個後面又拖一群，就這樣牽繫著一起走過來。

人人要伸出雙手，不分長短，雙手相合，就是「全馬連心」；全馬慈濟人心連心，很自然就可以「愛鋪滿地」。若要達到「百萬好菩薩」這個目標，要全馬連心、雙手相合，這

分愛的能量就會很大。

2014.11.01 馬來西亞慈濟人會務報告

我對人人毫無要求，只希望大家以「和」供養，達到合和互協；合和互協就是慈濟人文。弟子們能以最誠懇的心、無染的情相互對待，就是對師父最好的供養。大家此生能夠接觸佛法，還能在菩薩團體中付出助人，要把握這個殊勝因緣，多造福、結好緣。

2014.12.18 海外培訓慈誠委員受證暨歲末祝福

馬來西亞慈濟人合和互協，大馬連心，愛鋪滿地，真的是全球典範。你們「秉慈運悲，啓智用慧」——開啓智慧理解人間佛法，運用慈悲平等心投入人群，利益大眾，廣招人間菩薩；不分宗教、種族與社會地位，人人都是募心募愛的對象，點滴匯集愛的能量。

大慈心是希望天下人人幸福平安，大悲心則是「人傷我痛，人苦我悲」的同理心。希望天下人幸福，就會伸出援手拔除眾生苦難，在人群中「秉慈運悲」。馬來西亞是「大馬連心」，不是分別北馬、南馬，沒有你我分別，大家的

心要在一起，如佛陀的宇宙佛心。

2014.12.27 志工早會

馬來西亞東海岸八個州遭到洪水襲擊。從去年開始，我不斷對馬來西亞慈濟人強調，要廣招人間菩薩，因為天災頻傳，需要啟發更多、更大的愛心力量。幾年前，他們都會說：「馬來西亞少有天災。」我說：「平安最好，但是做好事是本分，要做來囤，不要做來抵。」期待人人成為菩薩，「人間菩薩」不是口號，必須身體力行，以同理心救助苦難。

菩薩愈多，分布愈密集，如果有突發災難，志工就能夠立即回報，啟動菩薩聯絡網，迅速動員。這次發生大範圍的水災，正是需要「大馬連心」的時刻；無論是檳城、吉隆坡或馬六甲，人人一定要鋪展愛心，彼此合和互協。

2014.12.27 與吉蘭丹支會、吉打分會、雪隆分會、馬六甲分會視訊連線

開示因緣：馬來西亞東海岸八個州遭到洪水襲擊。

大家要用很虔誠的心，祈禱馬來西亞的大水趕快退去；水

退後要趕快集中力量清掃，才能很快恢復生機。不只是幫助受災鄉親，災區裡也有慈濟人，法親之間要相互幫助；假如志工人力不足，打掃進度緩慢，不妨也發起「以工代賑」，可以幫助更多需要的人。現在馬來西亞遭遇嚴重水患，正是大家以行動落實「大馬連心，愛鋪滿地」的時刻！要記得大家都是慈濟人，無論去到何處，人人都要共同一心，合和互協救災。

九、百萬好菩薩招生

2015.10.20 馬六甲慈濟人報告麻坡靜思堂、馬六甲國際學校規劃

從事教育不為營利，要用真誠無私的心培育人才；就像父母為孩子全然付出，不曾計算為孩子付出多少，教育也應不計成本，才能達到理想。辦學並不容易，要辦一所理想的好學校，需要由大家共同付出心力、以愛護校，馬來西亞慈濟人要有此認知，「大馬連心，愛鋪滿地」，合心達成此一目標。

麻坡靜思堂的建築規劃，可參照吉隆坡靜思堂的建築經驗，依此標準理想推行建築人文。虔誠祝福大家，能夠一

路保持理想，全馬慈濟人合和互協地完成這個重責大任。

2016.05.01 馬來西亞董事會

馬來西亞，南北馬都已經愛鋪滿地。愛的能量要一致，要時時保持著「靜寂清澄，志玄虛漠，守之不動，億百千劫」，這是法脈；「無量法門，悉現在前，得大智慧，通達諸法」，這是宗門。

大家要走入人間，從煩惱轉為菩提，才能增長智慧，付出無所求，用悲智雙運，為人世間付出。總而言之，愛的能量無疆界，期待大家用心付出，做就對了。感恩大家帶著這一分滿滿的愛，發揮愛的能量鋪滿大馬，兩百萬的好菩薩都可以跟著大家的愛心而跟上來。

2016.07.06 雪隆及馬六甲國際學校執行團隊報告

慈濟教育團隊應堅持正向的理念，不受外境動搖；從幼教穩扎教育根本，鞏固教育根基，再穩步發展完全教育，為未來的人間培植希望。

馬來西亞各地的慈濟大愛幼兒園都辦得非常好，優點一定要堅持，基礎一定要穩固，教育品質不能隨著社會風氣而

變質。我們可以跟上時代，但是根本不能變；就像一棵大樹，可以往上成長茂盛，但是根部還是要往下扎得更深更穩。有這個決心，才能守志；若是守不住心志，很容易受社會環境所轉。

期待馬來西亞慈濟人，用達到「百萬好菩薩」的堅定心志，共同成就馬來西亞的教育志業完全化。希望慈誠、委員與老師們，要視天下的孩子如同自己的孩子，用這分愛守好慈濟教育的方向，堅定道心、堅定信心教好學生；不能只要求學業成績，必須建立好品行。辦好教育是我們的使命，再辛苦都甘願；也期待慈濟教育能作為典範，不只照顧自己，也要傳揚教育人文。

2016.10.09 馬來西亞麻坡靜思堂、馬六甲國際學校建築案報告

麻坡靜思堂、馬六甲國際學校的建築要具有人文，建築造型能讓人一看就起歡喜心，動線流暢能讓使用者很開心，就達到「與人對話」；建築與周圍環境融合，就是「與天地對話」。事情多溝通，與建築師達成共識，不能將就建設，以免枉費了發心捐地者的一片心，以及大家承擔重任、向大眾勸募的辛苦。

慈濟人分區不分心，雖然地區不同，地理上有距離，但是心沒有距離；我們用誠正信實的原則做事，抱持「入我門不貧，出我門不富」的心態，相信很快就能達到目標。「大馬連心，愛鋪滿地」這一句話，不只在短時間，是要長時間運用，各區的慈濟人彼此要以愛連結。

2016.12.15 志工早會

馬來西亞多位實業家還未加入慈濟以前，過的是紙醉金迷的日子，現在他們天天說慈濟、做慈濟，說改就改，從此茹素，也感化同為企業家的朋友，善種子從一能生無量。無論過去如何荒唐，現在都走在正確的人生道路上；平時薰法香或參與經藏演繹所吸收的法，句句銘刻心版，而且身體力行。

從他們的改變，可知修行並不困難，只要下定決心，心念一轉，就可以完全戒除惡習，結好緣、做好事。大家學習佛陀以感恩心看待逆緣、逆境，何況此生此世，就在充滿善緣、順境的慈濟團體中，與法親們合和互協為眾生付出，成就彼此的道業，更要時時感恩以對。

十、有心有福　有願有力

2017.04.09　馬來西亞會務報告

馬來西亞的弟子們已經做到不分宗教、種族，平等救助、尊重互動，得到大家的信任，讓人人樂於接受慈濟人文；有這麼豐富的經驗，應該要有自信，更加努力啟發人人的愛心。招募會員重在募心，只要啟發了愛心，就會願意起於行動，為苦難人而付出。

有心就有福，有願就有力；愛無量，力就無量，能夠救助天下苦難眾生。不要輕視自己的力量，只要放下我執、我相，把愛心擴大，每個人就可以發揮無限的潛能。慈濟人彼此交心，合和互協愛師父所愛的天下眾生，幫師父去做我想做的天下事，就是對師父最好的供養。想到大家這麼貼心、這麼聽話，我很滿足，也很感恩！

2017.06.20　對馬來西亞慈濟人開示

我之所以要求馬來西亞招募慈濟會員「加倍再加倍」，是為了淨化人心。期待人人要把握因緣，馬來西亞社會還算穩定，人心相對單純、善良；要用知足、感恩、善解、包

容的「四神湯」，與合心、和氣、互愛、協力的「四物湯」，為人心做保養。

為了將人間菩薩普遍全馬，要讓居民都能聽慈濟人說好話，見慈濟人做好事，讓他們也可以做得到。有句話說「心淨則土淨」，只要人心淨化了，所在的地方就是一片淨土。有形的善款，再多都有限量；無形的真誠之愛，才能發揮無限力量。只要一個人發心，就能接引無數人發心；一個人的心靈淨化，就可以改善家庭，甚至為整個社會帶動起善的效應。有願就有力，期待你們用佛法愛護馬來西亞，好還要更好，這樣世世代代才能安居樂業。

2017.06.20 與雪隆分會、馬六甲分會慈濟人座談

臺灣慈濟人發起為國際難民而「募心蓮」，馬來西亞慈濟人也募二百朵心蓮要獻給師父。其實，募心蓮不是給師父，是藉由一個形式帶動大家響應行善，發揮愛心力量，幫助國際間的難民，並將功德回向給馬來西亞的愛心人。我們不是為了什麼而發願行善，只是出於「無緣大慈，同體大悲」，不捨眾生受苦難。

很高興你們也帶動當地的貧苦人響應「竹筒歲月」，期望

你們能夠持續幫助、帶動，讓他們振作身心、翻轉人生；
現在接受愛，將來也可以發揮愛。

2017.07.26 與馬來西亞馬六甲慈濟人座談

慈濟人發心立願，就要堅定道心，讓心靈世界無限開闊；
若只想得到他人的尊重，反而會局限了自己的心量。不要
執著己見，為了「我對你錯」與人起爭執；要學會謙卑，
縮小自己，付出無所求，還要向人感恩。

「合心、和氣、互愛、協力」，四合一不只是為了整體運
作的分組名相，希望人人都要有合和互協的精神。要當師
父的知心弟子，就要將師父的教法銘刻心版；能瞭解師父
的用心，才是真知音、真知心。

2017.09.10 與馬來西亞慈濟人座談

慈濟人都要當「開道者」，帶動大家一起鋪路；全馬合心，
把精神力量穩固、人才培養好，才能夠穩定地邁開志業腳
步。無明煩惱會阻擋每一個人往前精進，就像荊棘雜木構
成的一堵牆；大家要聞法，趕快依方向開闢出一條道，讓
後來的人跟著鋪路。

慈濟人要積極淨化人心，帶動人把路鋪平，在能力所及的範圍，專心把握時間去做；慈善援助，要細心評估、設想周全，須先確保自身平安，才能施展慈善援助的力量。我們的慈善工作，要用來自十方的善款，確實救助真正需要的人，這是全球慈濟人必須具備的共知、共識、共行。

2017.11.10 與馬來西亞慈濟人視訊會議

馬來西亞檳城水患災情嚴重，雪隆、馬六甲等地慈濟人也去馳援檳城水患，我感到很欣慰。大家都做到了「大馬連心，愛鋪滿地，及時行動」，弟子以「和」供養，讓師父最感動與歡喜！期待這股合和互協的力量，在馬來西亞把慈濟的「道」開大、「路」鋪平。

師父一再鼓勵你們要人間菩薩大招生，最期待的是人人都是慈濟人，合千千萬萬雙手，就有無限的力量，可以即時為天下苦難而付出。雖然我們已經很用心、很努力了，還是會有人說我們來遲了，我們要以「菩薩情」面對「凡夫心」，要有足夠的力量，也要有寬廣的心胸。

天災無情，急難時不分貧富，每一戶都要關心；我們必須悲智雙運，用心去幫助最需要幫助的人。「大愛共伴有情

天，寸步鋪路護大地」，菩薩拉長情、擴大愛，要把握因緣，建立長長久久的情。請大家努力招募人間菩薩，不輕視點點滴滴的愛心，共同用愛將這條道路鋪得平坦好走。

十一、把握因緣　聞法共修

2018.02.16 馬來西亞慈濟人視訊拜年

馬來西亞的弟子很精進，這分精進心要落實、要扎實、要誠懇，發揮愛的能量，讓一切平安。菩薩道需要的不只是人力，也需要物力，更重要的是要合和互協，四大合一，協力加互愛、和氣、合心的力量，讓一切順暢。

期待大家要時時刻刻保持這分莊嚴道氣，連接起人人的心，不要忘記這一刻，還要珍惜每一寸光陰、每一個空間，人與人之間以愛互動，這就是人間菩薩淨土！要愛護這一個大家庭，讓這個大家庭時時日日都是和樂融融。

2018.05.19 馬來西亞董事會

馬來西亞帶來希望，我很知足與感恩！確實感覺到「大馬連心，愛鋪滿地」，就地落實四大志業、八大法印。一個慈濟人多接引一個人，就為世間多淨化了一個人的心；外

在的大地環保做得好，心靈的環保還要繼續努力。

你們都是師父的弟子，要珍惜因緣、重視法脈；我很珍惜，所以很努力，雖然身體功能隨著年齡退化，但是良能還在。五十多年來，這一念心不變，只要有一天可以說話，我一定要對大家說法，常住師父是傳法者，慈濟人要連結起這一分法脈緣。我還在，大家都是第一代，我們都有責任為第二代而做傳承。

你們在馬來西亞將四大志業、八大法印落實得很好，現在要提升人數，好人愈多，馬來西亞才會愈祥和、愈和平。大家要朝著正確的方向傳承法脈，宗門的合和互協不能放鬆，要把握因緣聞法、共修，守好自己的使命，抓緊每一秒鐘，做就對了！

2018.05.20 馬來西亞慈濟人會務報告

大家在馬來西亞帶動起和氣的精神脈動，有益於社會；你們的家庭、事業都在那裡，社會祥和才能保平安。師徒之間，我最關心的是弟子的慧命有沒有增長，這是我對弟子的責任。

馬來西亞分會和雪隆分會各有優點，馬來西亞分會用心於靜思法脈的傳承，雪隆分會在當地社會廣開慈濟宗門，凝聚各界心力；兩者結合起來，再與臺灣本會做好連結，基礎穩固而穩健發展，就很令人放心。

慈濟的法脈架構要永遠存在；既有「慈濟」二個字，不論將來在馬來西亞哪一個地區做什麼慈濟事，都在架構裡面，所以大家非合心不可、非和氣不可、非互愛不可、非協力不可，一定要四合一。

2018.05.21 與馬來西亞慈濟人座談

我鼓勵馬來西亞慈濟人「大馬連心，愛鋪滿地」，以及「百萬菩薩大招生」，是覺得你們有這樣的實力，不是為了要募多少款項，是要啓發愛心；讓人能透過捐款行善表達愛心，點滴累積也能聚合成大力量。道心很重要，「道」如果不通，「路」就鋪不出去，所以要趕快搭好橋梁，把路鋪過去，讓人人走這條「道」，通達諸法。

期待大家要珍惜慧命、打開心門，看見內心的寶藏；慈濟沒有牆內牆外、門內門外，是一個大家庭，人人若能謙虛、縮小自己，空間就開闊了。我很感恩，這麼一大群弟子，

都是過去生中結了好緣，所以能在此生共聚，而且聽師父的話，很甘願地不斷付出。法已傳、門已開，看見弟子的慧命成長，我很欣慰。

2018.05.30 與馬來西亞慈濟人座談

馬來西亞慈濟人在達成「百萬菩薩大招生」以後，還持續募心募愛，接引人間菩薩，用「竹筒歲月」日存點滴帶動人人發善念，這分善的能量真的能安定社會民心，緩解、消弭人間災難。

百萬菩薩大招生，要招募的是人人的善心，同時要傳揚慈濟人文精神，也就是一分淨化人心的力量。所以要多造福，囤積福德，不要為了抵銷災難而行善；積善之家有餘慶，要天天發善念、做好事，還要鼓勵別人發心行善。馬來西亞的弟子們，不分東西南北，彼此支援，真正達到「大馬連心」，弟子們對師父做到「以和供養」，讓我很放心、很歡喜。

十二、守護靜思法脈根源

2019.04.02 與馬六甲州首席部長阿德里・扎哈里先生等人座談

阿德里・扎哈里部長（YAB Tuan Adly bin Zahari）：「我代表馬六甲州政府感恩慈濟在馬六甲所做的許多慈善工作。州政府將持續支持慈濟、學習慈濟經驗，希望未來馬六甲政府與慈濟共同為民眾服務，更加合作無間。也感恩臺灣慈濟基金會，我很佩服慈濟的動員力，能為社會人群做這麼多事。」

馬六甲州行政議員林秀凌女士：「慈濟的志工培訓制度很值得學習，希望結合政府與志工的資源，更為主動地走入社區，扶助弱勢家庭走出貧窮。」

上人：「感恩馬六甲州政府對慈濟的肯定與支持，馬六甲慈濟志業發展已超過二十五年，這二十多年來，因為人人都抱持著一念很誠懇的感恩心，共同承擔重任，才能合力完成利益人間的好事。

慈濟人都是志工，付出無所求，心中都有共同的志願，所以這個團體的精神力量就會長久留存。慈濟人不一定都是佛教徒，對於不同宗教信仰的人都能平等尊重；無論是信

仰哪一種宗教,都有一分開闊無私的愛心。憑著這分愛心,只要知道哪裡發生災難、哪裡有苦難人,就會主動去關心與幫助。

慈濟志工要經過數年的見習、培訓,深入瞭解慈濟志業與精神理念,才能受證成為委員、慈誠,正式承擔人間菩薩使命,發揮慈濟人文精神,為苦難眾生無私付出。慈濟四大志業都是因應社會的需要而成立,全球慈濟人就地推展志業,若有當地政府的支持與鼓勵,會有更大的能量、更多的人力為大眾付出。」

2019.05.22 與馬來西亞慈濟人座談

全球慈濟人行事要有脈絡、有系統,守護靜思法脈根源;如同綁粽子,要把每一條粽繩梳理清楚,一條條繩子連通到粽串的根源,也就是法脈宗門綱領。慈濟人進出有秩序,行儀整齊,就是遵守精神規則,能讓外在的形象整齊莊嚴,內在的心靈方向一致。馬來西亞幅員遼闊,希望你們好好耕耘,心一定要會合於靜思法脈,共同勤行菩薩道,否則即使已經開闢了這條菩薩道,卻沒有接觸到苦難眾生,慈濟路不寬廣、不通暢,大家各自在小小的範圍裡做慈濟事,將來就難以傳承。

方向既然確定，就要起步去行，否則永遠都在原地踏步。靜思堂除了建築設計有人文，在施工時也要有工地人文，許多細節都需要當地慈濟人用心照顧。具有慈濟人文特色的建築，若是妥善維護，可以保存百年、千年，成為歷史建設，讓慈濟人文留傳後世。

馬來西亞有多種宗教信仰，但是民心純樸善良，不會相互排斥，而且不少人願意成為慈濟會員，可以就地取材，成就志業。我們是真誠無私，要為社會、為人間培育優良人才，邀約大家付出一分力量，就可以成就未來的希望，延續慧命在人間。

期待人人要把握因緣，用心把利益人間的事做好：要用超脫執著的寬闊眼界宏觀一切，有意見可以提出討論，不要流於意氣爭執，否則會使得應該進行的事務就此停頓。工程已經啓動，全馬慈濟人都要共同關心，合力支援。

十三、大哉教育益群生

2020.04.14 與馬來西亞慈濟人視訊會議

大家在防疫期間慈善救助仍未停頓，感恩人間菩薩伸出雙手，百手、千手、萬萬手，讓人看見了馬來西亞的真、善、美。貧苦人肚子餓了，慈濟人及時現前，給予一、二個月的糧食，安住他們的心。他們還沒有來求援，我們先主動去關懷，實在是非常不簡單！

醫療人員站在第一線，冒著感染的風險，還是勇敢堅守醫療崗位，為救治病患而盡心力，也是非常了不起！慈濟人為醫療院所提供的防護物資，保護醫療人員，也等於保護著人人的健康。濟貧、救命，你們都做到了！

疫情限制了人們的行動，雖然在地理上師徒距離遙遠，但是大家靜下心來學習，從網路連線精進，能夠身不動而同時在虛空相見、交談，傳遞心靈的聲音。線上的道場很遼闊，請大家把握時間、把握因緣多精進。

2020.06.20 與馬六甲、麻坡、芙蓉慈濟人視訊連線

工商業因疫情停擺，讓許多人陷入斷炊的絕境，此時有許多人需要慈濟的幫助，你們的付出多麼寶貴；當人人受限不能出門，你們悲智雙運，透過網路會合各界力量，及時支援醫療前線、為貧苦人發放；看見你們的付出，我很感

恩與讚歎。

疫情無法以人力阻擋，要靠人人虔誠齋戒，向天懺悔、對地感恩。懺悔之心不可無，過去也許不小心犯了過失，在無意中說了一句話傷到人心，就惹起了禍端，更何況開口吞食許多動物。每一條生命，活生生、血淋淋，因為人的口欲被殺，牠們也會有驚恐、怨恨的負面情緒，這些怨與恨累積久了、累積多了，自然會反撲人類。

所謂業力，是眾生造成的一股氣；就如這次疫情，由看不見的病毒引起，像是一股氣流籠罩全球。我們還是要把握這次的「大哉教育」，真誠懺悔，淨化自己的身心，培養慈悲大愛，愛生、護生，不要再讓這麼多動物因為人的口欲而亡。人與人之間要彼此感恩，和氣互愛，不起爭端。

2020.09.20 與緬甸、馬來西亞慈濟人視訊連線

現在師父對你們有一個要求，要以「粽串」的精神歸回本會，將各地的志業發展資料傳回本會，讓慈濟歷史更加完整。慈濟從開始到現在，全球的慈濟人就地取材，發揮很大的能量，期待每一個國家的每一項數據與事記都能歸納回來，會合在慈濟大事記。點點滴滴，積少成多，可以看

到匯集起來的愛心力量有多大，救助多少貧苦家庭。

天下苦難多，人我是非多，很希望廣傳佛教，淨化人心，打開人人的心靈之門，將慈濟宗門樹立在人間，讓每一位人間菩薩走過這道門，把法脈貫串起來。今天看到了馬來西亞的弟子們，把正法樹立在馬來西亞，把師父的精神落實在當地，我真的很安慰！既已認定方向正確，就要守好正向，慇懃精進，毫釐都不能偏差。

十四、茹素護生勤造福

2021.01.15 與馬來西亞水患賑災團隊視訊會議

馬來西亞的水患災情很嚴重，慈濟賑災發放，就要讓災民真正感受到幫助的分量，而不是只有形式上的救助。大家平時向會眾募心募愛，點點滴滴累積的善款，當災難發生的時候，就有很多人能得到幫忙。

大型的救災也要考慮新冠疫情，要尊重國家的防範標準，不能違規，但是仍要做到重點、直接的救助。大家要用智慧思考，讓我們的慈善援助百分之百幫助到災民，讓他們安身、安心、安生。一時之間有多重災難，在盡心盡力救

濟災民的同時，也要呼籲人人提起虔誠與愛心，以行動表達慈悲喜捨的精神，這是緩和世間災難的靈方妙藥。

為了祈求平安有福，就要愛心造福，虔誠喜捨，表達完整的愛；不只要尊重、保護人人的生命，更要保護動物的生命，這才是完整的大愛。我們要不斷地推動素食護生、不殺生，以完整的大愛守護天下平安。

2021.02.15 馬來西亞慈濟人新春拜年

馬來西亞的弟子們悲智雙運，平時行善造福，真正是「做來囤」，囤積了很多善念、善因緣，也累積了福報，所以新冠疫情之下，讓人人健康平安。疫情很嚴重，我們要讓心靜下來，接受天地對我們的「大哉教育」，停、聽、看——聽全球的訊息，看天下的生態，修心靜養，長養德行。想一想過去所做的事，是否利益人群？對的事，就要步步踏實做。

看見年輕人願意承擔慈濟志業，我很感動；在社會上廣受推崇的大企業家發大心、立大願，我也很佩服；馬來西亞的教育志業，讓孩子能接受慈濟人文的教育，我很歡喜。第一代的慈濟人，要為第二代、第三代造福，只要發心立

願並且身體力行，沒有做不到的事。

2021.05.15 與馬來西亞雪隆、馬六甲慈濟人視訊會議

「大時代需明大是非，大無明需要大智慧」，人人要發揮愛的能量關懷天下，用大愛來開道，用長情來鋪路；感恩大家如規如矩，遵守防疫規定，慈善行動不間斷。菩薩心願遍虛空法界，雖然馬來西亞與臺灣地理上隔得遠，但是科技發達，讓我們即時互動，大家要珍惜與把握。天天都能從網路上見到師父的面、聽到師父的聲音，即使無法回到臺灣當面互動，只要大家的心不離開師父，天天精進，慧命就能日日增長。

期待在馬來西亞各個分支聯絡處，將慈濟宗門就地落實，讓這一道菩薩之門敞開，廣度眾生成為菩薩。請大家把長情大愛連結起來；人能和，事就圓滿，請大家再接再厲！

2021.05.30 與馬來西亞雪隆、馬六甲慈濟人視訊會議

新冠疫情，馬來西亞確診人數不少，希望人人都要謹慎做好防護，不要小看這一波疫情。期待人人素食，中斷口欲的食物鏈，防止病從口入，也不要因為貪口欲而傷害動物；

假如人心還不覺醒，以後的災禍真的難以抵擋。

我們要用茹素齋戒的行動向天懺悔、向地感恩。希望慈濟
人持續推動與宣導，讓社會大眾都對茹素有正確觀念，並
且樂於響應；人人都有戒慎虔誠的一念心，透過茹素的行
動表達出來，籠罩全球的災禍才會快速過去，人們的生
活、工商業的運作才能回歸正常。

2021.07.12 志工早會

在馬來西亞，人人都啓動愛，不論哪一家醫院缺什麼儀
器、設備，呼吸器、儀器、床不足，慈濟人都願意捐助。
森羅萬象，需要大家會合愛心，守護著這一波的疫情。醫
護人員發揮出了那一分大仁、大勇、大慈悲心，守護在第
一線，所以我們必定要互相關心、互愛。期待普天下的人
彼此之間要互助，不分宗教，也不分膚色，現在大家要把
愛鋪出來，讓愛鋪滿地，人與人之間互動互助、互相教育、
互相勉勵，這就是現在最需要的。

里程碑

年份	事件
1992	臺商劉銘達、簡淑霞夫婦於馬六甲經營上橋製衣廠。簡淑霞透過《慈濟道侶》認識慈濟,至臺北分會加入會員,並發心在馬六甲推動慈濟
1992.10	第一個慈善關懷個案——鄭金龍開案
1992.10.10	第一個關懷機構——馬接峇魯敬老院開案
1993.08	尼泊爾水災,首度籌募國際賑災基金,舉辦大型義賣會
1994.02.09	劉銘達、簡淑霞受證為慈濟委員,並在上橋製衣廠設立慈濟辦事處
1994.04.10	首次舉辦每月發放及義診
1994.05.23	森美蘭州烏魯峇玲瓏火災,首次展開急難救助關懷
1994.06.05	開辦馬六甲慈濟快樂兒童精進班
1994.09.26	馬六甲、新加坡、臺灣三地合作首例跨國骨髓捐贈
1995.03	馬六甲聯絡處正式成立

年份	事件
1995.05	馬六甲資源回收小組成立,並成立第一個環保站
1995.09.02	馬六甲教聯會成立
1996.01.18	馬六甲志工林秋麗與新加坡 16 歲男孩骨髓配對成功,於新加坡中央醫院完成骨髓移植手術,是馬六甲首宗骨髓捐贈的案例
1997.03.08	金融風暴,推動「獎助學金」計畫
1997.05.21	馬來西亞首座靜思堂——馬六甲靜思堂啟用,同時馬六甲聯絡處升格為馬六甲支會
1997.06	馬六甲慈濟醫療志工首次至馬六甲中央醫院服務
1997.06.08	第一次中南馬慈青交流會
1997.06.22	馬六甲慈濟青少年團正式成立
1998	馬六甲多媒體大學慈青社正式成立,是馬六甲地區的第一個慈青社
1998.06	馬六甲影視組成立,記錄中南東馬慈善足跡
1998.06	本會宗教處黃思賢主任菈馬布達,馬六甲支會升格為馬六甲分會

年份	事件
1999.03.21	森美蘭州爆發立百病毒，馬六甲慈濟人至醫院關懷病患家屬，至災區發放慰問金
1999.05.21	行政公文簽呈正式將馬六甲支會升格為馬六甲分會
1999.07.18	至馬接翁武、直望原住民村落義診及發放，此後開始長期關懷
1999.09	「馳援土耳其，情牽科索沃，送愛到臺灣」，啟動國際賑災募款
1999.10.17	馬六甲《慈濟世界》月刊創刊
2000.08.14	首例跨國醫療個案援助，補助印尼心臟病男嬰於馬來西亞進行手術
2001.04	印度強震，馬六甲與新加坡分會共同承擔賑災經費，並與法國關懷基金會（Care France）合援為災民建大愛屋
2001.04.08	馬六甲國際慈濟人醫會成立
2001.06.06	馬六甲大愛幼兒園開課
2001.07.21	人醫會首次參與印尼義診，至 2020 年止參與義診共 7 次

年份	事件
2002.05.19	馬六甲「佛教慈濟義診中心」啟用
2003.10.18	慈濟大學馬六甲社會教育推廣中心啟用
2004.09.19	馬六甲靜思書軒啟用
2004.12.02	獲政府批准註冊，正式成立「臺灣佛教慈濟基金會雪蘭莪、聯邦直轄區暨馬六甲分會」（Taiwan Buddhist Tzu-Chi Foundation of Selangor, Wilayah Persekutuan and Malacca）
2004.12.26	南亞海嘯發生後，馬六甲志工多次參與斯里蘭卡援建工程及義診發放
2005	啟動「四法四門四合一」組織運作架構
2005.03.23	馬六甲大愛媽媽成長班開課
2005.09.01	馬六甲慈濟安親班開課
2006.05.14	馬六甲首次大型經藏演繹——《三十七助道品》
2006.12.18	中南馬水患，展開賑災發放、義診

年份	事件
2007. 10. 26	「臺灣佛教慈濟基金會雪蘭莪、聯邦直轄區暨馬六甲分會」更名為「臺灣佛教慈濟基金會馬來西亞」（Taiwan Buddhist Tzu-Chi Foundation Malaysia）
2008	「慈悲川緬膚苦難，大愛善行聚福緣」，為緬甸納吉斯風災及四川大地震募款
2011. 03. 01	「慈濟喜捨環保教育站」啟用（2021年更名為「峇株安南環保教育站」）
2011. 06. 04	《大馬慈濟情》於大愛電視臺播映，馬六甲承擔部分節目規劃
2012	推動「幸福校園計劃」，補助經費及物資予資源匱乏的學校
2013. 06. 08	啟動「大馬連心，愛鋪滿地──百萬菩薩大招生」，走入各社區、機構募心募愛
2013. 11. 12	「海燕颱風毀家園，大愛馳援菲律賓」，馬六甲志工參與賑災，同時啟動專案，共舉行三百二十六場募款活動
2015. 01. 05	馳援東海岸水災賑災，舉辦二百三十二場募款活動

年份	事件
2015. 07. 03 -05	雪隆、馬六甲聯合公演「法譬如水潤蒼生 · 廣行環保弘人文」經藏演繹
2016. 09. 09	政府核准註冊馬來西亞慈濟教育基金會（Yayasan Pendidikan Tzu Chi Malaysia）
2017. 09. 01	與聯合國難民事務高級專員辦事處（UNHCR）合作現金補助計畫（Cash-based Interventions）
2017. 11. 06	檳城水災，馬六甲與吉打、雪蘭莪等州志工跨州馳援，協助救災
2018. 10. 10	印尼蘇拉威西島地震，啟動街頭募款
2019. 03. 05	馬六甲推動長者關懷計劃，每週一堂「長者學堂」
2020. 08	受新冠肺炎疫情影響，推動慈善紓困計畫
2020. 10	啟動「慈善紓困計畫 2.0」，持續關懷凶疫情影響生計之家庭
2021. 07	推展「慈善紓困計畫 3.0」
2021. 12	南馬大水災，啟動發放物資及清掃

編輯後記

感恩海外人文真善美志工，從記錄到撰寫，從照相到錄影，留住美善足跡。

馬六甲慈濟三十年的紀錄，量多而豐實。但要將片段的記載、行政檔案，整理成結構完整的文章，在在考驗著我們的能力。尤其許多志工與同仁，都不曾參與當時的過程；即使有經歷過，也都隨著年歲而模糊，如何喚醒記憶？

每一篇章都有著近百筆的史料，如何綴字成文？

我們將每個主題加以概念化，如「上人的叮嚀、活動的目的、重要的數據、對人對事的影響、他者的肯定、動人的故事、困難的轉折……」等等，透過工作坊，讓人人都能參與史藏的撰寫。

上人常說：「有心就不難。」我們都不是專業的寫手，但是透過兩地同仁與志工的用心誠意，細細回溯過往，雖仍未臻理想，但終於將馬六甲慈濟史出版。

僅以此書向資深的慈濟人致敬，也對後人說一聲「接棒，前進！」

本書的每一篇文章都沒有標示作者，因為都由許多人的心力匯聚而成；正如慈濟志業的每一步開展，都是合和互協的成果。

　謹臚列所有付出心力的菩薩於下，以為誌記。

執行長：羅綉甄

副執行長：吳雅蓮、曾廣發、劉木蘭

文史及校對團隊：（依照姓氏筆劃）

方莉霞、王成耀、王愛稀、丘桂香、朱奕賭、江妙珍、
江新慧、何書蕾、余瑞芳、李秋璉、李興倫、李錦樑、
周麗梅、周梓風、周麗珠、周莉莉、林雁苓、林惠珠、
洪愛真、徐佛賜、張秀蘭、張秀梅、張佛生、張永雄、
梁秀珍、許秀珍、陳麻禎、陳行發、陳金香、陳韋芷、
陳麗玲、陳舜靜、陳惠芝、陳翠蘭、湯碧瑜、黃秀珍、
黃秀玉、黃素貞、黃佩思、楊秀麗、董秀慧、劉竹菁、
劉慧清、鄧遂嶸、鄭素嬌、鄭秀珍、賴陸燕、駱愛濂、
鍾玉雲、簡秀芳、顏倩妮、顏玉珠、羅康儒、羅梅芳、
羅雪花、羅秀娟、羅秀蓮

2013 年 8 月，馬六甲分會文史結集小組首次會議，進行史料彙編前期籌備工作。
（照片：馬六甲分會文史組）

2013 年 11 月，編纂處洪素貞（靜原）主任帶領同仁到馬六甲分會舉辦首次「馬來西亞慈濟史教育訓練工作坊」。（照片：編纂處）

洪主任查看分會文史結集小組所整理的當地歷史資料。（照片：編纂處）

工作坊的第二天，經講師分享後，學員們開始學習史料分類、整理和歸納。

（照片：編纂處）

馬六甲分會同仁及志工整理早期文
史檔案。（照片：編纂處）

馬六甲志工認真學習史藏編寫原
則，依此進行實作。（照片：洪清萍）

2014 年 8 月，編纂處同仁至雪隆分會舉辦第二次「馬來西亞慈濟史教育訓練工
作坊」。聽完講師分享後，工作坊學員們開始進行體例撰寫實作。（照片：葉忠麟）

2014 年 8 月，編纂處同仁至雪隆分會舉辦第二次「馬來西亞慈濟史教育訓練工作坊」；此次為撰寫體例教學，完整的編纂史藏體例，需掌握六大步驟。

（照片：葉忠麟）

編纂處同仁與馬六甲分會同仁於靜思堂前合影，期盼早日圓滿馬來西亞慈濟史。

（照片：編纂處）

環保志工

人文真善美

福田志工

大愛媽媽

親子班

慈少

香積志工

手語隊

口說好話
心想好意

教聯會

大馬連 ♡
愛鋪滿地

慈青

人醫會

委員、慈誠

海外慈濟史系列

馬來西亞慈濟史－馬六甲分會

總　監　修	王端正
策劃／執行	佛教慈濟慈善基金會編纂處
總　編　輯	洪靜原
責　任　編　輯	賴貞蓉
美　術　設　計	邱宇陞　凌宛琪
資　訊　圖	姚宗祺　賴貞蓉
文　字　校　對	姚宗祺　何俊賢
	孫麗蓮　謝湘怡　蔡柏毅
圖　片　提　供	佛教慈濟慈善基金會文史處數位典藏組
	慈濟馬六甲分會文史組
出　版　者	經典雜誌
	財團法人慈濟傳播人文志業基金會
地　　　址	臺北市北投區立德路 2 號
電　　　話	(02) 2898-9991
劃　撥　帳　號	19924552
戶　　　名	經典雜誌
製　版　印　刷	軒承彩色印刷製版股份有限公司
經　銷　商	聯合發行股份有限公司
出　版　日　期	2022 年 5 月初版
定　　　價	新臺幣 450 元

國家圖書館出版品預行編目 (CIP) 資料

馬來西亞慈濟史：馬六甲分會/佛教慈濟慈善基金會編纂處編著.
-- 初版. -- 臺北市 : 經典雜誌,
2022.05　面 ;　公分
ISBN　978-626-7037-51-5　（軟精裝）

1.海外慈濟史 2.馬來西亞慈濟 3.慈善團體
548.126　　　　　　　　　　　　　　111004759

馬六甲分會

馬六甲慈濟樹